Par-delà les vagues

Journal de crises au cœur du pouvoir

Olivier Véran

Par-delà les vagues

Journal de crises au cœur du pouvoir

Robert Laffont

© Éditions Robert Laffont, S.A.S., Paris, 2022
ISBN : 978-2-221-26253-5
Dépôt légal : septembre 2022
Éditions Robert Laffont – 92, avenue de France, 75013 Paris

*À mes enfants, Nina et Romain.
Aucun témoignage ne remplace l'absence.
Mais il peut lui donner du sens.*

« Le meilleur médecin est la nature : elle guérit les trois quarts des maladies et ne dit jamais de mal de ses confrères. »

Louis Pasteur

Prologue

Mars 2022, alors que j'entame cette introduction, une question reste ouverte : sommes-nous proches de l'épilogue ou seulement aux premières pages d'un roman d'anticipation ? Retiendra-t-on des années 2020-2021, et peut-être 2022, qu'elles auront été marquées par la plus violente pandémie depuis un siècle ? Ou qu'elles n'ont constitué que les prémices d'une catastrophe encore plus grave, un tournant majeur et durable pour la vie sur la planète ? Certains jours, j'ai espéré une issue rapide. D'autres, j'ai douté. Ces deux dernières années, je suis passé par tous les états d'esprit possibles, par toutes les certitudes. Serrer les dents lors de la première vague, agir comme on l'eût fait au Moyen Âge en fermant et isolant tout et tout le monde. Faire le dos rond lors des suivantes, défier cette fois le virus, arpenter une ligne de crête pour les franchir sans s'effondrer. Vivre au rythme des mutants, des variants. Vacciner. Vacciner comme jamais, vacciner pour en finir, vacciner pour de bon. S'étonner encore d'une vague estivale touchant une population pourtant immunisée, puis sourire de voir cette vague-là se briser sur la digue vaccinale. Avant de

Par-delà les vagues

grimacer, encore, l'automne 2021 venu, devant ces courbes, ces modélisations, ces prévisions implacables ou presque. Ces mots, ces sigles qui tournent en boucle, à l'infini. Omicron, BA-1, BA-2, la Covid, encore. Jusqu'à la nausée. Et demain?

Mars 2022, je m'en tiens au moment présent. Sans rêve prémonitoire. Nous ne sommes pas engagés dans une course contre la montre avec le virus, lui a tout son temps. Peu importe quand et comment il est apparu, le fait est qu'il est apparu. Il s'est transmis, s'est multiplié, ne cherchant pas intrinsèquement à nous faire du mal, encore moins à nous tuer : nous sommes ses hôtes, le virus a besoin de nous, c'est tout. Plus nous nous protégeons, plus il se transforme afin de mieux déjouer nos barrières. Il a vocation à ne pas disparaître. Covid-19, variants Alpha, Bêta, Delta, Omicron… Un virus de plus en plus contagieux, capable de muter dans n'importe quel recoin de la Terre, de la Chine à l'Afrique australe en passant par le Brésil ou l'Angleterre. Les virus n'ont pas de conscience, ils n'en ont pas besoin. Ils sont invisibles à l'œil nu, ayant sans doute précédé l'homme, ayant participé à façonner notre propre génome. Plus nombreux dans une cuillère à soupe d'eau de mer qu'on ne compte d'humains en Europe.

Il y a toujours eu des virus, il y en aura sans doute toujours après nous. L'histoire des grandes pandémies est faite d'énigmes. La plus marquante parmi les contemporaines est sans conteste la grippe espagnole, qui n'a d'ibérique que la paternité de la découverte d'un virus ayant décimé les femmes et ceux des hommes qui n'avaient pas péri dans les tranchées de la Première Guerre mondiale. Après trois, sans doute quatre vagues,

Prologue

elle s'est éteinte. Le virus a-t-il suffisamment circulé qu'il n'a plus trouvé d'hôtes indemnes à infecter ? A-t-il adopté une mutation rendant un variant plus contagieux que les précédents, mais inoffensif pour l'homme ? Nous avions oublié les images de nos grands-parents ou arrière-grands-parents masqués, distants les uns des autres. Elles se sont imposées, depuis, à notre mémoire collective.

À l'exception spectaculaire de la variole, éradiquée par la vaccination, nous n'avons jamais éliminé un virus par notre seule action. Ils ont disparu d'eux-mêmes, se sont faits plus discrets pour l'homme, moins virulents avec le temps. Nous nous sommes en fait toujours adaptés à eux. Comme nous y parvenons chaque année avec la grippe, la bronchiolite… Nous avons, en revanche, renoncé à le faire avec les rhinovirus, nous satisfaisant de l'idée de souffrir une fois par an d'un rhume ou d'une angine.

La vérité est qu'avec ce coronavirus, à l'heure où j'écris ces lignes, nous ne savons pas. Nous avons cru savoir, nous avons même prétendu savoir. Et nous ne savons plus. Quand les vagues auront cessé, si elles cessent, chacun expliquera que cela était prévisible. Peut-être est-ce déjà le cas alors que vos yeux se posent sur ces lignes. Je l'espère ! Ma conviction aujourd'hui, c'est que l'incertitude demeure trop grande pour que nous puissions nous risquer au jeu des pronostics. Les Français en ont assez, les humains en ont assez. La peur des premiers jours a fait place à une profonde lassitude, de celles qui précèdent parfois l'acceptation. Après tout, la grippe fait chaque année quelques milliers à une dizaine de milliers de victimes en France et la vie ne s'arrête pas en décembre, à l'arrivée des premiers pics de fièvre. Nous avons appris à vivre avec cette maladie entrée dans le quotidien, et peu s'en soucient. Avec la Covid, en revanche, je reste persuadé, à l'épreuve des faits, que la situation est différente. Les vagues frappent n'importe quand ; le virus mute beaucoup et souvent ; des personnes moins âgées meurent ; des centaines de milliers de jeunes conservent des séquelles plusieurs semaines, voire plusieurs mois...

Au début, la Covid était une grippe. Elle devait être une grippe, les experts nous le promettaient. Nous pensions alors que notre stratégie serait principalement de prêter une attention particulière aux plus fragiles d'entre nous. Mais ce ne fut pas une grippe. Jamais. Notre plus grande chance serait pourtant qu'elle le devienne, à défaut de disparaître.

Ce livre n'est pas un journal exhaustif de mes décisions de ministre. Encore moins un recueil de mes meilleures justifications. Il n'est ni scientifique, ni politique. C'est un récit de la crise au plus près de ce que j'ai vécu et affronté, avec toutes celles et tous ceux qui m'ont entouré. C'est un récit par épisodes, au gré des jours qui m'ont marqué. Plongeant dans ma sensibilité, il se veut franc, honnête, assumant un regard particulier, le mien. J'espère de tout cœur qu'il vous projettera à ma place, en immersion dans le réel, qui ne cède jamais rien à la fiction. J'espère qu'il vous interpellera en retour, dans vos vécus, dans vos convictions. Alors oui, en ce sens, il deviendra politique, car il prendra sa place dans la vie de la Cité. Ce livre raconte aussi un combat. Sans rêve prémonitoire, je le sais déjà : c'est le combat de ma vie.

1

Le jour où j'ai basculé

25 février 2020

J'ai souvent demandé à mes proches quand et comment, si cela leur est arrivé, ils ont basculé. Le plus souvent, c'est après avoir appris qu'une connaissance, un membre de leur entourage, était hospitalisée pour une forme grave de Covid. Viennent ensuite les images des journaux télévisés, avec les patients placés en coma et allongés sur le ventre. Ou celles des visages de soignants italiens arborant les stigmates de masques portés trop longtemps.

Je ne saurais dire à quel moment précis j'ai moi-même chaviré dans une nouvelle normalité, à la fois si loin et si proche de la précédente : celle de la vie en temps de pandémie. En immersion complète, abreuvé de datas, de courbes, de simulations, de rapports, je me suis toujours efforcé de maintenir mes convictions personnelles à distance de celles que ma fonction de ministre imposait. Avec le maximum de rigueur et de détachement possible.

Il est arrivé que ces deux facettes se confrontent. La première fois se produisit le 25 février 2020, jour où j'ai amorcé ma propre bascule. Je suis à Rome. Il s'agit de mon premier déplacement international en tant que ministre, puisque j'ai pris mes fonctions il y a une petite semaine. La première vague européenne a tout juste éclaté, en Lombardie. Les Italiens, qui viennent de fermer leurs écoles et de limiter les déplacements dans le nord du pays, ont invité dans l'urgence une poignée de ministres européens de la Santé. Deux objectifs ont été fixés à cette réunion informelle : amorcer un travail de coordination européenne et plaider pour que nous, leurs voisins, ne fermions pas nos frontières. Le matin même, tandis que j'avale à la hâte un café au ministère avant de filer vers l'aéroport, le scénario catastrophe à l'italienne me semble, comme à tous les Français, encore surréaliste, déraisonnable même. D'abord, le virus ne circule pas activement sur notre sol. Ensuite, je ne comprends pas leur stratégie. En à peine quelques heures, ils viennent de claquemurer l'une des régions les plus actives du pays, sans vision globale, alors que seuls quelques hôpitaux montrent de premiers signes d'inquiétude et de tension. Nul ne sait comment le virus qui surgit est entré, ni avec quelle amplitude il se répand. N'est-ce pas agir avec précipitation ? Je crois qu'au fond, j'évolue dans une forme de pensée magique à l'heure où la France n'a pas encore été percutée par la vague. Surtout, je n'ai, en guise d'expérience d'une telle pandémie, que ce qu'on peut en dire dans les livres d'histoire. À l'évidence, les Italiens ont agi sous l'effet de la peur, me dis-je dans l'avion de ligne qui survole les Alpes françaises. Et la peur peut être mauvaise conseillère.

De fait, cette peur me saute au visage dès l'arrivée à l'aéroport de Rome. Rien ne ressemble à la cité exubérante de mes souvenirs de week-ends printaniers.

Le jour où j'ai basculé

Quelques personnes masquées, des couloirs déserts, des regards vagues qui ne fixent rien d'autre que l'espace invisible séparant les uns des autres, comme pour s'assurer que les voyageurs présents ne risquent pas d'approcher de trop près.

En quittant l'aérogare, l'effet visuel est plus marquant encore. Les rues sont calmes. Pas désertes, non, simplement bien trop calmes pour la capitale italienne. Le silence me frappe. Je ne saurais décrire le sentiment d'entrer dans un pays en proie à un grand stress. Je n'ai connu de la guerre que les films et les archives, mais un État menacé pourrait prendre ces atours-là. Peu de voitures, des policiers nerveux qui m'accompagnent, rien de volubile n'animant les rares badauds qui échangent sur les trottoirs.

On me conduit directement au palais Farnèse, siège de l'ambassade de France. Un décor à couper le souffle, de la main du grand Michel-Ange. Ici, pas de file d'attente avant d'entrer, pas de billet à régler pour visiter. Voici un petit bout de France en terre italienne où, comme me l'indique notre ambassadeur, vont se tenir de façon imminente les premières réunions bilatérales avec les ministres des États voisins.

« Monsieur le ministre, sauf si vous souhaitez vous reposer quelques minutes dans la chambre du président, je vous propose de gagner sans tarder le grand salon des ambassadeurs, vos homologues viennent d'arriver. »

La chambre du président, dans un palais somptueux ? Rien que pour la voir, bien sûr que je rêve d'aller me reposer quelques minutes. Mais, clairement, le contexte ne s'y prête pas. À charge de revanche.

«Non, merci, je vais tout de suite rejoindre la troupe. Qui est là?

— Le ministre allemand, qui a tenu à venir avec le ministre autrichien bien sûr, le ministre espagnol, le suisse aussi.»

Je m'étonne. «Notre homologue italien n'est pas présent?» L'ambassadeur répond, un peu surpris, comme s'il s'agissait d'une évidence. «Euh, non, car cette réunion a justement pour objet de préparer la plénière de l'après-midi avec lui.»

Pour être transparent, je ne comprends pas le sens de cette réunion préparatoire, qui plus est à notre initiative. Je n'ai aucun des codes de la diplomatie européenne, et me voilà pourtant plongé dans le grand bain, bouillonnant. Ne tenant pas à paraître naïf face aux diplomates qui m'encadrent, même si mon pragmatisme de base me pousserait à demander ce que je fais là et ce qu'ils attendent de moi, je me tais. Le sentiment d'un bizutage pointe dans mon esprit. En guise de dossier, je dispose d'un trombinoscope de mes homologues et d'une note sur la situation italienne. J'ignore même qui a eu l'idée de monter cette réunion. Sans doute le quai d'Orsay. Je sais seulement ce qu'on m'a dit la veille au soir en m'annonçant que je partais à Rome : il faut se rendre sur place pour faire un point de situation.

«Y a-t-il un traducteur?

— Euh, non, monsieur le ministre. Votre homologue suisse parle le français bien évidemment, mais pour le reste, ce sera vraisemblablement en anglais.»

Je joue la carte de l'impertinence pour me redonner un peu de contenance. «En anglais? Nous allons dialoguer

Le jour où j'ai basculé

en anglais, alors que nous sommes en territoire français ? »
L'ambassadeur pâlit.
« Je... euh, c'est une réunion informelle, alors... mais bien sûr, nous pouvons traduire si vous le souhaitez.
— Non, rassurez-vous, réponds-je d'un air entendu, il me reste quelques bribes, ça devrait le faire. Mais restez proche au cas où, s'il vous plaît. »

*

Le salon est immense, meublé de canapés identiques à ceux que l'on trouve dans le hall des hôtels luxueux. Mes homologues se lèvent, nous nous saluons et nous présentons brièvement. Comme la France est à l'origine de cette bilatérale, légitimement, ils attendent que je prenne une initiative ; c'est en tout cas ce que je perçois de nos premiers échanges. Or j'ai besoin de gagner des points de confiance, en moi-même comme vis-à-vis d'eux. Le ministre espagnol m'en donne heureusement l'occasion.

D'emblée, ce dernier se dit inquiet et plutôt enclin à fermer ses frontières, ce qui paraît contrarier notre homologue allemand. Je prends alors la parole et entame un plaidoyer expliquant qu'on ne peut isoler l'Italie. D'abord, pour des raisons scientifiques – je suis le seul médecin de la bande, ce qui facilite les choses –, parce qu'un virus ne connaît pas les frontières terrestres, parce que le brassage est tel entre nos populations que le mal est déjà fait de toute façon, et enfin, parce que l'Italie a créé ses propres frontières en isolant la Lombardie du reste du pays. Les arguments économiques, ensuite. L'Italie est notre deuxième partenaire économique, nous avons tous besoin que les échanges perdurent pendant la période, sauf à nous mettre en situation de pénurie pour de nombreux produits essentiels. Sans parler des centaines de milliers de travailleurs frontaliers. Ils acquiescent ; je rebondis : « Puisque nous sommes d'accord, pourquoi ne pas prendre quelques engagements de principe en commun et coucher sur le papier les bribes d'une coordination européenne ? » Je prolonge l'avantage en griffonnant quelques notes autour desquelles nous décidons de converger. Y figurent le maintien ouvert de nos frontières respectives, l'harmonisation de mesures de restriction telles que la limitation des grands événements, le partage de toute information scientifique ou sanitaire. Et nous décidons que, lors de la plénière à venir, nous ferons tourner ces propositions entre les participants en vue d'un communiqué commun.

La réunion s'achève. Il me reste quelques minutes pour déjeuner, avant de rejoindre le ministère italien de la Santé.

Je n'oublierai jamais le visage de Roberto, mon homologue, lorsqu'il nous accueille les uns après les autres et nous invite à nous asseoir dans la salle neutre d'un bâtiment administratif sans charme. Lui qui n'a pas fermé l'œil depuis quarante-huit heures porte les stigmates d'une gestion de crise qui ne fait pourtant que commencer. Je ne comprends pas pourquoi ni comment il a pu décider et expliquer au président du Conseil comme à l'opinion la fermeture de toutes les écoles. Dans l'urgence, sans stratégie. J'attends qu'il nous expose ce qu'il sait de la situation sanitaire.

Le jour où j'ai basculé

« Avant-hier matin, j'ai reçu de nombreux messages de directeurs d'hôpital m'alertant sur un raz-de-marée de malades dans leurs services d'urgence. » Je me risque alors à des questions. Sur quelle base scientifique s'est-il appuyé pour faire prendre à son pays le toboggan du confinement ? N'a-t-il pas agi de façon précipitée ? N'existait-il aucune alternative à ces mesures radicales et sans précédent ? Et surtout, quels critères l'ont déterminé et quand considère-t-il possible de rouvrir ce qu'il a dû fermer ? Je mets ainsi, sans les traditionnels détours que la voie diplomatique recommande, le doigt sur ce que nous, les autres ministres, avons en tête. « *Poor Roberto* », m'écrit d'ailleurs mon homologue allemand dans un SMS. En guise de réponse, je lui adresse un haussement d'épaules. Roberto, de son côté, a le regard perdu : je crois qu'il peut fondre en larmes à tout moment.

Écrivons-le honnêtement : autant que nous sommes, avant Rome, nous n'avions pas mesuré la gravité du moment. Avec le recul, il apparaît évident que le gouvernement italien a fait preuve d'un sang-froid remarquable, ouvrant la voie à tous ceux qui l'ont suivi, c'est-à-dire la quasi-totalité des pays occidentaux. Sans trembler, les Italiens ont pris sur l'instant des décisions incomprises de beaucoup, mais si judicieuses qu'elles ont évité à la Péninsule un nombre incalculable de morts supplémentaires. Une fois dans la même situation qu'eux, nous prendrons d'ailleurs les mêmes.

Il m'est arrivé à plusieurs reprises de me replonger dans le souvenir de ce jour-là. Dans notre manière de réagir, il faut voir un puissant déni, mécanisme réactionnel face à l'inacceptable, passage obligé, dans la pensée de Freud, qui conduit à l'acceptation. À la bascule.

L'histoire ne s'arrête pas là. Cette réunion marque aussi un changement radical de perspectives pour plusieurs d'entre nous. Au même moment, à tour de rôle, les ministres autrichien, suisse et allemand apprennent que des cas viennent d'être diagnostiqués sur leur territoire. D'un coup, la pensée magique en prend pour son grade. Bien sûr, aucun d'entre nous n'ignore qu'un virus fait fi des frontières terrestres, mais, tandis que nous voici réunis, la Covid vient de gagner ses galons de super menace européenne. Dont le nord de l'Italie est juste l'avant-scène. Car nous serons bientôt colonisés, avalés, sans exception. Plus tard, je comprendrai que cet épisode nous a soudés.

Nous restons ensemble trois heures, durant lesquelles sont abordés nos travaux préparatoires en vue de développer une coordination européenne sur quelques points essentiels. Les notes que j'avais griffonnées ont été retranscrites par nos conseillers en un document que chacun corrige et complète à la marge. J'éprouve un peu de fierté à arracher ce premier accord, confiant dans la capacité commune d'avancer et communiquer mieux si nous le faisons ensemble. Hélas, cette union fera long feu. Les jours suivants, et tout au long de la pandémie, chacun prendra les décisions qui lui paraissent justes sans se soucier de ses voisins. Parfois sans même prendre la peine d'alerter ceux-ci.

La réunion se termine, les médias nous attendent à l'extérieur, je communique sur «l'excellent climat de travail entre partenaires qui, à l'initiative de la France, a permis d'aboutir à un premier accord autour de questions essentielles, la base d'un travail de coordination européenne qui participera à nous protéger face à la menace virale». Mission accomplie, je rentre à Paris.

*

Une semaine plus tard, le 6 mars, un Conseil européen des ministres de la Santé se tient à Bruxelles. La date ayant été fixée depuis longtemps, si la Covid s'est vue ajoutée à la hâte au menu des discussions, il est prévu que nous parlions aussi de bien d'autres choses, ce qui me semble absolument hors de propos. Le risque de pandémie doit nous mobiliser totalement, y compris à l'échelle européenne. C'est également l'avis de la poignée de ministres réunis à Rome. Dès lors, nous sommes déterminés à faire monter le niveau de pression.

Mais je ne suis pas le mieux placé pour donner des leçons. Car on m'informe, dès mon arrivée, que Paris se trouve dans l'œil du cyclone pour avoir, quelques jours plus tôt, pris la décision unilatérale de ne plus exporter, sauf exception, de masques produits sur notre sol. Une mesure, décidée dans l'urgence et sous la pression de l'opinion publique, qu'il va me falloir tenter de justifier auprès de certains de mes homologues qui se voient, par là, privés d'une partie des livraisons qu'ils espéraient. «La France cesse d'exporter ses masques le temps que chacun détermine ses besoins propres et ses capacités de production comme d'importation.» Mouais… L'argumentaire est discutable, mais pas tellement le choix.

Dès mon arrivée dans la grande salle du Conseil, je suis frappé de voir que beaucoup de ministres se sourient, se saluent d'une poignée de main ou d'une embrassade. Je ne connais presque personne, étant le petit nouveau des vingt-sept. Le sympathique conseiller social de la France à Bruxelles assure le rôle de guide, me présentant visuellement ceux de mes interlocuteurs qui comptent le plus. Soudain, une voix derrière moi : « Olivier, c'est extraordinaire ! » Je me retourne et découvre Viktor, un ancien co-interne lorsque j'étais en stage à l'hôpital d'Annecy. Il m'informe qu'il est désormais le ministre roumain de la Santé. Quelle coïncidence ! Nous échangeons quelques minutes, je lui exprime ma grande inquiétude, il semble moins préoccupé. La secousse italienne n'a pas encore atteint l'est du continent. Tandis que je l'interroge sur le niveau de préparation de son pays face à la pandémie, il me répond qu'il détient 5 millions de masques chirurgicaux en stock. « De quoi voir venir ! » espère-t-il... Pour une population de 20 millions d'âmes, ce stock est donc proportionnellement dix fois plus faible que le nôtre, avec en tout et pour tout une protection pour quatre habitants.

Puis on me désigne du doigt le ministre croate, qui préside alors ce Conseil. Lui serre ostensiblement les mains de ceux qu'il croise, au point que j'ai le plus grand mal à m'y soustraire sans paraître impoli. Je me fais donc l'impression du rabat-joie de service, casseur d'ambiance. Ce n'est que le début.

Nous nous asseyons. Le déroulé est parfaitement calé sur la forme comme sur le fond. Chacun de nous dispose de trois minutes pour s'exprimer à tour de rôle dans une forme d'indifférence générale. Le protocole veut en effet que nous lisions un texte écrit par nos équipes diplomatiques respectives, un texte en général policé, dont les messages résident dans les non-dits, qui

Le jour où j'ai basculé

sont d'une discrétion telle que je suis incapable de déchiffrer quoi que ce soit dans le mien. Aussi, au moment de mon intervention minutée, je sors de mon texte. Je refuse d'aborder autre chose que le virus, conjurant les participants de considérer le danger d'une pandémie à mon sens inexorable, nous invitant à nous coordonner sans délai. Totalement vierge en matière de diplomatie européenne, j'attends beaucoup de la rencontre. J'en sors déçu. Je constate même une forme d'animosité chez certains. Charité bien ordonnée commence par soi-même. On est plus crédible pour appeler à la coordination quand on montre la voie par ses propres actes. Et nous n'avons aucune leçon à donner en la matière.

Au milieu de cette réunion – qui restera à mes yeux un bel exemple d'apragmatisme comme nos institutions en sont capables –, une rumeur commence à circuler, transmise aux ministres par des messes basses de leurs conseillers. Un haut fonctionnaire du Conseil européen vient d'être diagnostiqué Covid +. Une partie non négligeable de l'appareil bruxellois va être paralysée le temps d'une quarantaine. Coup de tonnerre dans un ciel serein ? Avertissement tardif pour Européens trop fiers, surtout trop confiants pour avoir préparé leur système de santé quand la menace était encore virtuelle.

Sur le chemin du retour, le conseiller social me demande s'il doit rentrer précipitamment en France s'isoler avec sa famille, ses parents étant âgés. Sous mes yeux, il a fait sa bascule.

2

À l'ombre d'un grand chêne

16 février 2020

Flash-back.
Il y a peu de chances que le nom de Gières vous parle. Une petite cité de 6 500 habitants, banlieue tranquille de Grenoble. Une des cinq lignes de tramway relie les deux communes et permet d'atteindre, à Gières, un vaste et labyrinthique domaine universitaire qui fait la fierté de la ville et héberge des dizaines de milliers d'enseignants et d'étudiants.

Comme nombre d'entre eux, mon Marseillais de père, spécialisé en sciences informatiques, a vu en Grenoble et Gières la possibilité de conjuguer deux de ses amours : les études et la montagne. S'y ajoute rapidement un troisième, la musique et plus particulièrement le chant, puis un quatrième, celui de sa vie : ma mère ! Arrivée dans les Alpes pour y prendre son premier poste d'enseignante, passionnée de chant elle aussi, et de peinture, elle est heureuse d'y trouver une source d'inspiration. Je dois la vie, au sens propre du terme, à cette passion commune, puisque c'est au sein de la chorale universitaire, le soir de l'ouverture des jeux Olympiques de 1968, autre fierté des Grenoblois, que mes parents se sont rencontrés tandis qu'ils allaient entonner *La Marseillaise*...

D'un côté de Gières s'étendent l'université puis la grande ville, Grenoble. De l'autre part le pied du massif montagneux de Belledonne, qui s'élève en douceur par un dégradé de collines, verdoyantes au printemps, décharnées dès la fin de l'automne. C'est sur l'une d'entre elles que je souhaite m'arrêter : Venon, qui se découpe à merveille lorsqu'on tourne le regard au-delà de Gières.

Venon abrite un chêne pas comme les autres. Un grand arbre, niché seul à l'acmé d'une colline aux couleurs de terre et d'herbe. Impossible de ne pas le voir depuis la vallée, y compris depuis la fenêtre de ma chambre d'enfant. J'ai regardé ce chêne un nombre incalculable de fois, tandis que je m'adonnais à ma passion pour la pêche à la truite, laissant patiemment pendre un fil (en général de laine) auquel j'attachais un hameçon constitué d'un bout de fer, portant lui-même une boule de mie de pain. La rivière sous ma chambre regorgeait de truites, je le savais pour avoir vu nombre de pêcheurs portant treillis et hautes bottes la remonter, canne de professionnel dans la main et permis de pêche dans la poche.

Moi, je ne pêcherai jamais rien. À cette époque, je me rêve inventeur, conceptualisant des robots virtuels aux usages fourre-tout, censés protéger la maison en l'absence fréquente de mon père. Ou aider ma mère dans les tâches domestiques, qu'elle cumule avec l'éducation de ses quatre enfants et son métier d'enseignante de collège. Élève, on me dit sérieux, parfois arrogant. L'école élémentaire m'a comblé, le collège, dépité, le

À l'ombre d'un grand chêne

lycée, rassuré, avant que la fac de médecine ne finisse par m'émanciper. Aussi loin que je remonte, j'ai toujours été séduit par l'idée de représenter les autres. Conseiller municipal enfant – à Gières – à 12 ans, régulièrement délégué de classe, représentant syndical à la fac de médecine. Je ne conçois alors aucun plan de carrière, je veux seulement avoir mon mot à dire partout où je le peux, dès que cela me concerne. Ai-je changé ?

*

Ma vie politique est une succession de battements d'ailes de papillon. Le premier a consisté en une hésitation entre la neurologie et la psychiatrie, qui m'a conduit à m'essayer, jeune interne, à ces deux spécialités. Mon semestre en psychiatrie ne se révèle pas concluant, du moins pas immédiatement, mon chef de service agrémentant mon évaluation de stage d'un sardonique : « Fera un excellent neurologue. » Mais il me donne l'occasion de rencontrer Isabelle, puis son mari Mathieu, alors président du bureau des étudiants en médecine grenoblois. De ces rencontres sont nées deux solides amitiés. Et ce n'est pas tout : Mathieu me propose de devenir représentant local de l'inter-syndicat national des internes, alibi rêvé pour l'accompagner faire la fête à Marseille, sa ville d'origine, où se tient justement la prochaine assemblée générale de l'association. Or, nous sommes en septembre 2007 et j'ignore que cette assemblée va donner lieu à l'une des grèves les plus suivies de l'histoire des internes. Des semaines de protestations contre le projet de loi porté par ma désormais collègue et amie Roselyne Bachelot, qui met « en péril », dit-on, la sacro-sainte liberté d'installation des médecins. Je me sens vite investi de la mission de mobiliser le plus largement possible les jeunes praticiens grenoblois, faisant grossir soir après soir, AG après AG, le rang des contestataires. Sans être dupe du corporatisme que ce combat implique, je me découvre un goût immodéré pour les politiques de santé, me poussant, sitôt mon serment d'Hippocrate prêté, à poursuivre mes études à Sciences Po pour décrocher un master en la matière. Dans le même temps, je prends part à plusieurs groupes de travail et missions en santé publique, avec beaucoup de plaisir. Une voie se dessine-t-elle?

Pendant ces mois d'apprentissage du combat politique, je participe à ma première émission de télévision, un plateau sur France 3 Régions. Surtout : je fais la connaissance de la députée de ma circonscription, Geneviève Fioraso, dans l'espoir de la rallier à la cause des internes. Nouveau battement d'ailes, quelques mois plus tard : Geneviève, alors en campagne pour sa réélection, vient visiter l'hôpital de jour en neurologie que j'ai monté au CHU de Grenoble. Me reconnaissant, elle me propose de venir la rencontrer au calme dans sa permanence parlementaire. Nous sommes à trois ou quatre semaines de l'élection de François Hollande, au printemps 2012, et elle m'assure voir en moi un bon suppléant pour l'accompagner aux législatives qui vont suivre.

Comme nombre de Français, à l'époque, je m'intéresse à la politique mais suis peu fidèle aux partis. J'ai voté écolo aux dernières élections régionales et européennes; je me suis satisfait de la réélection de Jacques Chirac (quoique blessé dans ma chair par la qualification

À l'ombre d'un grand chêne

de l'extrême droite le 21 avril 2002); je crois bien avoir voté Bayrou au premier tour en 2007 et... Sarkozy au second. Sur ce point, ne me jetez pas la pierre : nous avons été majoritaires à le faire cette année-là. Pour tout dire, j'aimais l'énergie de l'homme. Jusqu'à ce qu'elle se retourne, une fois au pouvoir, contre mes convictions. Ségolène Royal ne m'inspirait pas confiance. Reste que je baignais dans cet univers. Père rocardien, mère orientée à droite : les repas de famille avaient toujours été animés lorsqu'il s'agissait de politique; mes parents m'emmenaient même quand ils allaient voter, bien habillés pour l'occasion, pour, disaient-ils, «s'annuler par leurs votes respectifs».

Mais la nature de mes propres votes importe peu à Geneviève Fioraso, qui se voit cependant rassurée par mes convictions. Ajoutons qu'elle pense que mon rôle de suppléant n'ira pas au-delà de quelques rubans coupés en son absence. Or, quelques semaines plus tard, alors que j'apprends la constitution du premier gouvernement du mandat de François Hollande, la voici nommée ministre de l'Enseignement supérieur et de la Recherche. Et moi, logiquement, député socialiste. Alors que je n'ai jamais milité, encore moins candidaté au poste, je me retrouve parlementaire par hasard. Oui, par hasard. Ce dont je n'ai pas honte puisque, comme Pasteur, je crois que le hasard favorise les esprits préparés.

*

Pourquoi vous parler du chêne de Venon ? Parce qu'il m'évoque l'ancrage. Parce qu'il me situe tout au long de ma vie, moi qui, jusqu'en 2012, n'avais quitté Grenoble que durant six mois, le temps d'un Erasmus en Catalogne. Parce que c'est aussi sous son feuillage que mon histoire s'est de nouveau accélérée.

Nous sommes le 16 février 2020, un dimanche ensoleillé et c'est l'anniversaire de mon père. Je choisis d'emmener mes deux enfants pique-niquer sous l'arbre de Venon, qu'ils ne connaissent pas encore. Bien que grenoblois de naissance, je pratique peu la montagne. Fils de passionnés, j'ai été saturé à l'adolescence des balades contraintes, lassé des réveils matinaux dominicaux pour aller crapahuter des heures durant. La montagne me rattache pourtant à mes parents, comme la musique. Pour ma mère, assumant une solide charge mentale, et pour mon père, ingénieur surbooké, j'ai appris de nombreux instruments – du violon au piano en passant par l'ukulélé ou l'accordéon – et passé un bac option musique. Depuis, je peux écouter des heures de musique tous les jours et en toutes circonstances.

Donc, j'emmène mes enfants sous le chêne de mon enfance le jour de l'anniversaire de mon père. Un joli coup du subconscient, qui sait ? Un joli coup du sort en tout cas.

Car c'est sous cet arbre que je reçois un appel d'un ami, par ailleurs bien informé et proche du président de la République.

« Tu as un beau costume ?

— J'ai toujours un beau costume. Chez moi, oui.

— Mais tu n'es pas à Paris ?

— Pourquoi le serais-je ? Nous sommes dimanche, je suis avec mes enfants.

— OK. Alors demande à ton équipe de regarder les trains et prépare-toi.

À l'ombre d'un grand chêne

— À quoi, Jean-Marie ?
— Agnès se présente à Paris pour remplacer Benjamin. On l'annonce à 16 heures. Tu es clairement dans la *short-list* pour la remplacer. Rien n'est fait mais c'est probable. »

Benjamin, Agnès... Ces prénoms devraient vous rappeler des souvenirs, dans le contexte qui nous réunit. Benjamin Griveaux, contraint de renoncer à la course à la mairie de Paris à la suite d'une vidéo intime exploitée pour faire mal ; Agnès Buzyn, ministre de la Santé, qui récupère le flambeau de sa candidature. C'est donc dans un contexte très particulier que mon ambition politique trouve son expression. Quelques sondages flatteurs, un entourage qui vous pousse, une place qui se libère dans le dispositif d'État, et pas n'importe laquelle : me voici annoncé comme ministre des Solidarités et de la Santé.

À vrai dire, ce n'est pas la première fois que mon nom est évoqué. Sous François Hollande, alors que je portais l'étiquette socialiste au sein d'une majorité explosée par les coups politiques d'un président normal en perdition, mon nom circulait déjà, « au cas où ».

En 2017, lors de la constitution du premier gouvernement d'Édouard Philippe, j'ai attendu jusqu'à la prise de parole du secrétaire général de l'Élysée pour comprendre que je n'étais pas retenu, alors qu'on avait évoqué ici ou là ma présence. Aussi, sous ce chêne, aux côtés de mes enfants, hors de question de m'emballer. Rien n'est fait.

Je touche quelques mots du coup de fil aux amis qui déjeunent avec nous. Ils me conseillent de rentrer à Grenoble. Je suis leur avis. Dans la voiture, j'explique à mes enfants ce qui pourrait, éventuellement, arriver, sans répondre tout de suite à leurs innombrables questions : je ne m'y vois pas encore.

À 16 heures, France info confirme la candidature d'Agnès Buzyn à la ville de Paris. Elle démissionnera dès le lendemain de son poste de ministre et sera remplacée par... moi, affirme la journaliste. Moi qui n'en sais fichtrement rien.

Les deux heures qui suivent ? Mon excitation monte en flèche, mon téléphone sonne et vibre en continu mais pas un appel de l'Élysée ni de Matignon. Des amis, des relations professionnelles qui veulent savoir si la rumeur dit vrai, des journalistes, qui, comprenant que je ne leur répondrai pas, me harcèlent en appel masqué. Et si le président m'appelait, lui, en numéro masqué ?

Je décroche.

« Bonjour Olivier, c'est Thierry, de France 2. Je peux confirmer pour toi, au 20 heures ?

— Bonjour Olivier, c'est Aurélie, d'Europe 1.

— Bonjour monsieur Véran, c'est Thomas, de BFMTV... »

À chaque sonnerie, mon fils me demande : « C'est le président ? » Pour lui aussi, l'attente est désagréable. Il pressent que ministre de la Santé rime avec père éloigné.

Mon téléphone sonne à nouveau. Sur l'écran, un nom : « Édouard Philippe ». Le Premier ministre.

*

À l'ombre d'un grand chêne

Ma première rencontre avec Édouard Philippe remonte à 2012, et je n'en suis pas fier. Tout jeune député socialiste, je suis invité à un débat politique sur la radio France info. Organisé par le journaliste Olivier Delagarde, il porte sur l'actualité du moment et doit m'opposer à un député de droite, plus expérimenté, mais que je ne connais pas. Nerveux, désireux de me faire remarquer, je me montre teigneux, inutilement agressif. En face, le député-maire du Havre est calme, affiche une modération et une hauteur de vue qui rendent le contraste encore plus cruel pour moi. Les minutes sont longues.

En sortant du studio, nous attendons lui et moi un taxi pour rentrer à l'Assemblée nationale. Je m'excuse alors spontanément d'être passé à côté du débat. Lui se montre magnanime : « Ce n'est pas grave, c'est comme tout, cela s'apprend. » Puis nous divaguons quelques minutes sur l'actualité parlementaire. La loi ouvrant le mariage pour tous est en préparation. Il me dit qu'il se sent en décalage avec le discours réactionnaire de la majorité de ses collègues et qu'il s'abstiendra probablement lors du vote. Je découvre un homme ouvert d'esprit, dépourvu de cynisme, et courageux. Nous sympathisons, je le crois.

Les années qui suivent, nos routes politiques et médiatiques ne se croisent plus, mais nous prenons l'habitude de nous saluer amicalement dans les couloirs du Parlement.

Lorsqu'il est nommé Premier ministre par le président de la République, je suis ravi. Si nos lignes idéologiques comme nos parcours divergent, j'ai du respect pour l'homme et je trouve le choix malin.

Il me convoque dans son bureau une première fois à l'automne 2017. À l'Assemblée nationale, je suis rapporteur général de la commission des Affaires sociales et, à ce titre, il souhaite faire un point d'étape des réformes. Nous échangeons plus d'une heure, et partageons quelques désaccords. Sur la future réforme des retraites : mon prisme social pousse à l'axer exclusivement sur la mise en place d'un régime universel, là où lui prône en parallèle de repousser l'âge légal de départ. Sur les finances sociales : tandis qu'il propose de réaliser des transferts entre les caisses de la Sécu et la caisse de l'État, je défends l'intégrité des premières. Cela ne prête pas à conséquence entre nous : il me sait loyal à la ligne du gouvernement, et de mon côté, je parviens à faire passer quelques messages.

Au cours des trois années qui suivent, nous ne sommes pas toujours alignés. J'impose contre l'avis de son gouvernement une taxe sur les boissons sucrées, prône ouvertement mais sans succès la fin des allocations familiales pour les hauts revenus, défends et fais adopter par les députés un amendement mettant un terme au délit de solidarité pour les citoyens venant en aide à des migrants clandestins.

*

« Allô, Olivier? C'est Édouard. Bon, tu as vu qu'Agnès va livrer la bataille pour Paris? Du coup, on pense à toi pour lui succéder. En tout cas, je verrai le président demain midi et lui suggérerai de te nommer.

À l'ombre d'un grand chêne

— Merci, monsieur le Premier ministre, je suis honoré et forcément un peu ému. Dois-je monter ce soir à Paris ? Je suis avec mes enfants, je dois m'organiser...
— Non, non, ce n'est pas fait, reste avec eux tranquillement. On voit demain. En revanche, j'ai besoin de savoir si tu es clean. On fait les vérifications d'usage avec les impôts et la Haute Autorité pour la transparence de la vie publique, mais y a-t-il des choses que je dois savoir sans pouvoir les apprendre par moi-même ? Parce qu'après Benjamin, on voit que tout peut compter, une vidéo, ce genre de chose. »

Je marque une pause pour prendre le temps de réfléchir. À ce niveau d'exposition publique, tout peut sortir. J'ai été un étudiant fêtard, mais peut-on me le reprocher des années après ? Je ne le pense pas. Mon patrimoine est en règle, j'ai plus de dettes, liées à l'achat d'une maison, que d'actifs. Et je n'ai aucun lien d'intérêt avec un laboratoire pharmaceutique.

« Non, je ne vois rien qui soit incompatible avec la fonction ou puisse mettre en péril le gouvernement.
— Alors, à demain. Profite de ta famille, repose-toi, et ne parle de mon appel à personne. Je t'embrasse. »

Cela n'était pas l'appel attendu, mais y ressemble. Les choses n'ont jamais été aussi précises pour moi. Mon cœur bat la chamade, l'excitation est à son comble. J'occupe l'heure qui suit en tentant de rassurer mes enfants. Non, ce n'est pas fait. Et même, si c'était fait, je serais toujours là pour eux.

Quelques minutes plus tard, mon smartphone se remet à vibrer. Un numéro fixe que je reconnais : le standard de l'Élysée. Je décroche.

«Allô, Olivier, c'est Alexis (Kohler, le secrétaire général de l'Élysée, bras droit du président de la République).
— Bonsoir, Alexis.
— J'ai juste besoin de vérifier un élément de ta biographie avec toi. Tu as été praticien hospitalier de quelle année à quelle année, exactement ?
— Euh... Depuis 2010, sauf entre 2012 et 2015 quand j'étais député.
— OK. Merci. On publie le communiqué dans vingt minutes.
— Le communiqué...
— De ta nomination ! Tu gardes le même rang protocolaire qu'Agnès et le même périmètre.
— Mais... ça veut dire que je suis ministre ?
— Évidemment, sinon je ne ferais pas ta biographie.
— Je... merci, mais... je dois faire quelque chose, du coup, dans l'immédiat ?
— Ce soir, non. La passation a lieu demain à 8 heures. Essaie de dormir.
— Mais je ne suis pas à Paris !
— Alors dépêche-toi de monter. Il est presque 19 heures.
— OK, bien sûr. Je... suis très honoré.
— Tu verras le président dans la foulée de ta passation. À demain. Je t'envoie le communiqué, il faut le valider avant le 20 heures. »

Ledit communiqué reprend une courte biographie politique et professionnelle. Deux années en tant qu'aide-soignant de nuit en Ehpad pour payer mes études, diplômé d'un *executive master* en santé à Sciences Po Paris, médecin neurologue exerçant à Grenoble...

À l'ombre d'un grand chêne

Plus une courte carrière syndicale une fois interne, une nomination au poste de député en remplacement de Geneviève Fioraso, quelques amendements ayant fait parler, comme la taxe soda, l'interdiction de faire travailler des mannequins trop maigres, les hôtels hospitaliers... Sans oublier le poste actuel de rapporteur général de la commission des Affaires sociales, après une élection en 2017 à l'Assemblée nationale sous l'étiquette En marche.

Entre parenthèses, Geneviève et moi étions divisés sur la question Macron. En 2015, des raisons de santé la contraignent à démissionner du gouvernement Valls. Elle redevient alors députée, ce qui me conduit mécaniquement, moi, son suppléant, à lâcher l'écharpe tricolore pour repasser la blouse hospitalière. Peu après, Emmanuel Macron me fait appeler par un membre de son équipe afin que je participe aux premières réunions clandestines d'un mouvement qui se cherche encore un nom.

L'année suivante, le futur chef de l'État me propose de le suivre dans son aventure présidentielle. Informée, Geneviève me demande de respecter sa loyauté envers François Hollande. Nous serons loyaux jusqu'à la primaire socialiste et la victoire de Benoît Hamon, qui nous libère de tout engagement. Et nous précipite dans les bras de ce trentenaire brillant, affirmant « à regret ne pas être socialiste », tout en récupérant dans le même temps l'adhésion des militants les plus aguerris de ce PS dont il ne se sent même pas membre.

*

Par-delà les vagues

Un mouvement de grève, la connaissance, puis la confiance d'une élue, un poste de député qui me tombe dessus, une rencontre avec un jeune ministre ambitieux, une vidéo intime qui tourne mal, l'ambition électorale d'une ministre indéboulonnable... Telle est la succession de battements d'ailes de papillon survenue sous l'ombre tutélaire du chêne de Venon, dont les racines symbolisent mon ancrage familial sur trois générations, et les branches, les voies d'une nouvelle vie politique, loin de chez moi.

3

Enfin ministre

17 février 2020

Je reconstitue les heures qui suivent comme un puzzle, en assemblant les détails, les souvenirs. Je me rappelle avoir été dans un état d'excitation extrême, facile à imaginer, que je parvenais à maîtriser vaille que vaille en me concentrant sur les étapes à franchir.

D'abord, appeler mon attachée parlementaire – je suis toujours député à cette heure – pour lui demander de réserver un billet à bord du dernier TGV Grenoble-Paris. Puis boucler une petite valise contenant l'essentiel, la plupart de mes affaires se trouvant déjà dans la chambre que j'occupe au sein de la résidence parlementaire, au 101 rue de l'Université, face à l'Assemblée nationale.

Tandis que je me prépare, je parle fort à mes enfants qui se trouvent dans la pièce d'à côté. Ils ont l'air plus troublés qu'excités par l'aventure qui s'ouvre, une nouvelle vie à laquelle nous avions peu songé. En feignant de rester calme, je leur demande de sortir leurs habits et leurs jouets : ils dormiront chez leurs grands-parents ce soir. «Je vous aime, mes chatons, leur dis-je. Ne vous inquiétez pas, on va très vite trouver un nouvel équilibre. »

Séparé de leur mère depuis un an, je les accueille dans un appartement loué à la hâte en centre-ville de Grenoble, un week-end sur deux et, la plupart du temps, les jeudis des semaines passées avec leur maman, avec laquelle je suis resté en excellents termes. En plus d'absorber la charge mentale d'une mère (très) active, elle s'accommode déjà de mes contraintes d'agenda dès qu'il s'agit des enfants. Je mesure ma chance. Du reste, je suis convaincu que je pourrai conserver le rythme auquel nous nous sommes tous habitués. Ne m'a-t-on pas raconté que nombre de ministres non parisiens parviennent à rentrer chez eux certaines semaines, parfois même du jeudi soir au lundi matin ?

Nous parcourons à pied le petit kilomètre qui nous sépare de l'appartement de mes parents. Seront-ils fiers ? Bien sûr qu'ils le seront. Ils suivent de près mon parcours et soutiennent la politique menée par le président de la République, ce qui ne gâche rien. Assumer d'être mes parents était moins aisé quand j'étais député socialiste, avec un chef de l'État aussi impopulaire que François Hollande.

Je me souviens de leur calme, de la douceur avec laquelle ils nous accueillent ce soir-là, rassurant les enfants tout en posant sur le lino du salon un carton rempli de Lego. Je leur explique rapidement ce qui va suivre et nous prenons connaissance de l'officialisation de ma nomination en ouverture du journal télévisé de 20 heures de France 2. Prudent, désireux de savourer ce moment avec les miens, je garde mon téléphone à bonne distance. De toute façon, il vibre tellement au rythme des messages reçus – plus de 3 000 dans la soirée – qu'il va demeurer totalement inutilisable pendant près de deux heures.

Comme un TOC visant à calmer l'agitation difficile à contenir qui me gagne, bientôt je me jette sur les Lego avec les petits, à qui j'explique que quoi qu'il arrive, ils passeront avant tout.

Il est désormais 20 h 30, je marche jusqu'à la gare. Le wagon est presque désert. J'utilise les trois heures qui me séparent de la capitale pour lire et répondre à quelques messages.

Après une nuit express, réveil vers 6 heures. La passation de pouvoir se tient dans deux heures : juste le temps d'avaler deux ou trois cafés. Il me faut un discours ! Fatigue et excitation s'entremêlent. Je sais que ces premiers mots seront repris, examinés à la loupe, et que bien entamer une telle mission est vital. Un fait m'apparaît : je suis étonnamment seul dans cette séquence tandis que je ne le serai plus jamais, après, en tant que ministre. Je décide de m'en tenir à quelques têtes de chapitre, que je griffonne sur une feuille arrachée au bloc-notes de l'hôtel :

• Coronavirus : dire d'emblée qu'il s'agira d'une priorité, poser la périodicité des interventions et des comptes rendus sur la situation.

• Hôpital : redonner du sens aux plus belles missions qui soient, par une médicalisation des décisions, par un allégement des contraintes qui n'apportent rien au malade mais prennent trop d'énergie aux soignants. Lancer une mission.

• Prendre soin de celles et ceux qui prennent soin de nous. Considérer les métiers du soin pour ce qu'ils

sont : un engagement total, dévoué, quotidien, nuit et jour.
* Santé environnementale à penser et structurer.
* Recréer des filières productives en santé, en France et en Europe.
* – + Retraites, Loi de bioéthique, Plan pauvreté.

Pas le temps de peaufiner.

Une voiture m'attend devant le Parlement pour m'emmener au ministère. En route, je reçois un message d'un conseiller d'Agnès Buzyn, ministre pour quelques minutes encore, qui me propose un discours déjà rédigé pour la passation. Je parcours le texte. Il s'agit d'une mise en exergue du bilan de sa ministre, normal et loyal de sa part. Mais sans âme. Je le supprime. Ce n'est pas un désaveu : je sais que le contexte sanitaire en pleine évolution va nécessiter que je conserve toute l'équipe de celle qui m'a précédé, ce qui n'est absolument pas la coutume, qu'importe. De fait, quelques personnes partent, d'autres demeurent un temps et la plupart restent avec moi jusqu'au bout du mandat.

Arrivé au ministère, 14, avenue Duquesne, dans le 7e arrondissement, je m'installe dans le vaste bureau du septième étage. Moderne, aéré, il fait face à une immense baie vitrée dont les motifs semblent se prolonger en direction des Invalides. « Sais-tu que tu es assis à la table de Simone Veil lorsqu'elle était ministre ? » me demande d'emblée Agnès Buzyn, qui prend place près de moi – la grande dame de la loi sur l'avortement était sa belle-mère. Elle semble troublée, un peu exaltée même. Trop ? « Tu parais très émue. Je le comprends, mais tu es aussi candidate à la mairie de Paris... Ça va

Enfin ministre

aller ? » Manière de lui glisser que, face aux caméras, on attend d'elle un visage combatif et déterminé, puisqu'elle a décidé de quitter son poste pour tenter de succéder à Anne Hidalgo. Depuis toujours, nous nous entendons bien. Une parfaite loyauté, une vraie complicité existent entre nous. Trois ans auparavant, le jour où le premier gouvernement d'Édouard Philippe allait être formé, nous participions tous deux à la visite inaugurale du salon Hôpital Expo, à laquelle j'étais présent à titre de « Monsieur Santé » d'Emmanuel Macron. Tout le monde ou presque me voyait entrer au gouvernement. Moi, j'étais inquiet, presque résigné, n'ayant reçu aucun appel. Quand Agnès arriva, présidente de la prestigieuse Haute Autorité de santé (HAS), je la gratifiai d'un : « Bonjour madame la ministre ! » en lui tendant une joue. Surprise, elle m'embrassa et me répondit : « T'es bête ! C'est toi qui seras nommé. Tu n'as pas été appelé ?

— Non, et au-delà de la blague, je suis persuadé que ça pourrait être toi. Tu coches toutes les cases. »

Médecin, universitaire, Macron-compatible, de nombreuses responsabilités par le passé, une expression claire, un solide réseau, elle avait de nombreux atouts. Elle me raconta par la suite avoir reçu un appel du secrétaire général de l'Élysée quinze minutes après notre courte entrevue et avoir longtemps cru que j'avais été mis au courant avant elle. Ce qui n'était pas le cas. Mais, à la place du président, je l'aurais nommée elle.

Depuis 2017, député et rapporteur général de la commission des Affaires sociales, « Monsieur Santé/Social » du Parlement, une telle fonction aurait pu aisément prêter à des coups bas et des conflits avec elle. Cela n'a pas été le cas. J'ai toujours pensé qu'Agnès Buzyn resterait à son poste, démontrant ses qualités jusqu'à la fin du mandat. De son côté, elle a respecté mon indépendance bienveillante et permis de faire avancer quelques-uns des combats que j'ai portés, auxquels elle ne s'est pas montrée attachée, tels que l'usage médical du cannabis ou la taxe sur les sodas. Plusieurs fois, elle m'a glissé : « Quand je me serai fait virer, c'est toi qui prendras ma place. » Une sorte de déterminisme qui ne nous appartenait pas et faisait de nous des partenaires naturels, en attendant une suite hypothétique. Ou un second mandat.

*

Deux rencontres avaient préfiguré, sans que nous le sachions, la passation de pouvoirs dont nous étions désormais les protagonistes.

La première s'était déroulée chez moi, à Grenoble, le 9 février 2020. Le premier cluster français de Covid-19 venait d'être signalé aux Contamines-Montjoie, petite station de ski de Haute-Savoie. Une situation remarquablement bien gérée par les équipes sur place, capables de tester et d'isoler tous les cas contacts en un temps record, et d'enrayer ce qui aurait pu précipiter plus tôt la France dans la pandémie. J'avais accompagné Agnès au CHU, où étaient hospitalisés en isolement strict les membres de la famille anglaise testés positifs. Un « petit rhume », avait décrit le chef du service des maladies infectieuses. De fait, aucun cas grave n'avait été à déplorer.

Dix jours plus tard, nous nous étions retrouvés dans son bureau. Agnès m'avait proposé d'aborder nos sujets du moment autour d'un café. Elle m'avait abondamment fait part de ses inquiétudes liées à l'émergence du coronavirus, partageant ses lectures scientifiques nocturnes sur le sujet, évoquant le risque que l'épidémie chinoise devienne une pandémie mondiale, exprimant ses doutes quant à l'état de préparation général, français, européen, international.

« Olivier, je suis formée pour gérer une crise sanitaire, m'a-t-elle dit ce jour-là. J'ai présidé l'Institut de sûreté nucléaire, l'Institut du cancer. J'ignore encore si nous y aurons droit, mais si c'est le cas, je saurai faire.

— Écoute, ce n'est clairement pas mon truc. Je te laisse la crise, moi, je m'occupe des réformes.

— Dans ce cas, chacun est bien au poste qu'il occupe », avait-elle conclu en souriant.

*

Retour en ce 17 février 2020. Au bout de vingt minutes, il est temps de terminer notre échange. « Tu sais tout », glisse Agnès. Nous nous dirigeons dans le grand hall du ministère. Je ne suis pas préparé à la foule compacte d'une centaine de personnes parmi celles qui comptent dans le monde de la santé, encore moins à cette forêt dense de caméras sur laquelle s'ouvre l'ascenseur. Agnès ne retient ni son émotion, ni ses larmes. Je lui rends hommage, puis compose un rapide discours à partir de mes notes. Abordant la réforme en cours des retraites, dont j'ai été l'un des rapporteurs et dont je suis désormais le ministre en charge, j'explique que je siégerai dans quelques jours dans l'hémicycle et que je serai « un petit peu plus à gauche ».

Beaucoup en ont déduit, les journalistes politiques en tête, que je ne parlais pas que de l'endroit où siège le ministre de la Santé dans l'hémicycle, quelques mètres à gauche de ma place précédente en tant que député, mais d'un positionnement politique autre que celui de ma prédécesseure. Je cherchais cette ambiguïté, je voulais en faire le message annonciateur de l'inflexion que j'allais donner à ce poste. Et le message principal que retiendrait la presse.

Clap de fin. Applaudissements du public. Pluie de flashes immortalisant le moment. Agnès quitte le ministère par l'entrée principale. J'emprunte le chemin de la porte latérale qui me mène à la cour intérieure où m'attend une voiture. Direction l'Élysée.

4

Les quartiers du ministre

Février 2020

J'habite au ministère. J'y passe toutes mes journées, toutes mes nuits. Je n'ai jamais eu d'appartement personnel à Paris, par simplicité et pour ne pas rentrer tard le soir dans un studio sans vie, au frigo et aux placards vides. Lorsque j'étais député, parisien du lundi au jeudi, je logeais à l'Assemblée. Aujourd'hui, je dispose de l'appartement dit « du ministre », au septième étage du ministère des Solidarités et de la Santé, dans le 7e arrondissement. À quatre-vingt-dix pas précisément de mon bureau et de ceux de mon équipe.

Quelques heures après la passation de pouvoirs, je me laisse conduire par Jacqueline, l'intendante du ministère, jusqu'à l'appartement, afin que je puisse y emménager. « Alors, vous allez voir, monsieur le ministre, vous êtes le premier à l'occuper. Vos prédécesseurs avaient tous leur propre logement dans Paris… Exceptionnellement, Mme Touraine venait y faire des séances de sport. Vous allez voir, il est fonctionnel. Et il a une deuxième chambre pour accueillir vos enfants. »

Jacqueline ouvre la porte, qui râpe un peu contre le rebord d'une moquette claire, couvrant la totalité des sols. Fait de plaques de métal percées de quelques spots lumineux, le plafond du hall est bas, en continuité de ceux des bureaux et du couloir du ministère. La totalité des fenêtres donnent sur des cours intérieures du ministère. Certaines sont équipées d'un adhésif opacifiant pour préserver un peu d'intimité. Quelques semaines plus tard, je demanderai un devis pour installer de vrais rideaux, que je jetterai immédiatement : le sur-mesure coûte cher, autant éviter une polémique inutile. Alors, dans mes nuits d'insomnie, je compterai les vis-à-vis depuis les différentes pièces, plus de 500 au total.

« C'est sobre, dis-je.

— En effet, lorsqu'ils ont fait les travaux au septième étage, ils ont d'abord proposé de mettre cet appartement à la place des cuisines actuelles, qui donnent sur les Invalides et disposent d'une terrasse. Mais le ministre de l'époque, qui ne vivait pas ici, a exigé de s'en tenir au strict minimum. »

Je pense : « Merci, Xavier Bertrand. » J'ajoute : « C'est suffisant pour m'installer, et vu le peu de temps libre que je vais avoir, ce sera très bien. »

L'appartement est déjà meublé. Deux fauteuils en cuir beige, une table en verre trempé et six chaises paillées. Les murs sont nus. Dans la chambre du ministre sont disposés côte à côte deux lits indépendants, équipés d'une télécommande permettant de relever ou les jambes, ou le buste, ou les deux. Ça grince. Je soulève l'alèse et déchiffre « 1989 ». Un lit orthopédique, je ne suis pas dépaysé.

J'avais envie de vous décrire ce lieu de vie, simple et fonctionnel, qui représente la réalité de certains aspects matériels inhérents à ma fonction. Une réalité qui me

Les quartiers du ministre

convient, peut-être loin de l'imaginaire collectif (et même du mien, je l'avoue, avant de vivre ici). Je paie la taxe d'habitation et la taxe foncière pour cet appartement et le loyer est reporté dans la case «avantages en nature» de ma fiche d'impôts.

*

«Comment comptez-vous faire pour le ménage, monsieur le ministre? me demande Jacqueline.
— Comment ça?
— Nous avons fait exceptionnellement passer l'entreprise de nettoyage du ministère avant votre emménagement, mais elle n'aura plus le droit de venir chez vous car c'est un espace privé.
— Vous voulez dire que l'équipe qui fait le ménage dans les dizaines de salles de cet étage doit s'arrêter à la porte de mon appartement?
— Tout à fait. *Idem* pour le linge, mais si vous donnez vos costumes et vos chemises à vos secrétaires, elles pourront vous ouvrir un compte dans un pressing et les y emmener quand vous n'aurez pas le temps.
— Le pressing est à ma charge, aussi?
— Oui, tous les avantages en nature ont été supprimés. Pareil, si vous voulez offrir des fleurs à vos collaborateurs, il faudra nous donner votre carte bleue personnelle.
— Je m'acquitte de mes frais, c'est normal. Mais Jacqueline, le ménage, je n'aurai jamais le temps de le faire! Je vais bosser dix-huit heures par jour... Je ne peux pas faire venir quelqu'un de l'extérieur, à mes frais?

— On peut regarder, mais comme nous sommes au septième étage, il est impossible de monter sans badge, sauf à être accompagné par un membre de l'équipe de sécurité.
— C'est absurde. Alors je me débrouillerai pour le ménage et le linge ! »

Une mission que j'ai accomplie un certain temps avant que les digues ne finissent par céder et que l'équipe qui nettoyait jusqu'au palier de mon appartement n'y entre enfin. Merci à elle. Et merci à Jacqueline, qui a tenu à me protéger des gazettes, promptes à dégainer l'arme de l'indécence des privilèges du pouvoir.

*

Côté cuisine, le cabinet dispose de cuisiniers et d'une équipe de serveurs talentueux, qui tous les matins me déposent un petit-déjeuner, et préparent même des repas à l'avance pour que je ne manque de rien les week-ends. Un jour que je recevais une équipe de journalistes dans mon bureau, je leur proposai des biscuits apéro, en disant que dans la période, je me nourrissais essentiellement de chips, bonbons et soda sans sucre. Cette anecdote, reprise par la presse people, provoqua le désarroi chez les cuistots, si bien que j'étais allé les trouver pour m'excuser. J'aime leur cuisine. Et si je la partage, avec mes enfants, mes parents ou des amis qui viennent au ministère, leurs repas, petit-déjeuner inclus, me sont facturés. Normal, sain, républicain.

Pour le reste, personne ne m'offre mes costumes et je règle évidemment mes transports pour motif personnel.

Les quartiers du ministre

Je ne paye pas pour ma sécurité (deux officiers de sécurité, trois par moments), mes déplacements professionnels (voiture, train, avion), mon hébergement lors de déplacements liés à la mission de ministre, mes repas pris au ministère, ou à l'extérieur lorsqu'ils relèvent de mes fonctions. Et je gagne 6 500 euros nets par mois, impôts déduits. Voilà, vous savez tout.

5

On rentre dans le dur

28 février 2020

Les guides de santé publique et autres innombrables protocoles qui remplissent les armoires du ministère sont formels : une épidémie liée à un virus respiratoire émergent se gère en trois stades. Au premier, on freine l'entrée du virus sur le territoire national. Par tous les moyens, partout où il apparaît, on bloque sa diffusion en isolant les territoires concernés. Au deuxième stade, une fois que le virus circule et qu'il existe des transmissions autochtones, on détecte les chaînes de contamination par un travail d'enquête de l'entourage des malades, le *contact tracing*, traçage des contacts. Il est aussi prévu de demander aux malades et aux cas contacts de s'isoler pour une durée correspondant à la période de contagiosité. Enfin, quand le virus circule trop pour qu'on puisse le bloquer, on le laisse se diffuser dans la population. On cherche encore à le freiner, on met le paquet sur la protection des personnes fragiles pour éviter une saturation du système de santé. Ce troisième stade est appliqué à la grippe : vacciner les plus fragiles, encourager les gestes barrière, mais la maladie fait tout de même son office, chaque hiver, avec une virulence variable selon le profil génétique de la souche en circulation. Ainsi devait-il en aller de la Covid-19. L'Organisation mondiale de la santé (OMS) était formelle sur ce point. Il fallait bloquer, freiner, puis protéger.

*

En France, le stade 1 est activé en février 2020, lorsque le virus est détecté dans la petite station de ski haut-savoyarde de Contamines-Montjoie. Au début du mois de février 2020, une famille britannique séjourne dans un chalet. Ses membres y côtoient un compatriote tout juste rentré de Singapour. Celui-ci, de retour en Angleterre, déclare une Covid. Les autorités sanitaires françaises sont alertées sur-le-champ. Le week-end des 8 et 9 février 2020, la famille britannique (onze personnes) est hospitalisée. Cinq membres sont positifs, bien que peu symptomatiques. Tous sont isolés dans les services de maladie infectieuse des hôpitaux de la région.

Un enfant en particulier inquiète. Positif, il a fréquenté trois établissements scolaires du village. Ils sont immédiatement fermés. Sur place, une équipe médicale identifie 172 cas contacts potentiels dans cette commune qui, hors saison, abrite 1 200 habitants. Tous sont isolés et testés en quelques heures : négatifs. Le cluster des Contamines est éteint, le stade 1 a fonctionné.

Quelques jours plus tôt, le 30 janvier 2020, quelque 200 ressortissants français ont été rapatriés de Wuhan, en Chine, épicentre de l'épidémie, avant d'être placés en quarantaine au centre de vacances de Carry-le-Rouet dans les Bouches-du-Rhône pour quatorze jours. Aucun cas de transmission n'est déploré suite à cette opération

On rentre dans le dur

d'envergure, renouvelée plusieurs fois les semaines suivantes.

À la mi-février, la France ne déclare plus de nouveau cas d'infection sur l'ensemble de son territoire, tandis que quelques rares diagnostics sont réalisés en Europe. Si la menace est considérée comme sérieuse, elle ne revêt pas encore le statut de véritable épidémie active sur notre sol.

Les experts commencent à douter. Ils gardent en mémoire la précédente menace du Sras qui, en 2003, n'avait contaminé que quelques centaines de Français, et plus récemment de la grippe dite H1N1 qui, en 2009-2010, avait fortement mobilisé les équipes sanitaires pour, finalement, survoler le pays.

*

L'histoire s'accélère le 25 février avec le décès dans un hôpital parisien d'un enseignant de 60 ans, diagnostiqué positif à la Covid. Originaire de l'Oise, il a eu de nombreux contacts avec les élèves du lycée dans lequel il exerçait à Crépy-en-Valois, considéré comme le premier cluster français d'importance. L'événement soulève rapidement des interrogations sur le mode d'entrée du virus dans ce département. Faut-il s'interroger sur la présence d'une base militaire à Creil, non loin de là ? Une opération de dépistage d'envergure est conduite localement, une cinquantaine de cas sont rapidement diagnostiqués.

Pour la première fois, on démontre que le virus se transmet sur notre sol, qu'il circule vite, et qu'il peut tuer. Je me rends sur place à la minute où j'en ai connaissance, le 28 février 2020.

« Arrivée à Vaumoise dans deux minutes, monsieur le ministre, me dit mon chauffeur tandis que nous roulons depuis une bonne heure et demie depuis Paris.
— Vaumoise ? C'est quoi, ça ? Je croyais qu'on allait à Crépy-en-Valois ?
— On nous a donné un point de rencontre GPS, c'est bien Vaumoise, monsieur le ministre. À quelques kilomètres de Crépy.
— Première nouvelle. Les équipes de la sécurité civile seront là quand même ?
— Aucune idée, on ne nous a pas donné davantage d'informations. Vous avez souhaité partir vite... »

Deux heures plus tôt, lorsque j'ai appris que vingt tests PCR étaient revenus positifs de l'Oise, j'ai effectivement sonné le branle-bas de combat. J'ai voulu me rendre sur place sans délai. Depuis la veille, une équipe d'épidémiologistes, appuyée par des volontaires de la Sécurité civile, y est déployée pour procéder à une enquête de terrain et tester les cas suspects. Les chaînes de télévision sont là : il nous a semblé urgent, face à l'inquiétude qui monte, de montrer le visage de la riposte qui s'engage alors. Mon équipe n'était pas rassurée, préférant à ce déplacement improvisé et impulsif une visite officielle le lendemain ou le surlendemain, le temps de voir comment la situation évolue. « Pas question, je veux y aller maintenant, prévenez les équipes sur place, le préfet, le directeur général de l'Agence régionale de Santé, et la presse. Je saute dans la bagnole, il y a moins de deux heures de trajet, je viens de regarder sur Waze. »

Mes collaborateurs et moi étions en rodage : ma cheffe de cabinet n'était pas encore arrivée et ma conseillère en

On rentre dans le dur

communication venait seulement de me rejoindre. Personne n'était véritablement en mesure de freiner ma volonté de réagir vite et fort. De même que personne n'a pris la peine de m'expliquer la subtilité qui me conduit maintenant dans une commune différente de celle où j'avais demandé à me rendre. En réalité, l'enseignant exerçait bien à Crépy-en-Valois mais vivait dans la petite commune de Vaumoise, toute proche, dont il était d'ailleurs conseiller municipal.

La nuit est tombée tôt, et il fait déjà très froid lorsque le préfet ouvre la porte de ma voiture. « Bienvenue à Vaumoise, monsieur le ministre. Ils vous attendent tous avec impatience.
— Tous ? De qui parlez-vous ?
— Des habitants, monsieur le ministre. Nous avons rassemblé tout le monde dans la salle du conseil municipal. Il y a essentiellement des élus de la commune, des membres du personnel éducatif, et des parents inquiets. Vous allez pouvoir nous rassurer ? »

Tout en parlant, le préfet ôte son gant blanc pour me serrer la main. Je décline son invitation, un peu gêné, joignant en guise de salutation mes deux mains comme pour prier, et lui disant : « Je vous expliquerai tout à l'heure. »

Dans le trajet qui me menait vers l'Oise, j'ai lu quelques règles d'usage en vigueur en Asie, en matière de distanciation sociale. Lorsque existe un risque épidémique, on évite à tout prix de se toucher. Comme on soupçonne que la Covid se transmet davantage par les mains que par les voies aériennes, il apparaît raisonnable de ne plus se les serrer ni se faire la bise. Conscient des conséquences d'une telle annonce dans un pays latin, je choisis de l'appliquer au cours de mon déplacement et de ne l'énoncer qu'à la fin, me laissant une période d'observation de l'impact sur les gens de mon refus de saisir les mains qui se tendent vers moi. En politique, la poignée de main est un geste sacré, un contact noué, un vote espéré. Ceux qui vous saluent de la sorte ont le sentiment de bien vous connaître. Vous devenez un intime; or on vote plus facilement pour quelqu'un que l'on connaît.

L'accueil républicain composé à la hâte est fourni. Le président de région Xavier Bertrand, la présidente du département, quelques parlementaires, le directeur général de l'ARS, la rectrice... En guise de salutation collective, je reproduis ce geste de prière. À Xavier Bertrand qui s'en étonne, je glisse à l'abri des micros : « On ne serre plus la main. Je t'expliquerai. » Le maire de Crépy-en-Valois est excusé, il est fébrile. Cas contact, le médecin du défunt enseignant est placé à l'isolement.

Je pénètre dans la salle, assez sombre. Me voici immédiatement dévisagé par des dizaines de personnes assises en silence sur des chaises, toutes au contact les unes des autres. Pas bon du tout... On m'indique une estrade, une longue table y a été installée, les officiels prennent place. La presse n'a pas été conviée, elle attend dehors. Mais le préfet a préféré que les échanges à venir soient accessibles à la population, tant l'inquiétude est palpable.

Embarrassé d'être l'un des acteurs d'un moment auquel je ne m'attendais pas, j'introduis la séance. Je pensais rencontrer d'abord les équipes de soignants sur

On rentre dans le dur

place, peut-être le maire de la commune, pour dresser un état des lieux avant de prendre la parole. Je n'imaginais pas me retrouver face à une centaine de villageois inquiets, attendant que je fournisse à leurs questions légitimes des réponses que je n'ai pas la capacité de leur donner.

La teneur des échanges est très respectueuse. Ces personnes sont émues de la mort soudaine de leur ami et voisin, inquiètes pour elles et leurs enfants. Elles veulent savoir si les écoles vont fermer au-delà du lycée de Crépy-en-Valois : « Nos enfants vivent sous le même toit et sont scolarisés dans différents établissements du territoire », me dit-on. Très juste remarque. Je réponds : « Vous avez raison ! Je demande au préfet, au directeur de l'ARS, ainsi qu'à la rectrice de dresser la liste de tous les établissements scolaires susceptibles de fermer, le temps qu'on dépiste un maximum d'enfants, pour écarter tout danger. » Ce travail se traduira par la fermeture de dizaines d'établissements dans neuf communes environnantes, puis par la fermeture de toutes les écoles de l'Oise, le 8 mars.

« Allez-vous nous confiner ? » demande un homme. Il faut décider vite. Je me lance : « Nous allons définir un périmètre de quarantaine, juste le temps d'y voir plus clair. Le préfet prendra un arrêté en ce sens, mais les déplacements hors de la zone devront être limités. Un certain nombre d'établissements recevant du public vont devoir fermer.

— Est-ce qu'on doit avoir peur pour nos enfants ?
— De ce que nous savons, le virus n'est pas dangereux pour les enfants. Mais ils peuvent le transmettre.

Les rares décès déclarés dans le monde concernent des personnes âgées et fragiles.

— Mais Dominique n'était pas fragile et il n'avait que 60 ans !

— Je ne connais pas les conditions de la mort de votre ami, rien ne dit à ce stade qu'il est décédé à cause de la Covid, juste qu'il en était porteur. Mais 60 ans est un âge à partir duquel on devient fragile face aux virus respiratoires.

— Aurons-nous du gel hydroalcoolique et des masques ?

— Je m'y engage. Sans délai.

— Nos enfants pourront-ils consulter un médecin ?

— Les équipes sur place resteront le temps nécessaire pour que chaque enfant soit vu, examiné si nécessaire, et testé si besoin. »

L'échange dure environ une heure. Les habitants se montrent d'une dignité admirable en pareilles circonstances. Aucune agressivité, juste une inquiétude et le besoin de comprendre. Certains se demandent s'ils doivent quitter leur maison à la faveur de la nuit, avec bagages et enfants sous le bras. D'autres, s'ils pourront aller travailler le lendemain, et dans ce cas, comment s'occuper de leurs enfants, maintenant que les écoles ont fermé ?

Je conserve de cette scène un souvenir intact, parce qu'elle a été ma première confrontation au réel de la pandémie, dans la première commune de France soumise à de fortes et brutales mesures de restriction. Ce souvenir me guidera à l'heure de préparer les plans de confinement à l'échelle du pays.

On rentre dans le dur

*

La réunion se termine, nous nous retrouvons un moment dans le bureau du maire avec mon équipe. Dehors, tout le monde se rassemble derrière une haie de micros et de caméras, dans l'attente des annonces à venir. Nous attendons qu'à Matignon les conseillers valident les propositions que nous leur envoyons en urgence. Les minutes s'égrènent, pas de retour. L'attente est longue, insupportable. Encore dix minutes et il sera trop tard pour que la nouvelle soit annoncée aux JT de 20 heures. Ma conseillère communication me fait signe : « Vas-y, on s'en fout, de toute façon c'est ta décision, tu es le ministre en charge. »

Je fais face aux journalistes. Derrière moi, des agents de la sécurité civile en tenue. « La France dénombre cinquante-sept cas de coronavirus, dont dix-huit ici, dans l'Oise. Aucun nouveau décès n'est à déplorer depuis la mort de l'enseignant de Crépy-en-Valois. La situation épidémique est passée en stade 2 : le virus circule sur notre territoire et nous devons stopper sa progression. J'appelle les Français à adopter de bons comportements pour éviter la propagation du virus, l'attention de chacun protège tout le monde. Les scientifiques estiment que la majorité des contaminations se fait par les mains : je recommande donc ne plus vous serrer la main pour vous saluer, de vous laver régulièrement les mains, d'éternuer dans votre coude, d'utiliser des mouchoirs à usage unique. Les masques doivent être laissés aux gens qui en ont réellement besoin, du fait de leur état de santé fragile. »

Par-delà les vagues

L'annonce qu'il ne faut plus se serrer la main retient l'attention des médias et du grand public. Les éditos s'enchaînent. Fallait-il basculer à ce point dans une société aseptisée, sans contact physique ?

Trois jours plus tard, un sondage révélera que seuls 25 % des Français ont changé leurs habitudes, seulement 9 % quand il s'agit de faire la bise à ses proches. Une semaine plus tard, tandis que le virus est détecté aux quatre coins du pays, ils ne seront plus que 40 % à reconnaître se serrer encore la main.

6

Le début de la fin

Février 2020

Lundi 17 février 2020. Je termine ma première journée comme ministre au sein du service des maladies infectieuses de l'hôpital Bichat, où je rencontre une femme originaire de Chine, arrivée à Paris en visite touristique avec son père, octogénaire. Celui-ci vient de mourir des suites de la Covid : premier décès officiel lié au virus sur le territoire national. Elle-même va bien après avoir contracté une forme symptomatique, mais bénigne.

Dans la froideur d'une chambre anonyme, elle porte un masque FFP2 et garde une distance d'un mètre avec moi. Mes rudiments de mandarin ne me permettent pas d'entamer le dialogue, mais je veux savoir comment elle se sent, comment elle vit cette épreuve, et si les choses s'organisent comme elle le souhaite en vue de rapatrier le corps de son père. Nous engageons une conversation écrite sur nos téléphones respectifs, à l'aide du traducteur Google. Elle me confirme ce que les médecins lui ont annoncé, à savoir que son test PCR de contrôle est négatif et qu'elle va enfin pouvoir rentrer chez elle. Puisqu'elle est guérie, la France ne compte officiellement plus aucun cas déclaré de Covid, ce que je dirai quelques minutes plus tard lors d'un point presse improvisé.

*

Au même moment, dans le quartier ouvrier de Bourtzwiller à Mulhouse, c'est l'effervescence. Comme tous les ans, l'église de la Porte ouverte chrétienne, fondée il y a plus de cinquante ans, va accueillir quelque 2 500 fidèles évangéliques pour plusieurs jours de jeûne et de prière. Ils viennent des quatre coins du pays mais aussi de Belgique, de Suisse, d'Allemagne... Au cours des offices, ils peuvent se donner la main afin de mieux se sentir en communion. Certains partagent une même coupe dans laquelle ils boivent à tour de rôle. Ils parlent, chantent, dansent au son des prières scandées par le pasteur, au rythme d'un duo guitare et clavier. Ils aiment se retrouver en cette période de l'année afin de faire carême.

Je ne sais si c'est le paradis pour ces croyants, mais ça l'est assurément pour un virus respiratoire hautement contagieux. Dans la grande salle, un homme, justement, est malade. Fébrile, il est atteint de quintes de toux. Quoi de plus banal en ce mois hivernal ? Il a hésité à faire le déplacement, pensant à une grippe, mais sa foi l'emportant sur la raison, il a décidé de prendre sur lui. Autour, on remarque à peine ses quintes, cela ne déclenche en tout cas pas d'inquiétude particulière. Le coronavirus est encore cantonné à l'autre bout du monde. Le réflexe de s'éloigner lorsque quelqu'un tousse viendra plus tard, comme celui de retenir sa respiration

Le début de la fin

quelques secondes en se disant qu'on a moins de risques d'attraper le virus. Ô pensée magique ! Au début de mes années de médecine, j'avais ce même réflexe lorsque les portes de l'ascenseur de l'hôpital s'ouvraient à l'étage des maladies infectieuses pour laisser monter quelqu'un.

En février 2020, à Bourtzwiller, rien de tout cela. Ni l'homme, ni son entourage n'éprouvent la moindre méfiance. Les gestes barrières et bien sûr les masques ne sont encore dans l'esprit de personne. Dans l'église, l'insouciance et la ferveur règnent en maîtresses. Ne vient-on pas aussi prier pour que le Seigneur protège contre toutes sortes de maladies ?

La suite se déroule très vite. Pour vous représenter la scène, imaginez un flux continu de millions de microscopiques particules virales – expulsées par la bouche du malade –, donnez-leur une couleur, par exemple un bleu roi. Ces nuées bleutées flottent de façon erratique dans l'air, se diffusent peu à peu dans toute l'église. Elles s'arrêtent sur les surfaces, les vêtements, se déposent sur les mains, la peau, s'infiltrent dans les fosses nasales des fidèles. Lorsqu'une personne est infectée, teintez-la elle aussi progressivement de ce bleu roi, depuis le haut du crâne jusqu'aux extrémités visibles des membres. Tout va très vite. Comptez-les dans la nef : une, deux, dix, cinquante, des centaines de personnes. Des jeunes, des plus âgés.

Dans trois jours, beaucoup seront rentrées chez elles. Ne se sachant pas malades, sans doute même en pleine forme après ces moments passés avec les leurs, elles retrouveront leurs familles, leurs amis, leurs collègues, la boulangère du coin. Et partout où elles se rendront, elles commenceront à expulser ces petites particules virales,

qui coloniseront des bouts de territoire encore indemnes. Trois retraités retrouveront leur Corse chérie, y créant le premier cluster sur l'île de beauté. Un couple rejoindra sa si belle et lointaine Guyane, apportant la Covid jusque dans ce petit bout d'Amérique du Sud. Un pasteur
rentré au Botswana contaminera des centaines de fidèles à grand renfort d'embrassades. Une aide-soignante reverra avec le sourire ses chers pensionnaires d'un Ehpad bordelais. Une infirmière retournera au CHU de Strasbourg où elle exerce : 250 malades y seront touchés.

Ainsi naît le cluster de Mulhouse. Dans un premier temps de façon totalement invisible : c'est la période d'incubation au cours de laquelle le virus infecte les premières cellules et se multiplie sans encore donner le moindre signe clinique. Puis à bas bruit, avec les premiers symptômes d'une banale infection virale. Dix jours après la fin du séminaire, l'épidémie devient visible et une première alerte est donnée. Par le fils du pasteur, médecin, qui s'inquiète de voir autant de bancs vides dans son église lors de l'office religieux. Cinq cents fidèles au moins manquent à l'appel. Son père est lui-même cloué au lit avec une forte fièvre. Le lendemain, le 2 mars, un malade diagnostiqué en Occitanie révèle avoir participé au rassemblement de Bourtzwiller. Le lien est fait dans la foulée, l'alarme est sonnée.

Trop tard. Déjà, les médecins de ville s'inquiètent de voir leurs salles d'attente pleines de patients souffrant de fièvre et de signes respiratoires. Au Samu de Mulhouse, on n'a jamais vu ça. Plus de 1 000 appels quotidiens, au moins le double de l'activité habituelle. Un afflux massif,

Le début de la fin

inouï, de malades en état de détresse respiratoire. Pour l'essentiel, des personnes âgées. Mais aussi des plus jeunes, fragilisés par un simple diabète ou une obésité. Les services de médecine commencent à saturer. Bientôt, on cherche des places en réanimation pour les cas les plus graves. On rappelle les soignants partis en congé, on déprogramme toutes les activités non urgentes. Très vite, des premiers malades sont transférés par ambulance vers d'autres hôpitaux voisins. Mais ça ne suffit plus et c'est toute la région qui déborde en quelques jours. On organise dans l'urgence des évacuations sanitaires par dizaines vers d'autres villes de France. Des personnes dans le coma se réveilleront en Bretagne ou en Normandie. On lance un appel à l'aide afin que des soignants gagnent le Grand Est pour créer de nouveaux lits de réanimation, en transformant les salles de bloc opératoire. Le message est entendu, des centaines de blouses blanches viennent volontairement de toute la France prêter main-forte à leurs collègues dont beaucoup seront eux aussi touchés. On mobilise pour la première fois l'armée, qui installe à Mulhouse un hôpital de campagne. Trois tentes capables d'héberger chacune dix malades. Voilà la capacité totale de notre système de santé des armées, trois tentes modulables qui peuvent être montées partout dans le monde en quelques jours. C'est à Mulhouse qu'on en a besoin. Puis surviennent les premiers décès, ceux des personnes qui n'ont pu être sauvées. Des patients souvent très âgés, très malades, trop fragiles pour la réanimation. En quelques semaines, nous en compterons des dizaines de milliers, faisant de la première vague la plus meurtrière de toutes.

La catastrophe ne se limite pas à la région de Mulhouse. C'est tout le pays qui s'embrase les jours suivants. Trente nouveaux cas en France le 1ᵉʳ mars, soixante le 2, trois cents le 7, mille le 15, trois mille le 23... Avec le recul, avec les centaines de milliers de cas quotidiens déclenchés par la vague Omicron début 2022, ces nombres peuvent vous sembler anodins. Mais nous réalisons alors encore peu de tests, limités aux malades fragiles ou sévères et hospitalisés. Le diagnostic est essentiellement clinique, sur la base d'un syndrome associant fièvre, symptômes respiratoires, et, nous le découvrons alors, perte du goût et de l'odorat. Le nombre réel de contaminations est donc bien plus élevé que celui des cas confirmés en laboratoire. Il traduit un échappement du virus, une diffusion qui ne peut plus être maîtrisée, une épidémie devenue inéluctable et imminente, imposant une évolution de notre stratégie de réponse.

Les évangéliques comptant dans leurs rangs un grand nombre de soignants, beaucoup d'établissements de santé et médico-sociaux sont touchés. Les conséquences sont dramatiques, sur l'ensemble du territoire. En cette fin février 2020, alors que nous pensons contrôler la situation, et tandis que notre attention est toute tournée vers le cluster de l'Oise, le virus circule en réalité déjà partout. Et vite.

*

J'ai de la peine pour ce que ces fidèles ont vécu à Mulhouse, et ce qu'ils vivront par la suite, pointés du doigt par une partie de la population comme s'ils étaient

Le début de la fin

responsables de ce qui est arrivé. Ils ne sont pas responsables, aucune limitation de ce type de rassemblement n'avait été fixée à cette époque. Certes, l'Italie du Nord donnait les premiers signes d'inquiétude, mais qui aurait pu soupçonner que le virus serait déjà là ?

Le bilan est très lourd pour les fidèles eux-mêmes, plusieurs centaines de malades, quatre-vingt-six hospitalisés, plus de trente morts. J'ai lu récemment que l'église a pu rouvrir et que toutes les règles sanitaires y sont respectées à la lettre, jusqu'au contrôle du passe sanitaire. Je leur souhaite de se remettre de ce traumatisme vécu dans leur chair.

*

Le désastre de Mulhouse nous conduira au long des deux années qui suivront à porter une attention toute particulière aux vastes rassemblements, à plusieurs reprises limités en période de forte circulation virale. Le plus grand cluster identifié au monde est d'ailleurs dû à une réunion de motards américains dans l'État du Dakota du Sud au mois d'août 2020, auquel on impute 260 000 contaminations !

Ces clusters sont liés à un phénomène appelé *superspreading*, « super propagation ». En cause, un ou plusieurs malades infectés, avec une charge virale – une quantité de virus – extrêmement élevée, capables de diffuser les particules infectieuses à bonne distance. C'est aussi dans cet état d'esprit que nous fermerons de nombreux établissements recevant du public, tels que théâtres, salles de cinéma ou de concert, avant de les maintenir ouverts moyennant le recours au passe sanitaire.

Mais pour l'heure, face à l'afflux de malades dans le pays et à la situation sanitaire dans le Grand Est, le Premier ministre Édouard Philippe décide et annonce le 14 mars 2020 le passage de la France en stade 3 de la gestion de la pandémie.

À n'en pas douter, il y aura des travaux à conduire sur l'influence de certaines croyances et certains cultes en période de pandémie. J'aurai à déplorer, à deux reprises après l'affaire de Mulhouse, une interaction directe et regrettable entre l'épidémie et le mouvement évangélique.

La première, au printemps 2021. Un nouveau variant est alors identifié en Afrique australe. En visite à la cellule de traçage des cas contacts, dite *contact tracing*, de l'ARS Île-de-France, j'apprends que deux cas viennent d'être répertoriés par séquençage. Deux jeunes femmes de retour du Mozambique, où elles se sont rendues pour un séminaire évangélique consacré à… combattre la Covid par la prière. On m'informe également que compte tenu du refus de s'isoler de l'une d'elles, aide-soignante de métier, il a été nécessaire de recourir à un arrêté préfectoral de maintien en quarantaine. Trop tard, le délai de traitement du dossier a permis au variant de circuler, et on le retrouve de façon majoritaire les semaines suivantes en Moselle.

La seconde, c'est en août 2021, au centre hospitalier universitaire de Fort-de-France, en Martinique, où je me rends en pleine vague du variant Delta. Partout, des brancards encombrent les couloirs des urgences. Des dizaines de malades équipés de bouteilles d'oxygène

Le début de la fin

dans l'attente d'un vrai lit dans une vraie chambre. Une équipe soignante traumatisée et épuisée se débat dans des conditions d'une dureté que je n'ai jamais revue, épaulée par de très nombreux soutiens venus de métropole. Nous parlons avec les soignants. Ils constatent comme moi que tous les malades ne sont pas vaccinés, que certains sont jeunes, voire très jeunes, et que cette situation est terrible. Je leur demande si eux-mêmes sont bien vaccinés. Je n'oublierai jamais le regard d'un infirmier, la trentaine, quand il m'explique qu'il n'a pas besoin, lui, du vaccin, puisque Dieu le protège. Et que s'il doit tomber malade, ce sera l'expression de la volonté divine. J'aimerais beaucoup disposer d'études sur l'impact en santé publique de certaines croyances et certains cultes en période de pandémie.

7

Dans les sous-sols de l'Élysée

29 février 2020

La salle Jupiter qui abrite le Conseil de défense et de sécurité nationale (CDSN) se situe 70 mètres sous le sol de l'Élysée. Lorsqu'on a traversé la cour d'honneur du palais, on emprunte la porte principale sous les salutations des membres de la Garde républicaine. Puis un huissier en costume queue-de-pie sombre vous prie de le suivre en direction d'un petit couloir qui laisse apparaître une porte assez banale. On la prend, on descend un escalier. Là, dépôt de son téléphone dans un casier sur lequel figure son nom. Puis on emprunte un second escalier, vers une lourde porte blindée qui s'ouvre en tournant une roue, à la manière d'un navire de guerre.

C'est d'ailleurs dans un navire que j'ai le sentiment de pénétrer, avec ses murs et son plafond métalliques. Je franchis une seconde porte, en acier elle aussi, qui donne sur un long défilé troué d'une dizaine d'accès numérotés (sans doute protègent-ils des salles de communication cryptée, peut-être quelques bureaux, un appartement de secours). Me voici arrivé dans l'abri atomique du palais de l'Élysée.

Par-delà les vagues

À l'intérieur, une profusion de questions me saisit. Combien de personnes peuvent tenir dans cet endroit et pendant combien de temps ? A-t-il déjà sauvé un président ? Protège-t-il vraiment d'une exposition aux radiations ? En cas d'attaque, y a-t-il un ordre protocolaire pour s'y réfugier ?

Nous sommes le jour de mon premier CDSN, et je tente de faire taire la curiosité qui m'envahit, sans omettre de goûter chaque minute, de photographier mentalement chaque image. Et sans, surtout, le montrer.

*

Ce matin, je suis ministre de la crise, acteur principal de la scène qui va se tenir. Dans quelques minutes, je vais ouvrir le bal et informer mes interlocuteurs de la situation. Rien ne prête à l'enthousiasme. Peu importe le décorum. Ici, on est femme ou homme d'État : on pense régalien, on acte régalien, on est régalien. Je suis en avance de quelques minutes, aussi je décide de m'approcher d'un homme qui garde le couloir.

« Par curiosité, cet abri est-il conçu pour y passer plusieurs jours ?

— Monsieur le ministre, il est avant tout conçu pour assurer la continuité des services de l'État sur quelques heures.

— Mais si besoin, le président pourrait s'y réfugier sur une période plus longue ? Je veux dire, y a-t-il ici des réserves de nourriture par exemple ?

— Si la situation l'exigeait, des équipements supplémentaires, notamment des frigos, seraient apportés en urgence.

— Et les pièces dans ce couloir servent à... ?
— Elles sont fermées. »
Je n'en saurai pas davantage. De toute façon, on s'agite près des portes, le conseil va probablement commencer. La première salle sur la droite est celle du CDSN. Six mètres sur trois, à peine de quoi y faire tenir une grande table oblongue autour de laquelle on assoit vingt personnes en les serrant bien. Évidemment, aucun accès à la lumière du jour. Ici, rien ne filtre. Ni le soleil, ni les ondes. Les secrets peuvent entrer, pas en sortir.

La décoration est sommaire, un mur est orné d'une mappemonde, un autre, de miroirs. Là, un écran de télévision. De la moquette au sol et des murs couleur taupe donnent à l'ensemble un air années 1970 version sobre. Un petit carton indique ma place, entre le ministre des Affaires étrangères et celui de l'Économie et des Finances.

*

« Monsieur le président de la République ! »
Tout le monde se lève. Outre le Premier ministre et les membres du gouvernement concernés par la crise sanitaire, sont présents le Secrétaire général de la défense et de la sécurité nationale ainsi que la garde rapprochée d'Emmanuel Macron, à commencer par son secrétaire général Alexis Kohler. C'est mon principal relais auprès du chef de l'État. « Parler à Alexis, c'est parler au président. » Doté d'une intelligence et d'une force de travail hors du commun, il est celui qui va, tout au long de la crise, coordonner la riposte. Lors de la première vague, il ne sera pas rare de le voir diriger lui-même, en binôme

avec le directeur de cabinet d'Édouard Philippe, d'importantes cellules interministérielles de crise au sein de mon ministère.

Nous nous asseyons. Le président ouvre le conseil en rappelant l'ordre du jour, avant de me passer la parole. Aucun de nous ne porte de masque, conformément aux recommandations de l'époque, mais nous nous aspergeons de gel hydroalcoolique et veillons à ne pas nous toucher.

Je suis à la fois excité et honoré d'être là. Une émotion que je cherche à masquer derrière l'austérité d'un récit progressif de la situation épidémique. L'ordre du jour organise les débats, nous avançons thème par thème, chaque ministre rapporte les connaissances dont il dispose dans son domaine, suggère des décisions à prendre.

S'ensuivent des échanges, parfois contradictoires. Je demande à plusieurs reprises la parole, plaide pour aménager une décision, à l'occasion avec succès. Puis, à l'issue d'un véritable travail collégial de mise en partage des informations et de débats, un consensus se dégage. À mille lieues de l'idée parfois véhiculée par l'opposition d'un exercice solitaire.

La pièce me semble dépourvue d'une aération efficace, et la température monte sous l'effet de la chaleur que nous produisons.

Je remarque que l'un d'entre nous est manifestement malade, rouge de fièvre, pris de quintes de toux trahissant une bronchite. Je tente de me rassurer. En cette période de l'année, les bons vieux virus hivernaux sont bien plus courants que le coronavirus, qu'on diagnostique encore peu. Mais si c'est la Covid, alors nous sommes tous en situation à risque. Imaginez que toutes les têtes de l'exécutif ainsi que l'état-major tombent malades au même moment.

À l'issue du conseil, j'encouragerai cet homme à se faire tester. Négatif! C'est un soulagement. Et sans doute un enseignement, puisque les prochains CDSN se tiendront à effectifs plus restreints.

*

Beaucoup de fantasmes circulent à propos des CDSN. À quoi peuvent bien ressembler ces réunions dont la tenue est en général rendue publique mais le contenu classé secret-défense? Pourquoi, alors que nous faisons de la transparence une règle de gestion de la crise? Est-ce pour ne pas provoquer le ressentiment, le jugement et la défiance? Pourquoi laisser penser que nous n'exposons pas la totalité des données dont nous disposons, celles qui nous conduisent à prendre des décisions qui touchent si fortement la population? S'y joue-t-il des scènes inavouables, y livre-t-on des informations sulfureuses? Pas du tout!

Dans les médias, les interrogations, au fil des mois, vont fleurir. Reste qu'on m'a pourtant rarement interrogé, dans la sphère privée, sur le contenu des CDSN. En fait, au début, tout le monde ne voulait connaître qu'une chose : l'origine du virus. « Alors, c'est vraiment un coup des Chinois? »; « C'est vrai qu'il y a des centaines de milliers de morts cachées à Wuhan? » me demandait-on à longueur de journée. Par la suite, les centres d'intérêt ont changé.

Mais énonçons une vérité d'emblée : la France n'est pas une émission de téléréalité, les échanges au sein de cette instance ne sauraient se faire sous l'œil des caméras. Conférer un minimum de secret à ce cadre me paraît légitime, chaque relevé de décisions donnant lieu à une communication à destination du grand public, aussi large que possible. La logique même du secret-défense me prive du plaisir d'entrer dans les détails. Mes amis l'ont compris. Beaucoup sont soignants, ils vivent en permanence dans le secret inhérent à leur profession. Quant à moi, si j'ai pu palpiter les premiers temps en recevant les pochettes rouges marquées du sceau « secret-défense » qui m'étaient apportées chaque semaine par un officier de liaison, en provenance du secrétariat général de la Défense et de la Sécurité nationale (SGDSN), je me suis vite rendu à l'évidence. Impossible d'identifier ne serait-ce que dix informations sensibles que j'aurais eu à connaître et qui ne sont pas, depuis, tombées dans le domaine public.

Rapidement, le cadre des CDSN consacrés à la crise sanitaire a évolué. Le bunker a été remplacé par les salons de l'Élysée. La visioconférence a parfois fait son apparition, de manière très sécurisée, lorsque le sujet le permettait et qu'il était utile d'y faire intervenir un plus grand nombre d'acteurs.

J'ai participé à de nombreuses réunions sur d'autres thématiques que la Covid. Au sujet de dossiers terroristes notamment. Le huis clos a toujours été scrupuleusement respecté. Pas de téléphone, aucune communication possible, choix d'une pièce ultra-sécurisée. Dans le cas de la Covid, les CDSN étant hebdomadaires, et pas tous de la même importance en termes de secret des décisions, ces aménagements ont été possibles sans qu'aucun risque ne soit pris.

Dans les sous-sols de l'Élysée

*

La présidentialisation liée au recours aux CDSN a été, par ailleurs, à l'origine de procès d'intention politique. Je crois que Jean-Luc Mélenchon a dégainé le premier pour condamner une instance supposément entre les mains d'un seul homme, qui prendrait selon son seul bon vouloir des décisions majeures pour les Français et le pays. J'y vois (un peu) une méconnaissance du fonctionnement de nos institutions, et (beaucoup) l'occasion d'exister saisie par des élus d'opposition.

Je reviendrai plus loin sur le rôle et la place du Parlement tout au long de la crise sanitaire. Mais soyons clairs : la gestion de crise relève constitutionnellement du pouvoir exécutif, sous le contrôle du Parlement. C'est donc bien à un collectif gouvernemental, animé par le président de la République et le chef du gouvernement, qu'il revient de prendre toute décision utile pour protéger la population, dans le respect de nos textes fondateurs et en les soumettant au regard des parlementaires.

Personnellement, j'ai arrêté de compter les CDSN consacrés à la crise sanitaire au bout du soixantième. Au fil des mois, nous nous sommes professionnalisés et un rituel s'est installé. Pour réussir un bon conseil, il faut d'abord des documents, beaucoup de documents. Des courbes, des graphiques, des tableaux de bord, classés par catégorie, sous la forme de diaporamas reliés. Un pour la situation épidémique, Métropole, Outre-mer et international ; un pour les tests et les séquençages ; un pour la situation hospitalière ; un autre pour la campagne de vaccination et les traitements. Il faut aussi prévoir une réunion de préparation, avec le directeur général de la Santé et mon cabinet, exercice qui consiste à m'abreuver de toutes informations utiles afin que je puisse les partager le lendemain matin. Des décisions doivent être prises : certaines évidentes, d'autres particulièrement sensibles.

Dans ce second cas, je dois me forger une conviction personnelle. Faut-il instaurer un couvre-feu et à quelle heure ? Quelle jauge décider pour les théâtres ? Les tests antigéniques peuvent-ils être proposés et à qui ? Faut-il se positionner pour commander ce traitement qui pourrait être validé dans deux mois ? L'obligation vaccinale pour les soignants présente-t-elle un risque majeur dans le cadre de la continuité des soins ? Le passe sanitaire doit-il être étendu aux bars et aux restaurants ? Et en terrasse ?

Reste à préparer pour la réunion un récit complet de la situation, un fil conducteur pour lequel je dois équilibrer le souci de préserver l'attention de mes auditeurs et la rigueur des informations partagées. L'exhaustivité serait dévastatrice, je perdrais tout le monde en quelques minutes. Une lecture purement politique de la situation, sans étayage scientifique, ne serait pas comprise non plus. Autre écueil : dévaler la pente naturelle de mon périmètre ministériel, consistant à minimiser les prises de risques et toujours plaider pour les mesures de gestion les plus dures. Mais ne pas y céder, au moins en partie, serait tout aussi absurde. C'est précisément le jeu du collectif. D'autres ministres, avec d'autres pentes naturelles, se chargent de juger excessives mes propositions, de sorte qu'un équilibre se crée entre nous, et que les arbitrages s'en trouvent davantage compris par tous. C'est d'ailleurs le sens de la préparation des conseils par mes équipes, que de me faire dire la doxa sanitaire. La presse informée, peu encline à croire en la véracité de la collégialité de l'exercice, multiplie en sortie de Conseils de défense les appels aux uns et aux autres à la recherche du « vainqueur » du jour. Elle titre alors : « La ligne Véran l'emporte. » Ou le contraire : quelques *off* mal intentionnés en page 2 du *Canard enchaîné* racontent parfois comment j'aurais été « désavoué ».

Mais ce n'est pas toujours aussi mécanique. Le meilleur exemple : janvier 2021. La circulation du virus est forte, les hôpitaux souffrent, le nombre de décès est inquiétant, la vaccination commence à peine. Jusqu'à la veille du CDSN, je juge le confinement souhaitable, sinon inéluctable. Pourtant, le matin même, de nouvelles simulations du Conseil scientifique sont publiées, qui reculent d'une semaine et amenuisent l'ampleur du pic hospitalier. Ces dernières données rendent possible un délai supplémentaire avant d'y aller. J'en fais part, tout naturellement.

Je suis et resterai un médecin. Je dirais même : un médecin loin de la capitale. Sous tension, dans le feu de la crise, quand je me fie à mes intuitions parce que tout va trop vite, mes réflexes m'éloignent automatiquement des mécaniques de cour. J'écoute, je respire, et j'en appelle au bon sens.

8

Com de crise et crise de com

23 février 2020

Sur les bancs de la faculté de médecine, on apprend dès la première année l'art d'accompagner l'annonce d'un diagnostic. D'abord, expliquer comment on en est arrivé là, sur la base de quels symptômes, de quelles données de l'examen clinique et des examens complémentaires, comme la radiologie ou la biologie. Ensuite, présenter la maladie, ce qu'elle peut provoquer, la façon dont elle peut évoluer… Les maladies neurologiques étant parfois complexes, j'ai pris l'habitude de rédiger des schémas explicatifs afin d'aider mes patients à visualiser. Enfin, aborder la phase thérapeutique : ce que nous allons faire pour soigner et ce que nous attendons du traitement. Nous donnons du temps aux patients pour qu'ils puissent, en retour, poser des questions, auxquelles il faut répondre tout en les invitant à revenir vers nous un peu plus tard, si d'autres interrogations leur viennent à l'esprit. Des étapes essentielles pour accepter la maladie, et surtout le traitement qui va avec. Confiance et écoute réciproque sont les clés d'une relation réussie entre médecin et soigné.

Tout juste ministre, je ne connais pas grand-chose en communication de crise. Mais j'imagine qu'il en va un peu de même. Les Français ne sont certes pas mes patients et je ne suis pas leur médecin, mais la perspective d'une pandémie potentiellement mortelle à grande échelle justifie que je prenne les devants.

Le dimanche 23 février 2020, quelques jours après ma nomination, j'accorde une interview au journal *Le Parisien*. Nous sommes encore loin d'une vague épidémique, mais je pressens une situation susceptible de dégénérer. Je voudrais formuler les choses de façon à alerter sur le risque, sans apeurer. Les journalistes ont prévu de m'interroger pendant une heure. On peut dire beaucoup (trop) de choses à des journalistes, en une heure, et je n'ai même pas encore pris le temps de recruter un conseiller en communication. Quelles sont les règles dans ce type d'interview ? Comment être sûr de conserver la maîtrise du message ? Avec ma spontanéité de néoministre pas encore rompu aux usages, je demande à mes visiteurs : « Je pourrai relire le texte avant sa parution ?

— Oui, si vous le souhaitez.

— Je pourrai modifier ?

— À la marge, oui, mais pas réécrire.

— Vous pensez faire la une avec l'interview ?

— Tout dépend de ce que vous nous direz, mais on l'envisage.

— Ah. Et la une aussi, je peux la modifier à la marge ? »

Ils se regardent, un peu étonnés. « La une, non. Impossible. Vous la découvrirez lorsque le journal sera édité. Mais rassurez-vous, elle sera fidèle à vos propos. »

L'une d'eux pense utile de préciser : « Vous savez que vous devrez aussi faire relire le texte que nous vous enverrons à Matignon et à l'Élysée ? C'est la règle, en général. » Je ne veux pas paraître candide, aussi, j'acquiesce. « Évidemment, c'est la règle et je la connais. » Le fait que mon interview soit relue en haut lieu et qu'elle puisse être modifiée me rassure. Une forme de coresponsabilité, crois-je. « Alors, vous nous dites quand vous êtes prêt, et on vous enregistre. »

Rassuré par ce garde-fou qu'est la relecture, je me lance dans un long tunnel explicatif sur l'état des connaissances concernant le virus et les risques que j'entrevois : à mes yeux, une véritable épidémie peut voir le jour en Europe dans les prochaines semaines. Je me montre très prudent, emploie le conditionnel. L'interview se passe bien, les journalistes sont satisfaits, et me confirment que, selon toute vraisemblance, la première page du journal sera consacrée à l'entretien. Nous passons aux photographies qui devront illustrer l'article. « Ne souriez pas, détendez-vous, relevez un peu le menton, tournez la tête légèrement dans ma direction, mimez un geste avec vos mains, tournez le corps légèrement à gauche... » La relecture suit, quelques heures plus tard, sans trop de modifications, hormis de forme, y compris de la part de l'équipe du Premier ministre. Mais le lendemain matin, bien en vue chez tous les kiosquiers de la capitale, il y a une photo de moi en grand. Et cette une : « Nous nous préparons à une épidémie. »

Un titre accrocheur qui projette d'un coup le « virus chinois » en tête de gondole de toutes les dépêches. Jusqu'ici, on ne parlait de la Covid-19 que pour montrer que nous parvenions à en éviter la diffusion, comme aux

Contamines-Montjoie. Désormais, on ose évoquer une « épidémie » en devenir. Je reçois un message de Matignon : « Un peu trop alarmiste, ne va pas trop loin. À ce stade, rien n'est encore certain. » Ils ont relu pourtant ! Et ils savent que la une relève du seul choix éditorial. Les sollicitations d'autres journalistes pleuvent. Faut-il y répondre ou faire le dos rond ?

Je décide de pousser mon avantage en acceptant d'intervenir le soir même au journal télévisé de France 2. J'ai l'intention d'expliquer : diagnostic, traitement... Oui, le coronavirus peut arriver massivement en France mais nous sommes préparés à cette éventualité. Pour souligner le propos, je ne me rends pas sur le plateau du 20 heures ; mon équipe propose un duplex depuis le ministère, plus précisément depuis la cellule de crise. Nous voulons que les Français pénètrent au cœur de la salle la plus stratégique afin de donner corps à notre état de préparation.

Mais nous sommes dimanche soir et l'équipe de garde de la cellule de crise se résume à deux personnes, tandis que la grande salle en contient habituellement une bonne vingtaine. Nous en prenons conscience quelques minutes avant le duplex, allumons un à un les ordinateurs et appelons en vitesse toutes les personnes présentes au ministère afin qu'elles prennent la place des absents. Ça fonctionne. Tant mieux : on ne passe pas tous les jours au 20 heures.

Je l'ignore alors mais c'est le premier d'une longue série. Cette fois, je comprends grâce à mon équipe, ellemême alertée par d'autres conseillers ministériels, qu'on me soupçonne d'avoir voulu assurer ma communication sur le dos d'un virus qui demeure invisible, ou presque.

Com de crise et crise de com

Un reproche qui ne dure pas. Moins de quarante-huit heures plus tard, le nord de l'Italie flambe et les hôpitaux se remplissent à une vitesse fulgurante. Avec le recul, cette une du *Parisien* aura au moins eu le mérite de tempérer les soupçons d'impréparation que vont, bientôt, nous renvoyer les Français.

*

Quelques jours plus tard, début mars, la Covid-19 commence à semer le chaos dans les esprits. Nous devons tenter d'apaiser la peur en introduisant un peu de rationnel, dans un climat de grande incertitude. Mon équipe a donc accepté une soirée spéciale consacrée à la Covid-19 sur une chaîne d'info en continu. L'émission doit être un temps fort, tandis que les contaminations augmentent et que, dans le secret du Conseil de défense, nous envisageons de prendre des premières mesures de freinage. La maladie, je sais l'expliquer ; le diagnostic, je peux le justifier. Mais le traitement, c'est autre chose.

Nous invitons aux gestes barrières et à une première forme de distanciation sociale. Dans quel but ? C'est ce que je dois faire comprendre, si nous voulons que les Français adhèrent à ces mesures et se montrent vigilants. Durant la journée, sur Twitter, je suis tombé sur une petite vidéo où le professeur Didier Pittet, éminent scientifique suisse, inventeur du gel hydroalcoolique, trace une courbe de contaminations virales en période de pandémie. Puis une autre courbe, moins haute, plus étalée, correspondant à l'objectif d'écrêtage d'une vague épidémique sous l'impact de mesures de freinage. Il dit s'inspirer d'une publication didactique de la revue internationale *The Lancet*, dont je demande une édition afin d'en avoir tous les détails.

À mon équipe réunie pour préparer l'émission, je dis : « Regardez, je vais vous expliquer ce qu'est une courbe épidémique et comment on doit l'aplatir. » Je reproduis le dessin.

« C'est super intéressant, ce serait pas mal que tu l'expliques ce soir, histoire que les gens comprennent.

— Oui, et je pense même faire le schéma de la courbe en direct.

— Olivier, on ne fait pas de dessins sur un plateau de télé. Non, en revanche tu peux reprendre les explications.

— Avec le dessin de la courbe, on comprend mieux, je trouve. Ça prend quoi, deux minutes ?

— Tu es ministre, pas Mac Lesggy. »

Je fais une moue en forme de supplique.

« Ça vous paraît vraiment ridicule ?

— Pas ridicule ; pas de ton niveau. Mais on commence à te connaître : quand tu fais cette tête, c'est que ta décision est prise. Juste, fais court. »

Du coup, je fonce : en direct, je dessine les courbes et j'explique. « Là, c'est le temps qui passe, en journées. Et là, le nombre de contaminations. Ce que nous voulons, c'est réduire la vague, en l'étalant dans la durée… » La séquence fonctionne, je le lis dans les yeux des journalistes. À un détail près, qui souligne mon manque d'expérience : j'utilise le stylo que j'ai dans la poche intérieure de ma veste, un Montblanc flambant neuf dont on m'a fait cadeau. Un « faux pas pardonnable », selon les journalistes. Le succès de cette séquence,

Com de crise et crise de com

visionnée des millions de fois, me fait comprendre que le besoin de comprendre est immense. Je tâcherai de ne pas l'oublier au fil de la crise sanitaire.

*

Dans la foulée de cette soirée télévisée, ma notoriété explose. De presque inconnu, je passe en quelques jours au statut de ministre en vue, sinon chef de guerre. On me prête des ambitions politiques, on loue mes capacités de pédagogue, on dresse de moi des portraits élogieux. En Conseil des ministres, je sens que, déjà, j'agace. Journalistes, politiques connus, stratèges de la République et autres personnes d'influence m'écrivent, m'appellent, proposent des dîners, pour parler de « la suite ». À gauche, on me presse de créer et d'animer un collectif social au sein de la majorité. C'est grisant, mais je pressens qu'on en fait trop. Je me raisonne : après le printemps viendront des jours plus difficiles. La notoriété une fois gagnée se conserve, mais la popularité est capricieuse. Il y aura des moments compliqués, c'est certain. Dans une pareille période de crise, arrivera le temps des ratés, des polémiques, et plus dure sera la chute. La fameuse règle des « trois L » : *lèche, lâche, lynche*. Si je me prête volontiers à l'exercice de quelques interviews plus personnelles, je travaille ma distance. Pas simple quand on aime la politique, quand on s'épanouit dans le débat public.

Ce qui est certain, c'est qu'on me demande d'incarner la ligne du gouvernement face à la pandémie qui commence. Consigne est passée à la plupart des autres ministres de se tourner vers moi, à l'exception de Sibeth

Ndiaye, porte-parole du gouvernement, fondée par définition à s'exprimer sur tous les sujets, notamment à l'occasion des comptes rendus des conseils des ministres. Une mission à haut risque : un mot de trop, une expression déplacée, peut se payer cash. En l'occurrence, sans commettre d'erreur sur le fond, Sibeth paiera à elle seule les ratés que notre communication de crise connaîtra à ses débuts. Ses propos sur le masque en sont l'exemple le plus cruel. Sibeth connaissait ses dossiers et son métier, j'ai pris du plaisir à travailler avec elle. Ce sera aussi le cas avec son successeur, Gabriel Attal, quand il sera nommé porte-parole du gouvernement de Jean Castex. Toujours au fait des enjeux de la gestion de crise jusque dans ses moindres détails, soucieux de soigner la communication institutionnelle, démultipliant les déplacements sur le terrain, il sera pour moi un partenaire précieux, un relais indispensable, un complice.

Avec mon équipe, nous décidons d'ancrer notre communication dans le quotidien, *via* une conférence de presse donnée directement depuis le ministère, au cours de laquelle le directeur général de la Santé Jérôme Salomon informe sur les contaminations, hospitalisations et décès, porte des messages de santé publique, tandis que j'interviens en complément lorsque la situation l'exige, pour annoncer des mesures de freinage ou détailler la politique que nous menons. À lui le bulletin épidémiologique, à moi la politique de santé. La mise en place de cette orchestration est délicate, Jérôme et moi nous connaissons depuis des années, nous apprécions, avons planché ensemble sur le programme du candidat Macron, et lorsque je suis nommé, il est déjà solidement

Com de crise et crise de com

implanté au sein du ministère, reconnu par ses pairs et en lien direct avec le président. Mais je suis ministre, c'est donc à moi qu'il revient d'en assumer les responsabilités, et les missions. Le duo retient l'attention des Français, nombreux derrière leur écran en fin d'après-midi. Ce sont des moments stressants, propices aux tensions larvées entre nous. Les données nous parviennent peu de temps avant que nous devions les communiquer, et nous avons à peine celui de les analyser. Il faut faire attention à chacun des mots utilisés. Les séances de questions/réponses avec les journalistes constituent autant de situations risquées, en direct et sans filet.

Très vite, les chaînes d'info organisent autour de nos interventions des débats, pour expliquer, commenter, critiquer. C'est le début des experts de plateaux, médecins et scientifiques. Au départ, le consensus national fait foi. On peut discuter de telle ou telle décision mais l'esprit général est à la concorde. Puis, les polémiques apparaissent : au sujet des masques bien sûr, de l'hydroxychloroquine, de la durée du confinement, de l'utilité du couvre-feu, du ras-le-bol des restaurateurs, etc.

Les chaînes s'organisent en conséquence. Les experts les plus mordants ont leurs faveurs et deviennent récurrents. Certains se font un nom, d'autres parviennent à en vivre. La puissance du verbe et de la transgression l'emporte sur les faits : la parole des uns vaut celle des autres. Pour mon équipe et moi, c'est une souffrance de voir relativisés les propos raisonnables des soignants de première ligne et des institutions sanitaires, pourtant présents au feu tous les jours.

De notre côté, nous tenons la barre : pédagogie et transparence. Mais les Français se lassent, la redondance des points presse résonne comme une rubrique nécrologique. Lorsque la première vague décline et que la France se prépare à connaître son premier déconfinement, nous décidons de réorganiser la communication de crise avec méthode, en suivant une règle de graduation. Les grandes annonces nationales, comme un confinement, un déconfinement, la mise en place d'un passe sanitaire, relèvent d'une allocution du président de la République. Les annonces de mesures de freinage qui touchent l'économie ou la vie en société sont réalisées par le Premier ministre, au cours de conférences de presse associant le ou les ministres les plus concernés. Lorsqu'il y a besoin de faire de la pédagogie sanitaire, avec pas ou peu d'annonces, c'est moi qui en suis chargé, *via* une conférence de presse « à l'ancienne », un journal télévisé, une matinale ou une interview donnée à un média de presse écrite, en général *Le Journal du dimanche* ou *Le Parisien dimanche*, quotidiens nationaux les plus lus en fin de semaine. Enfin, en période d'accalmie entre deux vagues, nous montrons que nous restons vigilants au moyen de déplacements ciblés, au sein des agences régionales de santé (ARS), ou dans un hôpital, suivis d'un micro tendu permettant de faire un point précis et de répondre aux questions du moment. Nous utilisons aussi les réseaux sociaux, dont la puissance pour diffuser un message est réelle : un tweet avec du contenu devient rapidement une dépêche pour la presse, permettant de maîtriser le timing et le message.

*

Com de crise et crise de com

Je m'efforce d'apprendre, au contact de mes conseillers et conseillères, les règles d'une communication réussie. Surtout, éviter l'improvisation.

Je le comprends le jour où je tweete de mon propre chef un message appelant à la vigilance vis-à-vis des anti-inflammatoires, susceptibles d'aggraver les symptômes de la Covid-19. Un raz-de-marée de reprises jusqu'aux États-Unis et en Asie, alors que je voulais seulement faire prévaloir le principe de précaution. Pour limiter les risques d'improvisation, je fais désormais valider mes tweets par mon équipe.

Dans la même logique, chaque interview est précédée d'une simulation avec mise en situation, et je ne rechigne plus à demander des « éléments de langage », balises essentielles dans la tempête du direct. La forme aussi mérite de se professionnaliser. J'apprends. « Réduis ton débit », « Fais des phrases courtes », « Laisse le journaliste poser sa question en entier avant de répondre », « Apprends à jouer dans une interview et à emmener le journaliste où tu le souhaites », « Ne sois pas sur la défensive », « Commence par le message avant de dérouler ton raisonnement », « Fais attention à ta posture »…

Parallèlement à cette communication officielle et visible, nous organisons chaque semaine des déjeuners de presse avec une poignée de journalistes réunis en petits groupes. Durant ces discussions officieuses, dites off, je peux aller un peu plus loin dans les explications, me permettre une plus grande prise de risques dans ce que je dis de l'épidémie comme des questions politiques en général. Je reste néanmoins sur mes gardes. Collègues et journalistes m'ont prévenu depuis longtemps : le véritable off n'existe pas. Ce que je raconte lors d'un déjeuner peut se retrouver dans un article jusqu'à des semaines plus tard. Je sais que certains responsables politiques entretiennent des rapports privilégiés avec des journalistes de confiance, et se laissent aller à des échanges directs et sans filtre. Connaissant mon inclination naturelle à nouer des liens, ma conseillère spéciale, Ségolène, m'a fait promettre de ne pas me prêter à l'exercice, engagement que je tiens du mieux que je peux.

Je compte les exceptions sur les doigts de la main, et pourtant ce ne sont pas les occasions qui manquent. Nombreux sont les journalistes friands de cette complicité qui permet de ne jamais passer à côté d'un buzz. Il est parfois frustrant de leur résister ! Un petit off bien senti et vachard contre un ministre avec qui les relations se tendent, c'est le succès assuré. Mais le plaisir est amer et de courte de durée : affaiblir un collègue, c'est affaiblir le président de la République, et nous tous. C'est aussi pourrir l'ambiance avec ceux que vous voyez tous les jours, comme dans n'importe quelle organisation.

Tout est bon pour vous pousser à franchir la ligne jaune. Notamment, vous mettre, vous, dans la ligne de mire de off désagréables. « Il se dit que vous étiez favorable à repousser la rentrée scolaire d'une semaine après les vacances de Noël 2021 et que le président de la République vous a donné tort. Vous confirmez ? » Des off sur la question des écoles, j'en ai eu à chaque vague. Pourtant, hormis lors de la première vague, et *a minima* lors de la troisième, lorsqu'il a été décidé d'allonger les vacances scolaires, je n'ai jamais plaidé pour fermer les écoles. Au contraire, même. Tout en reconnaissant que les enfants peuvent s'y contaminer et que cela peut accélérer la circulation du virus dans les familles, j'ai toujours assumé de sanctuariser l'éducation des enfants, y compris parfois contre l'avis des experts. Il est même arrivé que je prenne du recul vis-à-vis de certaines propositions émanant de mes propres administrations, ce qui n'a rien de choquant : c'est au politique qu'il revient de porter et d'assumer les arbitrages. S'agissant des écoles, l'engagement constant du chef de l'État aura permis qu'elles soient parmi les plus ouvertes au monde. Là encore, en toute collégialité.

Quand des journalistes m'ont avoué, à l'issue d'un déjeuner, que je n'étais pas un «bon client», parce que j'avais refusé d'enfoncer un ministre dans la tourmente, je l'ai pris comme un compliment. En 2013, j'étais député mais j'assurais des consultations à l'hôpital de Grenoble quand Michael Schumacher avait été longuement hospitalisé. Je ne saurais compter le nombre de représentants de la presse qui m'ont appelé et rappelé dans l'espoir que je trahisse le secret médical et leur communique une information exclusive. Silence total. J'en ai gardé une grande vigilance, qui n'enlève rien à la considération que j'ai pour cette profession. Ce chapitre n'existerait d'ailleurs pas sans ses membres. Et, sans eux encore, la gestion de la pandémie auprès des Français serait tout bonnement impossible. Et moi-même, quelle serait ma vie ? Ceux que je croise le plus souvent connaissent leur sujet sur le bout des doigts, sont dotés d'une capacité de compréhension et d'analyse qui m'impressionne. Je constate chaque jour leur sens des responsabilités, quelles que soient leurs convictions politiques et les banderilles qu'ils me réservent. Cela étant, chacun fait ses choix : j'ai toujours refusé les invitations reçues de la part de médias que j'estime peu scrupuleux, animés d'intentions à mes yeux bien différentes de celles visant à permettre aux Français de faire face à la crise. En toute subjectivité.

9

Fermer tout ce qui peut l'être

14 mars 2020, milieu de la nuit

Nous demeurons calmes, au prix d'un effort de maîtrise dont peu d'entre nous se seraient crus capables. Effort invisible, imperceptible même. Une forme de transe collective silencieuse et immobile.

Nous sommes assis en ovale autour d'une immense table équipée d'écrans individuels rétractables, éteints pour l'occasion, comme pour marquer à quel point ce qui se noue ici est humain et n'appelle que nos voix. Et quelques feuilles de papier.

Qui sommes-nous ? L'État, en l'occurrence trois dizaines de hauts serviteurs, hommes et femmes issus de différents ministères, amenés à prendre une série de décisions aussi inédites que brutales, qui mettront à plat tout ce que nous consacrons nos vies à soutenir et développer. Imaginez un chef d'orchestre interrompre brutalement un opéra en plein acte, inviter les spectateurs à revenir en écouter la fin à une date ultérieure.

La salle Jean-Dausset du ministère de la Santé, parfaitement organisée pour être fonctionnelle, tient comme jamais sa fonction de tour de contrôle. Élysée,

Par-delà les vagues

Matignon, Santé, Intérieur, Défense, Transports, Éducation... Un concentré de fonction publique, dans sa diversité. À travers les fenêtres, l'étincellement de la tour Eiffel marque la succession des heures, qui filent vite au cours de cette nuit. Notre mission? Fermer. Fermer tout ce qui peut l'être. Tout ce qui doit l'être. Tous les lieux recevant du public, jugés non indispensables à la vie du pays, pour rappel des mots du Premier ministre Édouard Philippe prononcés ce jour-là.

À la tâche, son directeur de cabinet, Benoît Ribadeau-Dumas, aborde les dossiers selon un ordre fixé, qui tient en quelques lignes sur notre agenda de la soirée.

« Bien. Nous devons définir la liste des commerces essentiels. Bon, les commerces alimentaires, évidemment.

— Y compris les commerces d'alcool? » demande le représentant de Bercy.

Je prends la parole. Il est important d'afficher tôt au sein de la réunion que c'est le politique qui sera à l'œuvre dans cette opération hors norme. « Oui, je pense qu'on peut considérer que dans la période qui s'ouvre, l'alcool doit être considéré comme un bien essentiel. De même que les bureaux de tabac. Ce n'est pas le moment de demander aux Français de devenir raisonnables. »

Le directeur de cabinet du Premier ministre opine et enchaîne. « Ensuite. On a les pharmacies, les banques, les stations-service et la presse. Vous voyez autre chose?

— Que fait-on pour les coiffeurs? Les salons d'esthétique?

— Qu'a fait l'Italie? demande-t-il.

— Elle les a fermés, dit un représentant des Affaires étrangères.

Fermer tout ce qui peut l'être

— Alors on les ferme. »
Se pose ensuite la question des supermarchés. Certains des biens qui y sont vendus sont essentiels, d'autres non. Que faire ? Aucun des nombreux codes régissant la vie du pays n'a réellement prévu pareille situation. Il faut entrer dans le détail, un inventaire à la Prévert, ou à la Georges Perec, à la limite de l'absurde bien sûr, on ne peut se passer d'un shampoing, mais d'un après-shampoing ? Les archives de l'État considèrent les jouets comme non indispensables, à la différence du matériel informatique, mais qu'est-ce qu'une console de jeux ? Un jouet ? Du matériel informatique ? Impossible de statuer sur tout.

Nous faisons le choix de fonctionner par commerce plutôt que par catégorie de produits. Pour les grandes surfaces vendant des produits essentiels et d'autres qui ne le sont pas, de manière à éviter une concurrence déloyale, nous tranchons. Elles devront barrer l'accès aux rayons prohibés à la vente, ce que nos voisins européens qualifieront d'«Absurdistan», avant de reprendre ces mesures à leur compte. Le jour où j'ai appris que la Suisse avait elle aussi fermé des rayons entiers de ses grandes surfaces, j'ai repensé à cette nuit du 14 mars 2020 et à ces décisions que d'aucuns avaient jugées folles. Mais quelle option s'offrait à nous ?

La nuit avance, nous devons faire de même. Les rassemblements de plus de 100 personnes seront interdits lorsqu'ils ne seront pas indispensables à la vie de la nation. Je vous passe les longs échanges sur ce qui relève, en droit, de la «vie d'une nation» comme la France, mais sachez que notre Constitution est assez claire sur le sujet : cela se résume à prier, manifester, voter. Les crèches, les écoles, les universités ? Fermées. Les grands navires de croisière ne pourront plus accoster en Corse, comme en Outre-mer. Les églises resteront ouvertes mais les messes seront interdites. Les lieux de culture ne résistent pas davantage. Je pense à cette citation célèbre prêtée, à tort je crois, à Winston Churchill. Tandis qu'on lui demandait de couper dans les crédits de la culture pour aider à l'effort de guerre, il demanda : « Alors, pourquoi nous battons-nous ? » Cette question à elle seule aurait pu nous occuper des heures durant. Sauver les musées, sinon les théâtres ? Nous fermons en urgence sans savoir quand et comment nous rouvrirons.

La question de la réouverture des musées et bâtiments patrimoniaux se posera à de nombreuses reprises, portée légitimement par Roselyne Bachelot, ministre de la Culture. Car oui, la culture est évidemment essentielle à la vie, d'un pays comme de ses habitants. Un jour de confinement, j'ai ressenti une émotion inouïe en entendant par la fenêtre ouverte de mon bureau un pianiste qui jouait suffisamment fort depuis son salon pour que le voisinage puisse profiter des notes de musique qui s'en élevaient. Du reste, la pandémie nous a rappelé avec force que l'accès à certaines formes de culture n'est pas suffisamment démocratisé. Ce que les aficionados de l'opéra ont subi, des millions de leurs concitoyens ne l'ont, de fait, pas vécu comme une privation. J'espère que le monde d'après en tirera les conséquences, en posant l'enjeu des droits culturels au cœur du pacte républicain. En revanche, chacun a été, de fait, privé d'une part de lui-même. Dans les zones rurales, les lieux de culture sont généralement mixtes, avec des usages différents, comme les salles des fêtes, qui auront man-

Fermer tout ce qui peut l'être

qué à beaucoup de monde pendant les fermetures. Les troupes ambulantes de théâtre, le spectacle vivant dans les MJC, les ateliers artistiques dans les centres sociaux, les animations dans les Ehpad, les initiations aux arts dans les crèches... tout cela aussi, c'est de l'accès à la culture, dans des lieux populaires, que les confinements ont perturbé.

*

Tel est l'arrêté du 14 mars 2020 que je signe au petit matin, portant «diverses mesures relatives à la lutte contre la propagation du virus Covid-19». Diverses mesures... Le froid rigoureux du juridique pour titrer l'impensable qui s'est joué au sein de cette salle. Dans l'histoire de France, jamais les écoles n'ont été fermées, aussi loin qu'on puisse remonter dans la mémoire collective. Les cérémonies religieuses n'ont été interdites qu'une fois, de janvier à septembre 1200, sous Philippe Auguste, pour cause d'adultère public du roi.

Cette soirée ne ressemble à aucune autre, jusque dans le fonctionnement interministériel. Comprenez qu'à l'ordinaire, chaque décision touchant un secteur donné, et donc un ministère compétent en la matière, donne lieu à des notes techniques et des joutes entre cabinets en vue d'obtenir un arbitrage favorable de Matignon, sinon de l'Élysée. Se livrent au cours d'interminables réunions interministérielles des luttes d'influence, des combats d'arguments, de véritables plaidoiries. Mais ce soir-là, la litanie des fermetures, dont l'impact, nous le savons tous, sera considérable autant que durable, se déroule dans un calme qui se prête à la gravité du moment. Les hauts fonctionnaires présidant aux destinées de l'économie, de la culture, du sport, de la sécurité, des transports, assistent plus qu'ils n'y participent, à la mise en berne de ce qui est désormais considéré comme non indispensable à la vie du pays. Les mots prononcés sont réduits à leur strict nécessaire. Sur les visages se dessinent deux types d'expressions bien distinctes, révélant autour de la table ceux qui ont déjà basculé. Et ceux qui ne comprennent pas, ou résistent toujours.

Que savons-nous en ces instants précis de ce qu'est une pandémie ? Quelles images avons-nous conservé de la grippe espagnole ? Nous redécouvrons que nos arrière-grands-parents avaient porté des masques, qu'ils avaient appris à s'isoler des mois durant. Nous nous souvenons qu'ils avaient péri par millions, mais avons occulté le risque que l'histoire se reproduise.

Que savons-nous, même, des virus et des risques qu'ils représentent ? Ils ont précédé l'humain sur Terre et cohabitent avec nous depuis notre origine, au point d'en porter des stigmates jusque dans notre patrimoine génétique, façonné au gré des infections puisqu'on compte davantage de virus dans nos organismes que de cellules humaines. Alors, un virus de plus... Des secousses ont certes clairsemé notre époque, mais les menaces de la grippe H1N1 en 2009 ou du Mers au Moyen-Orient en 2012 n'ont pas provoqué de pandémie, en dépit des craintes des sentinelles du risque infectieux, qui veillent au sein de la communauté scientifique. Mais si elles n'ont pas oublié, nous, nous doutons.

C'est au fond assez humain, de douter, lorsqu'il s'agit de reconnaître sa vulnérabilité. Et puis, franchement :

Fermer tout ce qui peut l'être

pourquoi ce coronavirus provoquerait-il ce que ses prédécesseurs n'ont fait qu'effleurer? Regardez la Chine. Dans la région si peuplée et si dense de Wuhan, la Covid n'a, assurent les autorités locales, provoqué que quelques milliers de morts, moins qu'une grippe annuelle en France. Chez nous, les premiers patients atteints, ces Anglais diagnostiqués dans le village des Contamines-Montjoie, en Haute-Savoie, ont présenté une petite fièvre et les symptômes d'un rhume. Rien à voir avec la fièvre hémorragique d'une dengue carabinée, ou les douleurs intenses du chickungunya. Et puis, et puis...

Mais juste de l'autre côté des Alpes, si près des Contamines-Montjoie, il y a l'Italie. Plus précisément la riche Lombardie, dont la capitale, Milan, est une ville si proche des nôtres, avec des hôpitaux modernes, des soignants pareils aux nôtres, dont les témoignages bouleversent. Tous décrivent des cas nombreux de syndrome de détresse respiratoire aiguë. Des contaminations à une vitesse exceptionnelle. Un afflux de malades comme on n'en voit qu'après une catastrophe naturelle.

Notre volonté de nous rassurer ne cadre pas avec l'effroi causé par ces témoignages... Tout se bouscule dans nos têtes. Nous sentons; non, nous savons qu'il faut agir pour nous protéger du risque. Mais qu'en sera-t-il des conséquences?

En ce 14 mars, il est encore tôt. Dans quarante-huit heures, la peur, modèle en matière de contagiosité, finira par toucher tous les Français ou presque, à une vitesse elle aussi fulgurante. En quelques jours à peine, 93 % des personnes sondées se déclareront favorables au confinement. 93 % d'entre nous seront alors prêts, et même désireux, de mettre leurs vies entre parenthèses le temps de faire refluer le virus. Un sens collectif du sacrifice, répondant à des mécanismes sans doute aussi altruistes qu'égoïstes, tant la peur est grande. La voici, la fameuse bascule. Considérer un risque inconnu comme une menace suffisamment sérieuse pour lui conférer un statut exceptionnel, justifiant des efforts exceptionnels.

*

En cette nuit du 14 mars, dans la salle Jean-Dausset, les fortes personnalités et les gros caractères qui se font face n'ont pas tous basculé, pas encore. Si chacun a compris qu'il est vain de livrer une bataille dont l'issue vient d'être rendue publique par le chef du gouvernement, je perçois le malaise, voire la colère monter chez certains.

Au cours d'une pause, je m'approche de l'un d'eux, que je connais bien, qui travaille alors sous ma direction. Je le sens particulièrement tendu, effaré. Lui ne comprend pas. La seule bascule qu'il pressent est celle de notre pays dans le chaos. « Mais enfin, c'est du délire, ce qui se passe, vous devenez tous dingues et toi, tu en rajoutes, tu les pousses au crime ! Vous vous rendez compte de ce que vous êtes en train de faire ? me dit-il.

— Nous n'avons pas le choix. J'ai vu ce qu'il se passe en Italie, je vois ce qui monte de nos hôpitaux. Nous n'avons pas le choix. »

Ces mots lâchés à la volée, à l'écart des autres, comme on pince celui qu'on croit assoupi, me percutent de plein fouet. Ils jurent avec l'atmosphère du moment.

Passent quelques jours et le voici qui vient s'excuser de ne pas avoir immédiatement saisi la gravité de ce qui arrive au monde. Mais il me fait douter. Sans changer le

Fermer tout ce qui peut l'être

cours des choses, il révèle une peur qui sommeille en moi et que je suis, jusqu'ici, parvenu à inhiber. Nous qui sommes si déterminés à confiner la France, ne commettons-nous pas une terrible erreur ? Sommes-nous allés au bout des alternatives ? Mesurons-nous les conséquences des décisions que nous allons entériner ? Nous claquemurer face à un ennemi nanométrique ? Et, dans l'urgence, décider de fermer tout un pays ?

10

Et le silence se fit

Lundi 16 mars 2020

Il est 6 heures, la nuit a été courte, mais je suis éveillé, concentré comme jamais. Il fait encore sombre dehors et je reste allongé sur mon lit, les yeux ouverts, à réfléchir. Depuis deux jours, les écoles, les restaurants, les musées, tous les lieux de vie sont fermés, hormis les commerces jugés essentiels. Mais nous n'avons pas touché à la liberté de circuler, et ça ne suffira pas, j'en ai la conviction désormais. Hier soir, sur les plateaux du 20 heures où j'ai été invité coup sur coup de TF1 et de France 2, pour commenter à chaud les résultats du premier tour des élections municipales, il n'a été question que de la pandémie. Et pour cause : une majorité de Français n'est pas allée voter, une première pour des élections municipales, qui normalement mobilisent les électeurs. Sur le plateau, mon ton grave n'était pas surjoué et mes mots étaient en deçà de mes pensées : « Nous avons notre destin entre nos mains. Ce sont les Français qui, par leur comportement, détiennent la clé des prochaines semaines. Restez chez vous, le plus possible, gardez vos distances. »

Par-delà les vagues

Sur le papier, la situation peut paraître sous contrôle. Nous n'avons diagnostiqué que 6 000 malades à ce jour, et seuls 150 d'entre eux sont morts. Mais dans les faits, l'exemple italien et son cortège d'hôpitaux saturés en quelques jours ne laissent aucune place au doute. La vague virale est en train de s'abattre sur nous, et nous devons la freiner par tous les moyens, sauf à connaître le même sort que nos voisins.

Les Français sont divisés sur la stratégie à mener, mais la peur gagne du terrain chaque minute qui passe. En début de semaine précédente, personne n'envisageait un confinement national. Désormais, ils sont très nombreux à nous appeler à agir davantage pour protéger nos hôpitaux. Chaque soir, le décompte des cas, qui doublent tous les trois jours, et les témoignages des soignants exposés aux malades monopolisent toute l'attention du grand public. Les modélisations des scientifiques évoquent pour la première fois un bilan humain très lourd à venir si nous n'agissons pas, de l'ordre de 300 000 à 500 000 morts.

Les signaux ne trompent pas. Déjà, il est question de pénuries de produits alimentaires et d'hygiène de base dans certains magasins. Chacun fait ses réserves, au cas où. Les grands axes routiers et les gares ne désemplissent pas. Ceux qui le peuvent quittent les centres-villes pour rejoindre des proches ou une résidence secondaire au grand air, de peur d'être bloqués brutalement entre quatre murs. Tout laisse à penser qu'un confinement est imminent.

L'agacement monte aussi dans le pays. D'abord, on reproche au gouvernement d'avoir maintenu les élections municipales. Nous avons beau expliquer que la vie

Et le silence se fit

démocratique est essentielle à la nation, le décalage entre les écoles fermées et les images de files d'attente devant les bureaux de vote ne passe pas. Ensuite, il fait très beau en ce mois de mars, et nombreux sont ceux qui ont profité des grands parcs urbains, notamment à Paris, pour prendre le soleil ce week-end. Les images des pelouses saturées de monde sont exposées en continu sur les chaînes info, renforçant le sentiment de malaise provoqué par le décalage entre la gravité du moment et la manière dont nous y faisons face.

Depuis l'étranger aussi, la pression monte pour que nous prenions des mesures plus drastiques. L'Allemagne ferme ses frontières avec la France. Un collectif de journalistes français en Italie nous invite à agir sans plus tarder.

*

Tôt le matin, le chef de l'État me demande de réunir le Conseil scientifique pour le charger de définir les contours d'un projet de confinement à la française.

Je bondis de mon lit. Nous n'avons que quelques heures. Je dois mobiliser toutes les équipes, il n'y a pas une minute à perdre.

La journée file à toute vitesse. Le point central consiste à déterminer les conditions du respect du confinement. Si une sortie quotidienne doit bien sûr rester possible pour s'aérer ou acheter des produits essentiels, il nous apparaît évident qu'une injonction à rester chez soi sans moyens de contrôle serait vouée à être contournée par une partie des Français. Or d'un point de vue sanitaire comme d'un point de vue poli-

Par-delà les vagues

tique, des règles si contraignantes ne valent que si chacun les suit. C'est ainsi que naissent les attestations à remplir soi-même : elles rendent possibles les contrôles des forces de police, avec des amendes graduées en cas de manquement. Quelques heures à peine pour tout définir, avec un maximum de précisions... *Quid* des animaux domestiques ? Des familles séparées ? Nous sentons qu'il y aura nécessairement des ajustements à venir, mais nous n'avons pas le choix, il nous faut nous lancer. Un point nous conforte dans l'action : nous avons la conviction que nous allons dans la direction, stricte, qu'attendent les Français. Ils seront 93 % à approuver nos décisions dans un sondage publié le surlendemain.

L'après-midi s'achève, on me fait porter et remettre en mains propres le projet d'allocution que le président enregistrera dans moins d'une heure. « Nous sommes en guerre. » L'axe de communication choisi vise à créer de la cohésion dans la population face à un ennemi commun qui nous frappe de l'intérieur. Le discours est à la hauteur de la gravité du moment. Ne manque qu'un mot, celui de « confinement ». Étrange, puisque dans les faits, c'est bien de cela qu'il s'agit. Est-ce un parti pris ? J'en fais part dans les retours que j'adresse en urgence à l'équipe du chef de l'État.

Je prends quelques minutes pour appeler chez moi. À la mère de mes enfants, je peux bien confier avec un peu d'avance ce qui va advenir. Elle met le combiné sur haut-parleur, j'explique : « Mes chéris, tout à l'heure, le président de la République va expliquer que pour com-

Et le silence se fit

battre le coronavirus, on va tous devoir rester chez nous pendant quelque temps. Ça veut dire que vous ne pourrez pas sortir de la maison, et que vous allez rester avec maman, sauf quand elle devra aller travailler à l'hôpital, vous serez alors gardés à l'école avec les autres enfants de soignants, mais sans avoir de cours. Ça veut aussi dire que pendant quelques semaines, je ne pourrai pas venir vous voir à Grenoble. Mais on se fera des tas de visios. Je vous aime très fort, ne soyez pas inquiets, on va gagner.»

J'imagine mes enfants confinés chez eux, loin de leurs amis, de moi, de leurs grands-parents, à tourner en rond toute la journée. J'imagine la vie de tous les enfants du pays, percutée dans leur rythme, dans leur normalité. Quel en sera l'impact plus tard? Et sur les couples? Ceux qui tanguent déjà vont-ils résister à des semaines de huis clos? Pire : je redoute une flambée de violences domestiques. Et les personnes âgées isolées? Et les personnes en souffrance psychique? Je crains une vague de dépressions à venir. Je pense aussi à tous ces Français qui vivent dans de petits appartements, privés de sorties, de soleil. Eux sont doublement confinés. Dans la cité et dans leur quotidien peu confortable. Je serai plus tard ému lorsque, proposant à un interlocuteur connecté en visio de brancher sa caméra, il me répondra : «Je ne préfère pas, j'ai honte de vous montrer dans quelles conditions je vis aujourd'hui.» L'émotion cumulée des dernières heures m'empêche de retenir des larmes, pour la première fois, lorsque je raccroche. Il y aura tant de choses à réparer quand tout cela sera fini. Si cela se termine un jour.

Mon équipe s'installe dans mon bureau, devant le poste de télévision. Nous sommes épuisés après une nouvelle journée sous tension, mais aussi attentifs que les 35 millions de téléspectateurs derrière leur écran. Nous avons conscience de vivre un moment d'histoire.

Sitôt l'allocution prononcée, une clameur retentit dans la rue, aux fenêtres. Un mélange de relâchement, après une décision que tous attendaient avec anxiété, et de défi lancé au virus. J'y lis aussi la volonté de suivre le président dans sa promesse de fraternité. Le « quoi qu'il en coûte » marque les esprits et est un tournant politique majeur. Dans le fond, à cet instant, la plupart d'entre nous pensent que c'est l'affaire de quelques semaines, et que la vie reprendra son cours, enrichie de cette épreuve que nous aurons su relever, ensemble.

Je dois réagir sur le vif pour quelques minutes de direct avec TF1, en duplex depuis mon bureau. Une chose me gêne : l'absence du mot « confinement » a bien été relevée sur les réseaux sociaux et par de nombreux journalistes. Si le président n'a pas prononcé le mot, est-ce qu'on aurait mal compris de quoi il s'agit ?

Je lui envoie un message pour en avoir le cœur net. Autorisation m'est donnée de prononcer le mot, sans difficulté. Je m'éxécute sans attendre. Demain, nous serons confinés.

La journée se termine. Le ministère se vide peu à peu. Certains, dont les missions sont compatibles avec le télétravail, partent, les bras chargés de dossiers. Nous sommes une équipe soudée, mais nous devons nous appliquer à nous-mêmes les règles que nous venons

Et le silence se fit

d'édicter pour tous. Je jette un coup d'œil à travers les baies vitrées qui donnent sur les Invalides. Je ne reconnais déjà plus Paris. Tout est vide, tout semble calme, silencieux. Désormais, je serai seul ou presque dans cette prison de verre.

11

La sirène du Vieux-Port

Mars 2020

« Tu aurais dû voir les éclairs de colère qui sortaient des yeux d'Agnès. Je ne l'avais jamais vue dans cet état.
— À cause de quoi ?
— À cause de qui, tu veux dire. Didier Raoult. »
Je profite d'une pause-café avec l'un de mes conseillers, déjà en poste du temps de ma prédécesseure, pour l'entendre me raconter ce que je n'ai pas vécu des débuts de la gestion de crise. Au menu, le rapatriement d'un groupe de Français en provenance de la province chinoise de Wuhan, épicentre de l'épidémie de Covid-19, à destination d'un village-vacances à Carry-le-Rouet, dans le sud de la France, transformé pour l'occasion en centre de quarantaine.
« Le patron de l'institut hospitalo-universitaire de Marseille ?
— Lui-même. Ils ne s'entendent pas vraiment. Je ne sais pas si tu le connais.
— Très peu. Il m'a envoyé un SMS assez marrant quand j'ai été nommé. Attends... Ah, le voilà. "Bon courage, les peurs sont les crises les plus difficiles à gérer."
— Il a ton numéro de portable ?

— Les mecs comme lui arrivent à l'avoir et n'hésitent pas à s'en servir.
— Tu sais quoi d'autre de lui ?
— Je le vois comme une espèce de Géo Trouvetou dans son laboratoire, un mec haut en couleur, assez doué, grande gueule, du genre avec qui il faut savoir s'entendre. Voire le tenir en bride, si tant est que ce soit possible...
— Tu vois assez juste, je pense. Et si je peux me permettre, tisse-la très courte.
— Quoi donc ?
— La bride.
— Hum... Et donc, raconte-moi pourquoi Agnès était en colère.
— On est sur le tarmac de l'aéroport, l'avion est en train d'atterrir, et l'équipe de Raoult se pointe, sans avoir été invitée, en blouses blanches, tous prêts à dégainer leurs tests PCR maison pour voir si les passagers sont positifs.
— Ah oui, en effet. Et ces tests, ils étaient bidon ?
— Non, non : à la fin des discussions avec la ministre, elle était convaincue. Ils ont pu les faire, mais seulement une fois rendus sur site, et tout le monde était négatif.
— On va donc avoir du mal à faire sans lui. Et pour ta bride courte, j'ai comme un mauvais feeling. »

*

Didier Raoult. Patron du plus grand centre de recherche en virologie du pays, aux capacités biologiques hors norme (l'institut, pas l'homme). Inconnu du

La sirène du Vieux-Port

grand public début 2020, mais doté d'une solide propension à corriger cela. Le jour de ma nomination, il a déjà frappé un grand coup, en estimant que le virus ferait moins de morts que les accidents de trottinette. Suffisant pour ramener à lui les médias de tout le pays, interpellés par le franc-parler et le discours à rebours de cet homme aux cheveux longs, aussi blancs que la blouse qu'il arbore en permanence. Mais pas seulement. Tandis que les laboratoires du pays tentent de s'équiper à la hâte en coûteux automates capables d'analyser en série les tests PCR qui se multiplient, lui caracole déjà à plusieurs milliers de tests. Normal, il dispose de tous les équipements, l'institut hospitalo-universitaire (IHU) est le laboratoire ressource de la France. Il le fait savoir aux Marseillais, qui se pressent nombreux devant les portes de l'IHU en quête du Graal diagnostique, dès que la première vague se lève.

Très vite, Didier Raoult a une marotte. L'hydroxychloroquine. Un vieux médicament utilisé depuis les années 1960 contre certains rhumatismes, et contre le paludisme. Qu'est-ce qui l'a mis sur la piste de ce traitement plutôt qu'un autre face à la Covid ? Je n'en sais toujours rien en écrivant ces lignes. Mais il croit au miracle, à tel point qu'il serait inutile de perdre un temps précieux à vouloir le démontrer.

Je m'explique. En médecine, la seule intime conviction peut conduire au désastre. Les livres d'histoire médicale regorgent d'exemples terrifiants de protocoles absurdes, suivis pendant des lustres sur la seule foi de l'autorité d'un homme. On vous remet une petite saignée ? Heureusement, depuis plusieurs décennies, les choses ont changé. Pour mettre au point un nouveau traitement, vous émettez une hypothèse, en laboratoire ou au lit du malade. Vous l'étayez par une revue de la littérature scientifique internationale. Vous écrivez un protocole de recherche clinique que vous adressez aux autorités sanitaires. Celles-ci, appuyées sur un comité de protection des personnes, garant de l'éthique de votre recherche, vous accordent alors le droit de réaliser votre étude. Il vous reviendra ensuite de publier vos résultats, y compris les données brutes, qui seront relues par un comité scientifique indépendant. De l'importance de votre recherche et de la pertinence de vos résultats dépendent le choix de la revue qui vous publiera, l'écho qui sera donné à vos travaux et, finalement, l'avenir de votre traitement. Évidemment, vous ne communiquez jamais sur l'efficacité de telle ou telle molécule avant d'avoir publié vos résultats, encore moins avant d'avoir réalisé votre étude clinique. C'est désormais la base de la recherche médicale dans le monde moderne.

Mais Didier Raoult explique à qui veut l'entendre que l'urgence imposée par la crise sanitaire justifie de s'asseoir sur toutes ces étapes. Ayant observé dans son laboratoire que le virus mis au contact de l'hydroxychloroquine n'y survit pas, il communique déjà à destination du grand public sur l'efficacité de son remède. Décidé à pousser son avantage, il réalise dans la foulée une étude maison, comparant la charge en virus dans le nez de malades ayant reçu ou non de l'hydroxychloroquine. Eurêka! crie-t-il, il a trouvé. Ses malades ont une charge virale plus faible que les autres. Pour la forme, il sort une publication expresse dans une revue mineure, sans données brutes, et c'est parti. «L'hydroxychloroquine sauve des vies», affirme-t-il. Et les files d'attente de

La sirène du Vieux-Port

Marseillais en quête de tests PCR devant l'IHU se font files ininterrompues de pèlerins en quête du traitement miracle. Pour ne rien gâcher, quelques stars, pour l'essentiel des responsables politiques locaux, se font les témoins directs de l'efficacité de l'hydroxychloroquine. «J'en ai pris deux jours, et ma fièvre est tombée. Ça marche!» Peu importe que, dans une grande majorité des cas, même sans aucun traitement, la Covid ne produise pas de symptômes, ou simplement une petite fièvre. Si ces personnes le disent, c'est que ça marche.

Le succès déborde largement le quart sud-est de la France, et devient mondial en quelques jours à peine. Ministre de la Santé au pays des Lumières au XXIe siècle, je me trouve plongé dans l'univers de Lucky Luke et de l'élixir du docteur Doxey. Tout le monde veut de l'hydroxychloroquine. Même une (petite) partie du corps médical, soutenue par un ancien directeur de l'agence du médicament, mais aussi un ex-ministre, des philosophes, des sportifs de renom, une fraction conséquente de la droite et de l'extrême droite politique française. La pression sur mes épaules est immense, et je ne la comprends pas. Sur quelles bases éclairées se fonde ce phénomène qui voit le président des États-Unis et le président brésilien appeler à distribuer des comprimés, sans qu'aucun agrément ait été accordé par quelque agence sanitaire que ce soit, sans qu'aucune étude clinique validée par la communauté scientifique internationale ait été publiée?

La réponse tient davantage à la magie qu'à la science. La magie, qu'on invoque pour conjurer la peur, quand la science, plus lente, laborieuse, ne sait pas encore apporter de réponse. On a peur, et voilà qu'un médecin aux allures de chaman se met à clamer partout : « J'ai trouvé le traitement ! » Et quand celui-ci possède un CV qui brille, n'hésite pas à s'autoproclamer « la plus grande sommité au monde », beaucoup y croient. Ça a été l'hydroxychloroquine. En d'autres temps, d'autres lieux, c'eût pu être quelque talisman porteur de force. Mais voilà, à l'inverse d'un talisman, un médicament comporte toujours une part de risques, d'effets indésirables pouvant être graves. Hors de question, donc, de laisser libre champ à la distribution non contrôlée de plaquettes de ces comprimés.

Je m'avance sur une ligne de crête. D'un côté, hors de question de transiger avec la sécurité des Français ni de déroger aux règles en matière d'autorisation de mise sur le marché d'un médicament. Pas d'accord de l'agence du médicament, pas de droit à prescription. De l'autre côté, tout faire pour démontrer l'efficacité ou non du médicament, en diligentant des études cliniques en bonne et due forme. D'autant que je dois reconnaître que le bougre a fini par me faire douter moi-même. Que je lui ai même donné du crédit, intimement. J'ai deux « moi », à ce moment-là de la crise : celui qui croit, avec une certaine forme d'excitation, que la chloroquine est peut-être un traitement efficace et qu'il faut s'y préparer ; celui qui pense : « De toute façon, il est hors de question de faire prendre de la chloroquine aux Français tant qu'on n'aura pas la démonstration de son efficacité. » Mais cela prend du temps, aussi, je dois en gagner.

Par prudence, j'appelle le patron de Sanofi, puisque son laboratoire produit l'hydroxychloroquine. Je vérifie que nous disposons des stocks nécessaires, lui demande de conserver sur le territoire national de quoi traiter tous les Français, et commence à travailler sur la possibilité d'ouvrir une chaîne de production supplémentaire dans une autre usine pharmaceutique en France. Quand il me dit que Didier Raoult demande des quantités considérables pour Marseille, je lui réponds – il est médecin : « Si vous considérez que vous pouvez lui en donner, donnez-lui-en. Mais si, à un moment donné, vous voyez que ça dérape, vous nous le signalez et je ferai intervenir les autorités sanitaires. »

Cette période de tâtonnements, de recherche, d'essais se traduit par la signature, le 26 mars, d'un décret par lequel, sur la base des recommandations qui nous sont faites par le Haut Conseil de santé publique, j'autorise à usage compassionnel l'hydroxychloroquine chez certains patients. Puisque nous ne disposons d'aucun autre médicament, pourquoi ne pas essayer ? J'en informe directement Didier Raoult, qui ne m'écoute que distraitement, empressé qu'il est de tweeter la bonne nouvelle. Du côté de la communauté scientifique et médicale, c'est la consternation qui domine, la peur que la digue de la raison finisse par céder sous les coups de boutoir d'une part croissante de la communauté politico-médiatique. Mais tout le monde commente un décret que personne n'a encore lu. En réalité, le texte dispose que l'usage de l'hydroxychloroquine est autorisé à titre compassionnel, uniquement pour les formes graves hospitalières, après avis d'un comité de plusieurs médecins.

Le lendemain, Raoult s'aperçoit qu'il s'est emballé. Il fulmine : « Qu'est-ce qui se passe ? On repart en arrière, les pharmacies ne délivrent pas les ordonnances, les indications de la Haute Autorité de santé sont farfelues ! » Il espérait une ouverture large du droit de prescrire, mais je lui réponds : « Le décret, je te l'ai dit hier, autorise les équipes hospitalières, en collégialité, à prescrire de la chloroquine aux seuls patients hospitalisés. Les protocoles de recherche sont par ailleurs en cours. As-tu des données récentes ? Dès que tu publies, tu me dis. » Réponse : « Ce que tu valides est une atteinte profonde à la liberté de prescription des médecins pour ce traitement, recommandé dans dix pays au monde ! Je n'ai même pas assez de traitements pour le week-end à l'hôpital, les pharmacies de ville n'en prescrivent plus, c'est devenu délirant ! Laissez-nous travailler. Je vais devoir intervenir publiquement si ceci n'est pas corrigé. »

Une pression à laquelle je ne compte évidemment pas céder. Mais il persiste, m'envoie d'autres résultats : « J'ai traité mes patients, aucune complication... » Or nous savons qu'il en existe une possible, cardiaque, avec un effet qui peut durer entre trois et six mois. Preuve s'il en fallait qu'on ne délivre pas de simples pastilles de sucre aux patients ! Mais rien ne va assez vite pour Didier Raoult, que je dois empêcher de prescrire son remède tel qu'il l'entend.

Dès lors, appuyé sur une popularité grandissante, il veut pousser son avantage, en me tordant le bras. « Tu dois autoriser l'hydroxychloroquine, à Marseille, on n'a presque pas de cas graves.

— Didier, tu sais très bien que je ne le peux pas et ne le ferai pas.

— Vous avez confiné. C'est totalement stupide. L'Allemagne ne le fait pas.

— Il n'y a pas encore de vague en Allemagne. Regarde ce qui se passe ailleurs dans le monde [...].

La sirène du Vieux-Port

— La plupart des pays dans le monde utilisent la chloroquine et l'azitromycine et puis ils font beaucoup de tests. Vous faites n'importe quoi en France. Laissez-moi faire.

— Didier, personne dans le monde n'évite un confinement du fait de la chloroquine, et tu le sais bien. Et regarde ce que disent tes collègues virologues, ils sont unanimes.

— Lesquels ? Ceux qui travaillent pour des labos ? Ils n'ont aucune déontologie. Moi, je travaille à la tête du plus puissant institut, je me fous de ce qu'ils disent. Je te préviens, je vais donner une conférence de presse ici, à Marseille, et tout le monde verra qu'on perd du temps par votre faute. »

Mais dans les jours qui suivent, j'acquiers la conviction que le traitement ne fonctionne pas. Mon «moi» optimiste perd la bataille, face aux faits. De premières études donnent des résultats négatifs. Un article publié dans la prestigieuse revue *The Lancet* est sans appel. Les autorités sanitaires considèrent alors que le décret dérogatoire n'a plus lieu d'être et qu'il faut en finir avec l'hydroxychloroquine. Je m'exécute. Didier Raoult éructe de colère, mais je suis décidé à tenir bon. Hélas, il apparaît rapidement que l'article du *Lancet* est lui-même entaché de biais d'analyse qui, sans remettre fondamentalement en question ses conclusions, le fragilisent. Les partisans du traitement évoquent un «*Lancet gate*», hurlent au complot et dénoncent mon parti pris autant que mon incompétence. C'est un coup dur dans la guerre médiatique qui se livre, mais je tiens bon. De nombreuses données existent, toutes convergent.

Je comprends néanmoins que je dois désormais arpenter une seconde ligne de crête. Celle-ci est humaine. Continuer de parler à l'homme – lui-même ne cessant de se vanter d'avoir mon oreille –, et fixer des limites à notre relation pour qu'elle ne devienne pas hors de contrôle. La fameuse bride de mon conseiller.

Un jour, je l'appelle pour comprendre comment il parvient à tester autant à Marseille alors que nous manquons d'écouvillons. « On utilise nos stocks de "recto swabs" [des écouvillons pour prélèvements ano-rectaux], ce sont les mêmes. » Malin, l'animal, et débrouillard. Un autre jour, je lui demande quel est l'état de ses recherches sur la possibilité de voir émerger des variants à la Covid. Tout en achetant du temps avec lui, je sens qu'il apprécie ce rôle de conseiller officieux. Suivant la même logique, nous l'intégrons au Conseil scientifique – auquel il participe un temps. Là, il détonne, il faut bien le dire, se montrant fermé vis-à-vis de ses confrères, en conflit aussi, nerveux, tendu, prêt à exploser, faisant sentir à tous qu'il perd son temps. Il n'assiste bientôt plus à nos réunions, avant de choisir de quitter le conseil.

Parfois, ces attentions à son égard ne suffisent pas. Un jour que Sanofi prévient qu'il compte limiter les envois de boîtes d'hydroxychloroquine à destination de l'IHU pour ne pas courir de risque pénal, il tente de m'appeler à plusieurs reprises. Étant en réunion avec le président de la République, je ne réponds pas. S'ensuit un SMS rageur : « Je vais donner une conférence de presse dans une demi-heure, c'est un scandale, ce qui se passe ! » Que faire, sinon quitter la salle, l'appeler, lui dire : « Je te rappelle tout à l'heure, on va regarder ce qu'on peut faire » afin de l'adoucir.

La sirène du Vieux-Port

*

Au cœur de cette période bien compliquée, le 9 avril 2020, le chef de l'État prévoit un déplacement auprès de plusieurs équipes universitaires engagées dans la lutte contre la pandémie, à Paris et à Marseille.

Quoi de plus normal ? Qu'on aime ou qu'on n'aime pas celui qui, par ses provocations, a fini par jouir d'une solide notoriété le poussant en une de *Paris-Match*, Didier Raoult a été nommé président de l'institut hospitalo-universitaire des maladies infectieuses. Et il est à la tête de nombreuses publications. C'est un fait. Et même si l'homme n'a jusqu'ici cessé de jouer la carte de la dramatisation, du « eux contre nous », il n'y a pas à avoir de conflit entre l'État et Didier Raoult, ni entre deux parties de la population française.

*

Les mois suivants, en multipliant coups d'éclat et prises de position à revers de la communauté scientifique, Didier Raoult commence doucement à lasser. L'hydroxychloroquine fait l'objet de nombreuses études internationales dont aucune n'est suffisamment sérieuse pour étayer l'idée qu'elle constitue un traitement efficace. Les ventes de boîtes s'effondrent en pharmacie, le sujet du médicament est relégué au second rang, avant de disparaître à la faveur du vaccin, à l'exception des sphères complotistes.

Les polémiques se multiplient en provenance des équipes de l'IHU. Certains proches du directeur général laissent échapper une agressivité sans limite, à renfort de tweets assassins et autres photomontages très violents dirigés contre une partie de la communauté scientifique et médicale, quand on me promet une condamnation sans jugement pour crimes contre l'humanité, pour avoir bloqué un traitement qui aurait sauvé des milliers de vies. Aucun d'eux ne s'est jamais demandé quel intérêt j'aurais eu à interdire un médicament français produit en France. Des plaintes sont déposées.

Nous nommons un nouveau directeur général aux hôpitaux de Marseille. Raoult m'écrit : «Je suis harcelé, il fait une enquête sur moi. C'est un scandale, c'est honteux, je ne peux pas vivre dans ces conditions!» De fait, les choses commencent à mal tourner pour lui. Des membres de son entourage se mettent à parler. Mediapart publie une enquête mettant en doute les données de ses premières études sur l'hydroxychloroquine. Pire : des relectures critiques internationales de certains articles qu'il a publiés tout au long de sa carrière suspectent des biais. Il affirme avoir toujours respecté la rigueur scientifique mais, soudain, il n'est plus le type un peu farfelu et génial que la presse adore. Mais quelqu'un de bien plus sombre.

Après l'été 2020, je peux déléguer les relations avec Didier Raoult à l'un de mes conseillers, professeur de médecine, en qui il a, chose rare, confiance. Et lorsque mon collaborateur s'en va, je ne transfère cette fonction à personne. Ce n'est plus la peine. Je ne prends plus ses appels, ne réponds pas à ses SMS. Ses propres messages s'espacent, jusqu'à cesser complètement, en juillet 2021.

*

La sirène du Vieux-Port

De quoi Didier Raoult a-t-il été le nom en ces premiers mois de pandémie ? Comment a-t-il pu atteindre une telle popularité ? Difficile encore aujourd'hui de faire la part des choses. J'ai même pensé, un jour, qu'il envisageait de se présenter à des élections. Ne m'a-t-il pas dit une fois, au téléphone : « Tu sais Olivier, tout le monde m'encourage ici, mais moi je ne fais pas de politique. Ce n'est pas pour moi, la politique. Moi, je fais de la médecine, je sauve des gens, moi. Mais vraiment on me pousse, on parle même de l'Élysée... » Un scénario à la *Baron noir*, la série de Canal + ? L'émergence en dernière minute du trublion qui se fait un nom, qui surgit et rafle la mise ?

Aurais-je dû être plus radical face à lui, dès le début ? J'ai eu peur que nous perdions le contrôle sur le phénomène. Dès lors, qu'aurait-il pu arriver ? J'avais l'angoisse que les Français envahissent les pharmacies pour se ruer sur les boîtes de chloroquine. J'avais probablement tort. Si c'était à refaire, j'agirais sans doute différemment. Nous étions tous pétrifiés par ce climat de tension et d'urgence.

Il aura fallu près de deux ans pour que des enquêtes en bonne et due forme soient lancées, pour que se pose la question de la succession du professeur à la tête de l'institut. Nous avons fait le dos rond, sur nos chemins de crête, éberlués face à un phénomène que nous n'avions jamais connu. Mais sans jamais transiger, je le redis car c'est le point essentiel à mes yeux, avec la sécurité des Français.

Au fond, n'avons-nous pas fait preuve d'une faiblesse collective inconcevable en nous jetant corps et âme dans les bras de cette sirène du Vieux-Port ? Alors que nous n'avons pas joué la chloroquine contre un autre traitement, ni la chloroquine contre le vaccin ni contre le confinement, que les Français ont respecté les mesures et que la vaccination a pu se dérouler dans de bonnes conditions, que nous n'avons pas refusé de saisir une chance au cœur de la crise sanitaire puisqu'il ne s'agissait pas, en réalité, d'une chance pour en sortir... Une question s'impose : comment et pourquoi notre société a-t-elle pu en arriver là, le concernant ?

À tout le moins, son cas et son écho questionnent la place de la science dans notre monde. Ils soulignent à quel point elle doit être un objet démocratique, au sens noble du terme : ni prisonnière de quelques savants refusant toute démarche d'ouverture et de pédagogie (de cela, les peuples ne veulent plus), ni captive des populismes, qui flattent nos pulsions les plus basses, à coups de provocations portées par des professionnels de la transgression. Je formule un vœu : que l'on redonne ses lettres de noblesse à l'aventure scientifique, et tout particulièrement la médecine, en lui accordant le temps et les moyens dont elle a besoin pour démontrer son efficacité. Ce n'est pas la magie qui a produit le vaccin. Ce ne sont pas non plus les scientifiques qui l'ont imposé par la seule force de leur blouse blanche. Notre réussite a tenu à notre capacité, malgré la tempête et ses tentations à sombrer dans le conflit, à faire dialoguer en paix les paroles scientifiques, politiques, morales et populaires.

Aujourd'hui, en ce début 2022, je ne vois plus aucun élu d'envergure nationale évoquer la chloroquine. Je ne vois plus personne réclamer une commission d'enquête afin de comprendre les raisons m'ayant conduit à ne pas l'autoriser, ou nous reprocher d'avoir eu tort... Je ne crois pas même que le mot «chloroquine» ait été prononcé à l'Assemblée nationale depuis au moins un an.

Le débat Raoult est clos. Reste à la justice d'effectuer son travail, à la suite des plaintes déposées. Avec le temps et les moyens dont elle a besoin.

12

On tombe les masques

1ᵉʳ avril 2020

Ils embuent vos lunettes, lacèrent la petite zone qui relie l'hélix de vos oreilles à votre crâne, irritent l'arête de votre nez. Ils éclipsent votre sourire, atténuent le son de votre voix, camouflent votre barbe mal rasée. Ils étaient inutiles avant de devenir obligatoires. Les grandes puissances se les sont disputés comme de l'eau en pleine sécheresse. Nous n'en avions pas la culture mais ils rythment désormais notre quotidien au gré des taux d'incidence. Quels symboles plus forts que ces petits morceaux de polypropylène pour illustrer la première saison de la gestion de crise sanitaire ? Des masques devenus sparadraps. Mon sparadrap.

*

Sur le papier, tout devait bien se passer. Une production mondiale suffisante pour couvrir les besoins courants, une capacité de surproduction massive en cas de besoins aigus. Des réseaux de distribution en provenance de Chine installés, en lieu et place d'une production nationale stoppée depuis des années pour réduire les coûts. Chez nous, un stock d'un milliard de pièces afin de parer aux urgences. Une doctrine d'usage, étayée par l'OMS et le Centre européen des maladies infectieuses, limitant son port à quelques populations précises en cas de pandémie : soignants, personnes fragiles, malades avérés et contagieux.

Mais rien ne s'est déroulé comme prévu. La production n'a jamais tenu le choc de la demande ; les stocks n'étaient pas ceux qui étaient prévus ; la doctrine d'usage n'était en rien adaptée à ce coronavirus. Je ne reviendrai pas ici sur ce qui a pu être dit ou écrit quant à la gestion des masques au fil de la crise. On m'a si souvent questionné à ce sujet. La justice elle-même s'en est saisie.

« L'usage du masque en population générale n'est pas recommandé et n'est pas utile. » Ministre en charge de la gestion de la crise sanitaire, j'ai bien prononcé cette phrase. À plusieurs reprises. J'ai conscience de l'impression tenace qu'elle a pu laisser : celle de vouloir à tout prix camoufler une impréparation des pouvoirs publics à les fournir en quantité suffisante.

À vrai dire, si telle avait été ma réelle motivation, il eût été pour moi moins coûteux, politiquement, de dire, l'air contrit : « Hélas, la France ne peut fournir suffisamment de masques à la population car je trouve des armoires vides ! » Taper sur ses prédécesseurs, ça ne coûte pas cher. Cela n'a pas été mon choix. Non par esprit charitable vis-à-vis de ceux qui m'ont précédé, mais parce que, compte tenu de l'état des connaissances scientifiques du moment, mes mots me semblaient justes.

Conclusion : nous nous sommes trompés, ni plus ni moins. C'est un fait. L'OMS ; les autorités sanitaires internationales et nationales ; moi. De bonne foi, mais nous nous sommes trompés. Alors en poste, je porte la responsabilité de toutes les décisions prises, adaptées ou non, et je saisis ici l'occasion de vous présenter mes excuses pour cette incroyable erreur d'appréciation. L'éviter n'aurait pas créé par magie les stocks de masques manquants. Mais la commettre a grevé un capital confiance si indispensable, lorsqu'on demande aux Français tant d'efforts dans la durée.

*

Dans cette saga des masques, un autre raté a été évité de justesse.

Mercredi 1er avril 2020, je suis au Sénat, pour la séance hebdomadaire des questions au gouvernement. Tout ou presque porte sur la Covid : impacts sanitaire, économique, sur l'éducation. Nous sommes attaqués. Rien de ce que nous pouvons faire n'irait, jamais, dans le bon sens. Les parlementaires insistent sur les effets collatéraux des mesures adoptées pour atténuer la première vague, feignant déjà d'oublier que sans ces mesures, la vague aurait été encore plus dangereuse. Je passe rarement de bons moments lors de ces séances au palais du Luxembourg consacrées à la crise sanitaire. Lorsque je m'y rends, il m'arrive de saluer mon équipe d'un : «Je vais chez le dentiste, espérons que cette fois il ait prévu l'anesthésie.» Je respecte le Sénat comme institution. Et les sénateurs réalisent un travail de fond très sérieux sur les textes de loi, exercent leurs missions de contrôle et d'évaluation avec rigueur. Mais globalement, les débats n'y sont pas simples. À l'Assemblée nationale, au moins, il est possible de répondre sur le vif, d'interpeller le député qui s'est montré excessif ou véhément. Ça vrombit, ça gronde, ça exprime, on accepte ces règles. L'hémicycle est une arène, on sait pourquoi on y entre et ce qu'on y trouvera. Le palais du Luxembourg, lui, est une maison bien gardée. D'abord, nous y sommes, majorité présidentielle, très minoritaires, et les groupes d'opposition de tous bords savent parfaitement s'entendre le temps de nous porter l'estocade. Et, surtout, qu'il ne vous vienne pas à l'idée de répliquer : on nous le ferait payer des semaines durant. Plusieurs fois je m'y suis frotté avant de comprendre le fonctionnement de ce Parlement des élus. Au Sénat, quand on vous provoque, vous commencez par remercier votre opposant pour la qualité de sa question. Et si possible, glissez un petit mot à l'intention des maires afin de saluer leur dévouement et leur courage. Ensuite, vous pouvez, calmement, dérouler votre réponse, sans entendre en retour ni brouhaha ni applaudissements. Les heures y passent lentement, loin du terrain, mais il en va ainsi du bon fonctionnement de nos institutions : je suis à la disposition du Parlement.

Le sénateur qui se trouve debout dans les travées de l'hémicycle interpelle mon collègue chargé de l'Éducation. Il reste quelques minutes avant qu'une prochaine question me soit destinée. J'en profite pour lire discrètement sur mon téléphone les derniers messages reçus. Un message Telegram de mon directeur de cabinet indique : «Regarde ton mail pro!» Je m'exécute. Il s'agit d'une suite d'échanges entre mon équipe et Santé publique France (SPF), agence d'État chargée de la veille sanitaire et des réponses aux crises. Les échanges portent sur les stocks résiduels de masques chirurgicaux conservés

On tombe les masques

dans l'entrepôt de Marolles, petite ville située entre Rambouillet et Fontainebleau. Avec un tableau inséré dans le corps du message. En apparence, un simple tableur. En réalité, à la fois la meilleure nouvelle depuis des semaines et une petite bombe en puissance. En plus de l'habituel répertoire des masques en stock à date, une ligne a en effet été ajoutée, sans doute sous l'impulsion d'un employé de l'entrepôt plus zélé que les précédents. Cette ligne s'intitule : «Masques voués à destruction». Et elle renvoie vers un nombre vertigineux : 360 millions. Que signifient ces «masques voués à destruction», dont je n'ai jamais entendu parler?

La suite de l'échange entre SPF et mon cabinet me fait comprendre que je ne suis pas le seul à tomber de ma chaise. «Ce sont des masques arrivés à limite d'utilisation, dont les propriétés de filtration et de respirabilité ne sont plus garanties», répond l'émetteur du tableur. Comme tout produit à usage médical, les masques ont une durée de vie fixée par le fabricant, sur la base d'études menées en laboratoire. Après cinq à dix années, un masque peut se détériorer, perdre tout ou partie de ses capacités filtrantes, poser des difficultés à son utilisateur pour respirer normalement. En clair, il devient inutilisable. Arrivé à péremption, il est incinéré, dans l'usine Lubrizol de Rouen. Comme celle-ci a subi un grave incendie à la fin du mois de septembre 2019 et s'est trouvée dans l'incapacité de fonctionner normalement, la destruction des masques s'est vue stoppée en cours de route, et lesdits masques, stockés dans l'attente. En conclusion, des centaines de millions de masques, vestiges de l'époque où la France s'en était dotée à hauteur d'un milliard, ceux à cause desquels Roselyne Bachelot s'était fait railler, existent toujours, quelque part dans un entrepôt, sans que personne s'en soit soucié jusque-là.

Blême, je me lève et sors.

Me voici dans le corridor qui jouxte l'hémicycle, assis sur une banquette de velours rouge à épaisseur si caractéristique du Sénat. Face au buste d'une personnalité politique que je ne reconnais pas, soutenu par une colonne aux dorures excessives, j'appelle, un peu tremblant, la directrice générale de SPF afin d'en savoir plus. Elle ne peut me renseigner. Je joins mon directeur de cabinet. «J'ai vu le mail. C'est incroyable. Dis-moi que ce n'est pas une blague foireuse de 1er avril...

— Figure-toi que ça a été ma première réaction, mais non, c'est sérieux. J'ai envoyé un e-mail à la directrice de SPF pour qu'elle nous dise de quoi il retourne.

— Inutile, je l'ai déjà appelée, elle n'en sait pas plus.

— Elle va sûrement enquêter et nous dira...

— Non, je veux qu'une voiture parte sur-le-champ à Marolles. Envoie un mec de chez nous. Je veux une vidéo de l'intérieur de l'entrepôt et voir par moi-même si ces masques sont dans leurs boîtes d'origine, posées sur des étagères. Ou bien en amas sur le sol au milieu d'une flaque de boue.

— OK, on fait ça.

— Et s'il te plaît, demande-lui de rapporter des exemplaires de ces masques. Là, je croirai ce que je verrai.

— D'accord.

— Ah, et vois avec l'ANSM[1], l'ANSES[2] ou qui tu

---

1. L'Agence nationale de sécurité du médicament et des produits de santé.
2. L'Agence nationale de sécurité sanitaire de l'alimentation, de l'environnement et du travail.

voudras comment on peut qualifier en toute urgence ces masques. Est-ce que c'est comme une boîte de céréales ? Est-ce qu'on peut les consommer sans souci au-delà de la date limite ? Ou sont-ils trop vieux ou trop pourris pour qu'on puisse les utiliser ?

— Et si jamais… comment tu vois les choses ?

— Si jamais… On est à la fois un peu sauvés, et beaucoup dans la merde. Écoute, fais déjà ça en urgence. On avisera après. »

Nous aviserons. Mais là, tout de suite, je n'ai pas d'idée très claire sur la façon de gérer ce genre d'annonce. Retourner dans l'hémicycle et lancer : « Mesdames et messieurs, grande nouvelle ! Vous savez, les masques, là, qu'on n'a plus ? Vous allez rire : en fait on les a, dans leur entrepôt de stockage ! » ? Sur l'instant (et aujourd'hui encore je l'avoue), je ne conçois pas comment un tel dysfonctionnement a pu se produire. Comment personne, et notamment les responsables de la gestion des stocks, n'a percuté à aucun moment que l'existence de ces masques pouvait valoir la peine qu'on m'en alerte plus tôt ?

Tout le monde ne parle que de ça, depuis des semaines. On vide des avions long-courriers de leurs sièges pour les remplir de centaines de milliers de boîtes, glanées à grands frais au fin fond de la Chine. Les journaux relatent les actes de piraterie entre nations sur le tarmac des aéroports sans que j'ai eu à en connaître. On traque les masques jusque dans les greniers de la Cour des comptes ou des entreprises susceptibles d'avoir saisi et suivi la doctrine qui veut que les stocks doivent être constitués non plus par l'État, mais par les utilisateurs. On demande aux soignants de s'en servir avec la plus grande parcimonie alors qu'ils sont constamment exposés au risque de contamination. Je me souviens avoir fait envoyer un avion en pleine nuit à Shanghai pour permettre à une présidente de région – d'opposition – de rapporter une commande miraculeuse, qui restait bloquée sur l'aéroport. Les maires, les présidents de département, de région rivalisent d'attaques en piqué sur notre incapacité à protéger les Français. Je ne suis interrogé que sur ce sujet à longueur de journée. Et la nuit, la nuit, j'en rêve même. Je compte les masques pour m'endormir, comme d'autres comptent les moutons.

Vous avez certainement déjà vécu les moments où tout s'accélère et s'enchevêtre dans votre esprit. Vous cherchez un chemin, un repère rationnel pour vous raccrocher à l'idée que ce qui semble dramatique peut ne pas le devenir. En temps normal je suis assez fort pour classer un problème et le traiter plus tard. Mais là, le repère rationnel, je ne le trouve pas. Mais alors, pas du tout. Je suis même en colère. Mon Dieu, que je suis furieux. Je me parle à moi-même : « Allez, Olivier, on respire, on se calme, on réfléchit, et surtout, on donne le change. Il faut retourner dans l'hémicycle. »

À peine suis-je assis qu'une sénatrice se lève, saisit le micro suspendu à un flexible, pose une question qui m'est destinée : « Monsieur le ministre des Solidarités et de la Santé, cette situation ne peut plus durer. Nous vous demandons d'effectuer correctement votre travail. Quand allons-nous enfin disposer de suffisamment de masques pour protéger les Français ? »

Je me tourne en direction du Premier ministre, qui voit bien que quelque chose ne va pas. En me levant pour saisir un micro, je lui murmure : « Un truc de plus à gérer... » Puis je réponds à la sénatrice : « Madame, tout d'abord, merci pour votre question, qui porte sur les commandes passées par la France. Vous le savez, nous faisons l'impossible pour récupérer des équipements de protection dans les meilleurs délais. À date, c'est une commande qui porte sur plus de 500 millions de masques que nous avons passée avec les industriels chinois. J'en profite pour remercier les élus locaux qui eux aussi, je le sais, font tout ce qu'ils peuvent... »

Je suis de retour au ministère et une boîte de masques trône sur mon bureau. Tout à fait banale, comme on en trouve dans les hôpitaux. Je crois pleurer en entendant que les masques qu'elle contient proviennent du fameux entrepôt, et que là-bas, il y en a des millions du même type. Je lance à mes conseillers : « Faites qualifier en toute urgence ces masques, qu'on sache s'ils sont utilisables. Il me faut une réponse dans les quarante-huit heures.

— Ça va prendre un peu plus de temps.
— Pourquoi ?
— C'est une procédure complexe, par étapes. On commence par vérifier des caractéristiques de base. Ceux qui franchissent cette étape passent à une suivante, qui se fait sur un autre site et par une autre équipe d'experts.
— Ceux qui ne passent pas la première étape, il leur arrive quoi ?
— Ils sont détruits, parce que inutilisables.
— Inutilisables comme masques chirurgicaux, oui. Mais peut-être utilisables comme masques grand public,

Par-delà les vagues

non ? S'ils filtrent à 80 % et non 95 %, c'est mieux que rien.

— Ça voudrait dire qu'il faudrait tous les analyser plus en détail. Ça va avoir un coût.

— Franchement ? À moins que tu me dises que ça coûte des milliards, on y va.

— Dans ce cas, il nous faudra une dizaine de jours pour être fixés.

— Quelle est l'agence en charge de ces analyses ?

— C'est la Direction générale de l'armement.

— OK. Vous avez le numéro de téléphone portable du patron de la DGA, s'il vous plaît ?

— Olivier, ce n'est pas si simple. Il y a plusieurs lots de masques, tous d'âges différents. Il faut effectuer des analyses sur la base d'échantillonnages, ça prend du temps, c'est incompressible. »

Un autre conseiller intervient : « Mais on a déjà une bonne nouvelle.

— Je t'écoute ?

— À première vue, il est écrit dans les registres que 85 millions d'entre eux sont arrivés à péremption seulement en décembre 2019. Ceux-là devraient être utilisables dans des conditions normales. Pour les autres lots, impossible à dire, ils ne comportent pas de date.

— Vous voulez dire qu'on a d'ores et déjà 85 millions de masques en plus ? Mais c'est une excellente nouvelle, ça ! Vous allez me faire pleurer, vous savez ?

— Reste à savoir comment l'annoncer. »

Transparence totale. Un : je veux qu'on stoppe immédiatement toute destruction de quoi que ce soit de potentiellement utilisable. Le prochain qui charge un camion vers Lubrizol pourra chercher du travail ! Deux :

On tombe les masques

priorité absolue donnée au contrôle de la qualité des lots. Ceux qui peuvent être considérés comme des masques chirurgicaux, ceux qui sont qualifiables en «grand public». Trois : une fois qu'on aura stabilisé tout ça, je communiquerai à l'occasion d'une conférence de presse. On ne fera pas réapparaître des millions de masques comme par magie, il va falloir expliquer les faits.

*

Nous n'aurons pas le temps d'expliciter nous-mêmes les détails de cette apparition miraculeuse. Certes, dès le mois d'avril, au cours d'une conférence de presse, j'évoquerai les masques réintégrés au stock d'État, qui seront d'ailleurs utilisés sans délai dans les circuits classiques. Mais l'histoire prendra une autre tournure dans la presse. Le 7 mai, sous la plume de Gérard Davet et Fabrice Lhomme, le journal *Le Monde* titrera : «Comment la France a continué à détruire son stock de masques après le début de l'épidémie». Un titre tapageur, ravageur pour nous. L'article est plutôt inexact sur le fond et les chiffres avancés me semblent faux, pour certains d'entre eux au moins, mais qu'importe. Les questions vont bientôt pleuvoir au Parlement. Dans l'intervalle, nous avons pu confirmer que seuls ces 85 millions de masques sont utilisables en l'état par les soignants. Près de 100 millions seront quant à eux réaffectés comme «grand public». Tous les autres resteront dans l'entrepôt, en attente de leur destruction effective.

«Des masques moisis, inutilisables, dont les critères de filtration et de respirabilité font que vous ne les donneriez même pas à votre lapin nain!» répondrai-je cette même journée au député Éric Ciotti. Une tournure improvisée pour tenter de clôturer au plus vite cette polémique et nous concentrer sur l'essentiel : nous avions des masques.

Quelques semaines plus tard, je recevrai un petit mot manuscrit d'Éric Ciotti : «Comment savais-tu que j'avais des lapins nains??? En plus, ils viennent de mourir.»

13

Un long dimanche de vapotage

12 avril 2020

Ce matin de Pâques 2020, j'ai décidé de dormir. Je suis seul en ce dimanche 12 avril dans mon vieux lit orthopédique à commande, tout est calme au ministère. J'ai demandé que tout le monde prenne au moins sa matinée pour souffler. Ces deux derniers mois, je dors aussi peu qu'à la naissance de mon premier enfant, que je n'arrivais à endormir qu'à grand renfort de promenades nocturnes ou de virées en voiture. Le sommeil ne s'apprend pas mais il s'oublie vite. On s'habitue aux nuits raccourcies. Je me suis libéré il y a quelques années du besoin de beaucoup dormir, même en vacances.

Il est à peine 8 heures, et mon horloge biologique n'a que faire de la mélatonine avalée sans grand espoir la veille, du silence, et de la ferme décision que j'avais prise de m'offrir une grasse matinée. J'ouvre machinalement ma messagerie. E-mail reçu à 7 h 40. Tiens, je ne suis pas le seul à être déjà actif. L'auteur du message a droit à toute ma solidarité d'insomniaque. « Monsieur le ministre, professeur de médecine à l'AP-HP, je vous écris directement pour vous faire part d'une découverte qui pourrait bien changer le cours des choses. » Rien que ça.

Par-delà les vagues

Je lis la suite du courriel envoyé, je ne sais comment, à mon adresse e-mail personnelle et cachée. Il doit être 8 h 20 lorsque je compose le 06 de l'interlocuteur, non sans avoir au préalable googlisé ce professeur parisien pour vérifier qu'il s'agit d'un chercheur sérieux.

Pas le moins du monde surpris par l'appel, il détaille ses idées à la vitesse d'une mitraillette. Il veut parler du lien entre nicotine et Covid. J'ai déjà lu cela dans des articles scientifiques. Les fumeurs font plus de formes graves de la Covid que les non-fumeurs. Cela me semble assez logique : les poumons des fumeurs sont fragilisés, et leurs capacités respiratoires, amoindries. Une infection pulmonaire provoque donc plus de dégâts. Ce qui reste en revanche un mystère, c'est que les fumeurs auraient contre les contaminations à la Covid une forme de protection qui les rendrait statistiquement moins à risque de contracter la maladie. Mon interlocuteur pense justement en avoir identifié la clé. Il déroule. Il existe dans les fosses nasales des récepteurs permettant au virus d'entrer dans les cellules, au sein desquelles il va se multiplier, provoquant une infection. Très proches, presque entremêlés avec les récepteurs utilisés par la Covid, se trouvent des récepteurs nicotiniques, c'est-à-dire reconnaissant la nicotine, substance présente dans le tabac, les patchs, les gommes à mâcher, et autres liquides pour cigarette électronique. Il se pourrait donc que les fumeurs, qui saturent toute la journée leurs récepteurs à nicotine, rendent moins sensibles les récepteurs à la Covid. Ils tombent ainsi moins souvent malades. Intéressant. Il complète son raisonnement. Que fait un fumeur qui s'infecte néanmoins lorsqu'il tousse et a mal à la gorge ? En général, il réduit bon gré mal gré sa consommation, voire arrête temporairement de fumer. Ce faisant, il cesse de saturer ses récepteurs nicotiniques, ce qui les libère et libère donc les récepteurs à la Covid, autant de cibles pour le virus, qui peut alors infecter beaucoup plus de cellules, démultipliant les ravages dans les bronches. D'où un excès de formes graves.

Mon interlocuteur enchaîne, cite des noms de confrères convaincus comme lui du rôle majeur de la nicotine dans la lutte contre la Covid. J'en connais certains, son raisonnement me semble sérieux. Dans ma tête, tout se bouscule.

« Si je comprends bien et si vous dites vrai, lorsqu'un fumeur est hospitalisé pour Covid, il faut lui éviter tout sevrage brutal en nicotine ?

— Sans aucun doute.

— Et comme il ne peut plus fumer, il faut lui prescrire des patchs de nicotine ?

— Vous avez raison.

— Nous aurions donc là le moyen de limiter la casse chez un certain nombre de malades. On peut même imaginer recommander à ceux sans forme grave mais avec symptômes de consulter leur médecin pour éviter un sevrage brutal, s'ils arrêtent de fumer.

— Voilà.

— L'autre donnée importante que je déduis de vos travaux, si je vous suis toujours, c'est que la nicotine pourrait être un moyen de prévenir l'infection, y compris chez des non-fumeurs ?

— En théorie, oui.

— Alors ça, il faut le prouver, et sans délai.

— Tout à fait, monsieur le ministre. »

Par-delà les vagues

Cette fois, c'est moi qui suis exalté, heureux de m'être réveillé si tôt et de disposer d'une matinée tranquille pour explorer la piste. Nous convenons que le seul moyen de valider ses théories est de comparer des groupes de patients fumeurs et non-fumeurs. Puis de mener une étude clinique en équipant des soignants, plus exposés à la Covid par leur profession, de patchs nicotiniques afin d'observer s'ils tombent moins malades que les autres. À l'évocation des mots «patch» et «protection» dans la même phrase, une gêne me saisit toutefois. «Dites-moi professeur, vous comptez communiquer prochainement sur vos travaux?

— Oui, bien sûr. Nous attendons leur publication dans une revue internationale au cours des tout prochains jours. Un journaliste s'intéresse aussi à ce que nous faisons, je dois le rappeler dans la semaine.»

Mon malaise grandit.

«Écoutez, je vous demande de ne pas encore parler au grand public de vos travaux. Imaginez, dans le contexte actuel... Je ne veux pas que des gens se précipitent dans les bureaux de tabac ou les pharmacies pour acheter de la nicotine sous toutes ses formes, encore moins tant que la piste n'a pas été totalement validée. Vous me comprenez?

— Je vous laisse juge de ce qu'il convient de faire, mais il est sûr qu'un non-fumeur qui déciderait de porter un patch de nicotine pourrait courir des risques pour sa santé, en raison du surdosage notamment.»

*

Un long dimanche de vapotage

Je raccroche au bout de quarante minutes. Nous convenons de nous rappeler une fois les protocoles d'étude prêts à être lancés.

Dans la foulée, je passe plusieurs appels. D'abord au directeur général de la Santé, à qui je demande une instruction rapide destinée aux services de réanimation et aux unités Covid. Dans le doute, les patients fumeurs hospitalisés ne doivent pas être sevrés brutalement en nicotine, il faut prévoir une substitution par patch. Si l'on parvient à éviter des formes graves, il n'y a pas une minute à perdre. Ensuite, au directeur général de l'Agence nationale de sécurité du médicament, à qui je demande de préparer, au cas où nous en aurions besoin, un arrêté limitant la délivrance de boîtes de patchs nicotiniques, à deux unités par patient. Je vois déjà les dégâts qu'une publication mal accompagnée sur le rôle prétendu de la nicotine pour prévenir l'infection à la Covid pourrait provoquer. Il s'agit d'éviter un effet façon hydroxychloroquine et l'hystérie qui s'est ensuivie. Je lui demande également de me faire remonter la liste des producteurs français de substituts nicotiniques. Je veux être sûr de pouvoir disposer de stocks et de capacités de production suffisants. La France a un coup d'avance sur le sujet, autant conserver notre avantage. Et si notre pays n'est pas producteur de patchs, je souhaite qu'il anticipe un achat massif auprès d'un industriel étranger.

J'enchaîne avec la ministre des Armées. Nous avons échangé il y a quelques jours à propos d'un gigantesque cluster sur le porte-avions *Charles-de-Gaulle*. Un certain nombre de militaires à bord fument. Peut-être que la comparaison des taux de contamination et de formes symptomatiques entre les fumeurs et les non-fumeurs parmi ces soldats apportera de l'eau à notre moulin ?

J'appelle enfin le président de la République qui se montre intéressé et souhaite que nous nous donnions les moyens de clarifier ce qui pourrait être une découverte française déterminante. L'exaltation le dispute à l'espoir de tenir enfin quelque chose, à la détermination à ne perdre aucune minute pour confirmer toute hypothèse crédible, à la concentration, pour bénéficier d'une vision à 360° des enjeux et risques.

*

À la vérité, dès le début de la pandémie, alors que tous les pays avançaient à tâtons et que les connaissances humaines sur ce fléau étaient balbutiantes, voire erronées, je me suis saisi de chaque piste, hypothèse, théorie, des plus saugrenues aux plus robustes, avec curiosité, espoir mais aussi prudence vis-à-vis de concitoyens impatients d'en finir et de charlatans toujours prêts à nous vendre du rêve. Combien de départs de feux avions-nous déjà connus en seulement deux mois ? L'hydroxychloroquine en France, la colchicine au Canada, une batterie de traitements antiviraux ou immunomodulateurs tout aussi inefficaces, sans compter les cocktails de vitamines et d'oligoéléments pour les plus naturalistes. Sans oublier les purificateurs d'air, les capteurs de CO_2, les chiens renifleurs, et j'en passe...

Notre propension à considérer que nous avons vocation à maîtriser notre environnement, et non l'inverse, est puissamment ancrée en nous. Comme le sentiment que nous devrions être plus forts qu'un microbe. Dans le cas d'une crise sanitaire, sans renier le libre arbitre de chacun, il faut à tout prix éviter le suraccident, par excès de confiance ou manque de discernement quant à une solution qui semble à portée de main. *Primum non nocere.* Avant tout, ne pas nuire. Éviter la prise incontrôlée d'un traitement inefficace et potentiellement dangereux. Ne jamais relâcher notre vigilance mais tâtonner, expérimenter, oser… voilà quel a été notre credo. Fermer les commerces non essentiels est-il efficace pour freiner le virus ? Le couvre-feu ? À quelle heure ? À partir de quand ? Les questions, nous-mêmes, au gouvernement, les avons multipliées.

*

Donc, si je parle de la nicotine trop tôt, sans garantie, n'y a-t-il pas un risque de créer moi-même attente et empressement ? Et si je n'en parle pas, de quoi va-t-on me soupçonner ?

Je décide d'aborder le sujet directement au cours d'une conférence de presse dédiée à l'épidémie. Oui, certains travaux pourraient être intéressants à mener et il faudra des études plus poussées pour en avoir le cœur net, mais il est trop tôt pour tirer quelque conclusion que ce soit. La nicotine n'est pas et ne doit pas devenir la nouvelle hydroxychloroquine. Fermez le ban.

*

Des mois plus tard, les études sur le rôle de cette substance se sont révélées décevantes. Celles faites en population réelle ont été globalement négatives.

Par-delà les vagues

L'accompagnement au sevrage chez les malades de la Covid n'a pas démontré de réduction des formes graves. S'il n'est pas exclu qu'un lien, même indirect, existe, il fait partie des découvertes à venir, dans quelques mois ou quelques années. Mais pour l'heure, il n'a pas été prouvé. Le temps scientifique n'est pas le temps médiatique ni politique. «Volutes partent en fumée», chantait Alain Bashung.

14

Le diamètre du Coton-Tige

Avril 2020

Le ministère des Solidarités et de la Santé occupe les sept étages d'un immense immeuble Art déco situé au croisement de l'avenue de Ségur et de l'avenue Duquesne, dans le très administratif 7ᵉ arrondissement de Paris. Essentiellement constitué de bureaux et de salles de réunion, il n'est pas inintéressant de souligner qu'il a été construit en 1920, comme une réponse à la pandémie de la grippe espagnole qui venait de percuter une planète déjà traumatisée par la Première Guerre mondiale.

À sa cime, les membres du cabinet conçoivent et mettent en musique les politiques de santé et de solidarité. Si les cabinets ont pu compter des équipes pléthoriques par le passé, jusqu'à plus de quarante personnes, elles ont, en début de quinquennat, été limitées à dix conseillers, puis élargies à quinze. C'est donc sur ce petit bataillon de quelques guerrières et guerriers que j'ai pu compter à chaque étape de la gestion de crise. Décrire les conditions de travail imposées par l'importance de la mission, rehaussée du contexte très particulier de la crise Covid, m'est difficile en quelques lignes. La vision de lits de camp pliables apposés contre les murs minces de bureaux exigus vous donnera peut-être une idée plus précise du rythme de travail imposé lors de cette période exceptionnelle.

Quels que soient le jour de la semaine et la nuit, les fonctionnaires sont là, fidèles au poste. Envoyer un message sur l'une des nombreuses boucles Telegram qui nous relient, c'est obtenir une réponse à toute heure... Mon cabinet est constitué d'un directeur, chargé de piloter les équipes, de me représenter dans les réunions importantes. Il demeure en lien constant avec l'Élysée, Matignon et les autres ministères. J'ai eu deux directeurs successifs en deux ans, et je crois pouvoir dire que j'ai été chanceux. Leur loyauté, leur dévouement, la capacité qu'ils auront eue à supporter et faire confiance à un jeune ministre tenant difficilement assis plus de trente minutes auront été vitaux pour l'action que nous avons menée ensemble.

Puis vient un directeur de cabinet adjoint, chargé de coordonner le travail des conseillers, de suppléer le directeur. Plusieurs se sont succédé, jeunes (parfois à peine 30 ans), ne comptant pas les heures passées à lire, corriger, valider des notes, en lien avec les services. Clément est celui qui a occupé le plus longtemps ce poste stratégique. Je l'ai nommé alors qu'il était conseiller technique en charge des questions budgétaires, après qu'il a rédigé une note relevant de son périmètre d'attribution, mais en deux versions, me précisant que la première, technique, sans risque, était telle qu'on pourrait attendre qu'un énarque sorti de l'école la rédige ; la seconde était bien plus politique et m'amenait hors des sentiers battus. La conclusion précisait : retenez la deuxième !

Le diamètre du Coton-Tige

Suivent une cheffe de cabinet, en charge de l'agenda, des déplacements, de la logistique, une équipe de communication, des conseillers techniques chargés de l'hôpital, de la santé publique, de la Covid, des solidarités notamment.

Enfin, il y a les directions d'administration centrales, les DAC. Plusieurs sont rattachées au ministère, la plus connue étant la direction générale de la Santé pilotée par le professeur Jérôme Salomon, ou encore la direction générale de l'Offre de soins. Ces DAC sont composées de plusieurs centaines de fonctionnaires, et travaillent en lien étroit avec les ARS, organismes déconcentrés chargés de mettre en place la politique du ministère dans les territoires, au plus près des habitants.

*

En ce jour de début mai 2020, je descends au sixième étage du ministère, comme régulièrement, saluer les équipes et les encourager. Pour ces fonctionnaires aussi, la vie a basculé, les propulsant dans un univers totalement hors norme, où le travail a pris le pas sur le reste. Je m'arrête devant un bureau qui porte comme enseigne «Matériel médical Covid». Une femme, dans la cinquantaine avancée, me salue. Je lui demande : «Vous avez la charge du matériel médical, donc des dispositifs de tests?

— Absolument, monsieur le ministre. Nous gérons ici le sourcing en réactifs de tests, assurons l'approvisionnement des laboratoires, y compris en plateformes de PCR.

— Vous êtes donc aussi en charge des écouvillons?

— Absolument. »

Écouvillon... J'ignore si ce mot restera ou non dans le champ lexical de l'ère post-pandémique, mais les dizaines de millions de Français qui auront été testés au moins une fois savent de quoi je parle. Il s'agit de cette sorte de long et fin Coton-Tige, ayant à son extrémité une brossette permettant de racler le fond du cavum – des sinus, si vous préférez – pour y récolter un peu de mucus, ensuite analysé afin d'y rechercher la présence du virus. Un simple écouvillon stérilisé et trempé dans une solution liquidienne avant d'être emballé et envoyé aux milliers de centres de prélèvement...

Nous sommes au printemps 2020 et ces écouvillons, nous n'en possédons presque plus. En tout cas, pas suffisamment pour augmenter nos capacités de test. Les recommandations restent alors de ne tester que les soignants, les cas douteux ou complexes, les formes graves. Non par absence d'écouvillons, mais par déficit de plateformes PCR et insuffisance de réactifs.

Puisque les commandes passées par les laboratoires commencent à arriver, nous voyons notre potentiel diagnostique évoluer à court terme. Buter sur une tige en plastique est exclu, surtout lorsqu'on dispose de machines high-tech et de réactifs importés du monde entier. Hélas, la principale usine européenne d'écouvillons est située en Italie. Implantée dans une zone fortement percutée par la Covid, elle tourne au ralenti, réduisant les exportations comme peau de chagrin. À la fin d'avril, j'ai demandé à mes équipes de partir à la recherche de fabricants français de Coton-Tige que l'on pourrait approcher. J'ai regretté une forme d'inertie dans l'implication des groupes industriels hexagonaux

Le diamètre du Coton-Tige

au début de la crise alors qu'il y avait là une possibilité de réorienter des chaînes de production vers la fabrication de produits essentiels à la lutte contre la pandémie, tels que des masques. Pas question, cette fois, de passer à côté.

La perle rare que je cherche s'appelle Mme Lemoine, des entreprises familiales Lemoine, dans l'Eure, spécialisées en produits cosmétiques et d'hygiène. Une femme dynamique, profondément attachée à son pays, brushing impeccable et Légion d'honneur accrochée au tailleur. Mme Lemoine répond à l'appel et s'engage à produire non plus des Coton-Tige, mais des écouvillons, le temps de formater les chaînes de ses usines. Formidable! Voilà qui va résoudre notre problème de capacités de tests, puisqu'on parle de 300 000 écouvillons hebdomadaires, bien plus que notre consommation courante d'alors. Mais quelques jours après avoir été sollicitée, Mme Lemoine adresse à mes équipes un message dans lequel elle regrette une inertie de l'administration qui l'empêche de produire, alors qu'elle se dit prête à usiner.

C'est donc dans ce contexte, sensibilisé au sujet, que je pénètre dans le petit bureau de la DGS. «Pouvez-vous me dire où nous en sommes de la production des écouvillons par l'entreprise Lemoine?

— Les choses avancent, monsieur le ministre, les écouvillons sont en cours de validation, répond la dame.

— C'est-à-dire?»

Je redoute ce qui se cache derrière le terme «validation», y devinant l'une de ces nombreuses procédures qu'on anticipe rarement spontanément lorsqu'on passe une consigne directe, telle que: «Lancez la production massive d'écouvillons dans l'entreprise Lemoine.»

La réponse de mon interlocutrice me frappe de plein fouet. « Les prototypes sont actuellement à l'institut Pasteur.

— À l'institut Pasteur ? »

Déjà, je pressens que la suite de la réponse ne va pas me plaire.

« Oui, pour vérifier le bon calibrage des tiges.

— Expliquez-moi !

— Comme un écouvillon est plus long qu'un Coton-Tige, il faut en vérifier la souplesse et la solidité, et donc trouver le juste diamètre. Or, on hésite un peu. Et il y a la version pédiatrique, aussi.

— Le juste diamètre du Coton-Tige ? Et il y en a pour combien de temps ?

— Oh, c'est l'affaire de quelques jours. »

Quelques jours pour calibrer le diamètre d'un Coton-Tige, quelques jours de plus à attendre de pouvoir tester plus de malades, alors que les recommandations de l'OMS sont en train d'évoluer et que le docteur Tedros, à sa tête, est sur le point de lancer dans son fameux : « Testez, testez, testez ! » Quelques jours de plus à voir s'accumuler les articles de presse sur l'incapacité française à tester autant que nos voisins allemands. Quelques jours de plus à être inondé de messages de personnes mécontentes d'être renvoyées à l'isolement chez elles sur la base de signes cliniques, sans pouvoir disposer d'une confirmation en bonne et due forme de leur diagnostic…

*

Ce chapitre n'a pas pour but de pointer du doigt l'institut Pasteur, pas plus que cette fonctionnaire dévouée et

Le diamètre du Coton-Tige

compétente de la DGS. Ni qui que ce soit, d'ailleurs. Chacun est demeuré dans son rôle, avec les missions attribuées et le respect des règles inhérentes. Ce que je mets en avant et en cause, c'est une trop grande autophagie normative et l'incapacité à faire à la guerre, comme à la guerre. Dans mon logiciel, le temps incompressible avant production des précieux écouvillons prenait trois jours. Or il en faudra près de dix fois plus avant de les voir sortir des usines de l'Eure!

*

En même temps, imaginons une validation expéditive des écouvillons Lemoine. Une étape manquée dans le contrôle qualité, un écouvillon qui se brise dans un nez, un test un peu plus douloureux ou que sais-je encore : polémique assurée. On aurait hurlé à l'incurie française, au scandale de trop. Je vois déjà les articles moqueurs, les tweets rageurs, le chapitre de plus dans les copieux rapports de commissions d'enquête de parlementaires ayant conservé le loisir de faire écrire de grands volumes par les administrateurs du Parlement. Les questions au gouvernement aussi, avec les : « Même cela, vous l'aurez donc raté ! »

Nous menons une guerre qui nécessite de conjuguer l'endurance du marathonien et la puissance du sprinteur. Mais avant de poser le pied dans les starting-blocks, nous prenons toujours soin de vérifier si la semelle des baskets que nous portons est suffisamment solide pour ne pas leur préférer une paire de tongs.

Ce type de scène, je l'ai vécu un nombre incalculable de fois. Comme avec cette étude clinique pour un médicament à potentiel, dont je promets aux chercheurs la validation administrative dans les quarante-huit heures une fois qu'ils m'auront envoyé le dossier. Une étape que j'attendrai deux semaines... « Délai très court, monsieur le ministre, d'ordinaire cela peut prendre trois mois... », me dit-on !

On me décrit comme un pragmatique à tendance prononcée. D'ailleurs, un célèbre test de personnalité me classe parmi les entrepreneurs, du genre à agir d'abord et réfléchir après, capable de corriger mes erreurs en chemin au lieu de rester inactif, tout en préparant des plans d'urgence et des clauses échappatoires. Horripilé, donc, par la perte de temps et la non-efficacité. Interventionniste en somme. Soit, mais j'assume. Comme j'assume d'avoir appelé moi-même, le jour de Noël, le patron d'un site logistique amené à stocker des vaccins pour vérifier s'il disposait de petits avions capables de transporter en condition sécurisée et réfrigérée des flacons d'ARN Messager jusqu'à Bordeaux, région alors mal desservie en super-congélateurs.

En vérité, je ne me suis jamais habitué ni résolu à la moindre forme de retard ou d'inertie. Mais même quand on est ministre, taper du poing sur la table ne fait pas forcément accélérer des chaînes logistiques conçues sur un principe de qualité et de sécurité, au détriment parfois de la réactivité, et donc en temps de crise, de l'efficacité. Les « lenteurs injustifiées » du début de la campagne de vaccination vont procéder du même principe. D'un côté, évidemment (comment pourrais-je souhaiter l'inverse ?), la nécessité de vacciner au plus vite les personnes âgées très fragiles hébergées en Ehpad et de coller au plus près de nos voisins. De l'autre, ce bon

Le diamètre du Coton-Tige

vieux principe de précaution franco-français qui s'est imposé, avec son florilège de protocoles sanitaires, de consentements à recueillir, et une demande ferme des établissements d'attendre pour cela la fin des fêtes de fin d'année.
Sans doute pensez-vous en lisant : « Il se défausse de ses responsabilités sur d'autres. » Peut-être, au fond. Aurais-je pu agir différemment dans de telles circonstances ? Sans doute aussi. Aurait-ce été plus efficace ? Je l'ignore. J'ai pourtant parfois tendance à le penser, car j'ai constaté à plusieurs reprises que lorsque le président de la République tape du poing sur la table (souvent avec ma complicité, parfois non), les choses avancent plus vite, les étapes se réduisent, les résultats sont davantage au rendez-vous. Cela tient tout autant à la fonction présidentielle qu'à sa personnalité et à sa capacité à se faire respecter, tout en respectant lui-même ses interlocuteurs. Mais sans jamais transiger avec les objectifs qu'il s'est fixés. J'ai beaucoup appris à ses côtés. J'ai gagné, je le pense, des galons en management et en confiance.

*

À côté de ces lenteurs, la crise a surtout révélé la très forte maturité et modernité de notre système de santé. J'y reviendrai. Nous avons pu prendre un nombre de décisions majeures, qui hors crise auraient conclu des années de débats entre les parties prenantes ainsi qu'au Parlement. Celles-ci n'ont finalement nécessité que quelques heures, quelques appels, et une signature au bas d'un décret ou d'un arrêté. Nous sommes passés en une

Par-delà les vagues

semaine de 10 000 actes de télémédecine hebdomadaires à plus de 1 million, un booster de dix ans au moins. Pendant la crise, des millions de Français ont pu consulter leur médecin, leur infirmière et même leur kiné par Skype ou WhatsApp. Un processus impensable avant elle, pourtant adopté par tous et désormais plébiscité. Les pompiers, les aides-soignants, les étudiants ont été autorisés à réaliser des injections intramusculaires pour la campagne de vaccination. Les pharmaciens, à produire leur propre gel hydroalcoolique. Les laboratoires vétérinaires, à réaliser des tests PCR pour les humains... La sortie dérogatoire du code des marchés publics des hôpitaux a permis à ceux-ci d'acheter de grandes tentes chez Décathlon pour construire des accueils d'urgence Covid sur leurs parkings. Nous avons multiplié les capacités de réanimation par deux, trois et parfois six au pic des vagues successives, écrit d'innombrables guides pratiques destinés aux écoles, aux commerces, aux administrations, aux Ehpad, aux hôpitaux, aux collectivités, portant sur des sujets jusqu'alors totalement inédits. Nous sommes passés en quelques semaines de lanterne rouge européenne en matière de tests et de séquençage aux premiers rangs mondiaux. Nous avons ouvert et fait tourner plus de 1 500 centres de vaccination partout sur le territoire ; créé des chaînes logistiques qui n'existaient pas ; transformé en soixante-douze heures un TGV qui servait à amener des enfants handicapés à Lourdes en train d'évacuation sanitaire de malades dans le coma, évitant la saturation complète aux hôpitaux du Grand Est. Nous avons vidé des avions grands-porteurs de leurs sièges pour les bourrer de boîtes de masques en provenance de Chine. Nous avons pensé et normé les pre-

Le diamètre du Coton-Tige

miers masques filtrants textiles de la planète, non sans avoir essuyé quelques réunions insolites sur la température du fer à repasser en cas de réutilisation de ces masques, etc.

Suis-je fier de l'administration de la santé ? Absolument. Est-elle perfectible ? Assurément : l'esprit de continuité et de prudence du service public confine régulièrement à l'inertie. Mais les crises confrontent les commis de l'État au réel, consolident leur expérience et les poussent à se dépasser, avec toujours l'intérêt général en ligne de mire. C'est pourquoi je regrette les attaques dont nous avons été la cible. Trop facile. Beaucoup sont venues des oppositions politiques, à travers des rapports de commissions parlementaires, à charge. D'autres, et cela fait plus mal encore, sont venues de notre propre camp. Je n'oublierai pas les piques attribuées à la ministre déléguée auprès du ministre de l'Économie, en charge de l'Industrie. Participant à un livre intitulé *Le Ministère des bras cassés*[1], elle serait allée jusqu'à dire : « Il y a dans ce ministère de la Santé des gens qui mettaient un temps fou à réagir et de façon peu opérationnelle. » Ce n'est pas l'idée que je me fais du sens de la coopération parmi celles et ceux qui tiennent la gestion de crise à bout de bras, nuit et jour. Je n'insiste pas.

Nous n'aurons sans doute pas réussi à tous les coups, mais nous aurons démontré qu'en France, on peut être tout à la fois efficace, réactif, sans rogner sur la sécurité ni sur la qualité. Je suis convaincu qu'il nous faut, pour l'avenir, nous appuyer sur cette expertise acquise collectivement. Et ne plus jamais la perdre.

---

1. Marc Payet, Albin Michel, Paris, 2022.

Par-delà les vagues

Les écouvillons des entreprises Lemoine finiront par sortir des usines, de précieuses pochettes en plastique transparent rose contenant chacune trois néo-Coton-Tige de couleur bleu, blanc, rouge. Tout un symbole.

15

À la guerre comme à la guerre

13 juillet 2020

Nous sommes le 13 juillet 2020. Demain, pour la première fois dans notre histoire, des soignants défileront sur les Champs-Élysées aux côtés de nos troupes. D'autres prendront place dans les gradins installés pour l'occasion. Le chef de l'État en a eu l'idée, pour célébrer comme ils le méritent nos héros, au lendemain de la première bataille. D'autres ne seront pas physiquement avec nous. Morts au combat, décédés des suites d'une infection à la Covid, contractée dans l'exercice de leur fonction. Mon équipe a donc pris cette initiative : afin d'ajouter encore plus de solennité au moment, nous avons convié leurs proches pour une soirée d'hommage, sobre, ponctuée par un discours dont je mesure toute la délicatesse. En pénétrant dans l'immense galerie du Grand Palais, ce n'est pas la beauté du lieu qui me saisit, c'est la tristesse qui s'en dégage. Dehors le ciel nous éclaire encore, malgré l'heure tardive de ce soir de juillet, mais sous la verrière, tout est sombre. Et vide. Ces 400 personnes, j'aimerais pouvoir les regarder sans être vu, ne pas croiser de regards, du moins pas tout de suite.

Je suis des yeux ma cheffe de cabinet qui me guide vers une estrade montée pour l'occasion, ornée d'un pupitre et du drapeau tricolore. Elle paraît minuscule. J'ai préparé ce moment, l'ai un peu redouté aussi. Je suis ministre, je ne suis pas un de leurs proches, nous ne nous connaissons pas, nous ne nous reverrons sans doute pas. Suis-je vraiment à ma place ? Je risque un coup d'œil alentour. Je devine des maris, des épouses, des parents assurément, et même des enfants. Des enfants. Tous unis dans une même douleur, ayant en partage une perte que rien ne pourra consoler.

On m'a fait confiance pour trouver les mots justes, à tel point que je n'ai pas souhaité qu'on m'écrive un discours, me pensant suffisamment à l'aise pour parler avec l'empathie, la proximité, la complicité nécessaires. Mais au moment de monter sur l'estrade, je bénis intérieurement mon équipe qui a bravé ces consignes et a déposé sur le pupitre quelques pages. L'hommage solennel du ministre aux soignants victimes de la Covid. Je lis d'une voix grave, sans nuances. Je reste fidèle au texte, il est bien écrit, ma « plume » a du talent. Les mots résonnent sous la voûte immense et, devant un parterre de souffrance, paraissent peu chaleureux.

Je salue le courage héroïque de ces blouses blanches qui se sont battues pour sauver des vies. Qui n'ont pas quitté leur poste malgré la peur mais ont bien souvent redoublé de vaillance, n'écoutant pas la fatigue qui les étreignait. Je leur dis ma peine, ma tristesse pour ces morts dans la lutte contre le virus. La nation tout entière les salue à travers mes mots et ne les oubliera pas. Ils applaudissent. Je descends les quelques marches, plusieurs personnes se dirigent vers moi. J'écoute leurs

À la guerre comme à la guerre

histoires de vie, et de mort. Très vite, des petites files indiennes s'organisent, dans le silence, pour ne pas perturber ceux qui sont en train de partager un peu de leur peine. Je prends conscience qu'être là leur fait du bien. Ils ont des choses à témoigner, des histoires brisées par la Covid, une fierté à raconter les vies sauvées par le sacrifice de leurs collègues, leurs amis, leurs parents.

Je retrouve l'expérience de la médecine : l'échange avec une famille à laquelle l'on vient d'annoncer le décès d'un proche des suites d'un accident vasculaire cérébral n'est pas si différent. Je retrouve cette confrontation à la mort et à la douleur de ceux qui restent, au sentiment d'impuissance malgré la blouse blanche, puisqu'il est trop tard, à la nécessité de l'accepter et d'écouter en lâchant prise. En s'oubliant un instant.

Les gens qui attendent leur tour debout, le temps limité, tout va trop vite, les choses ne se font pas dans les conditions idoines. J'avise trois adolescents, trois orphelins qui n'avaient plus que leur mère, elle aussi désormais décédée... Nous parlons un moment à l'écart de la foule, ma gorge est trop serrée pour que je prenne le risque de continuer en public. Après un long moment, m'étant assuré d'avoir pu écouter tout le monde, je quitte le Grand Palais en prenant une décision pour l'avenir. Puisque le président de la République a fait le choix d'accorder la Légion d'honneur à titre posthume aux soignants décédés pour avoir continué à soigner, je la remettrai de mon côté, dans l'intimité de mon bureau, aux familles. Je prendrai le temps d'en savoir plus sur la vie passée de ces femmes et ces hommes que la République ne devra pas oublier.

Par-delà les vagues

*

Les cérémonies d'hommage aux soignants des 13 et 14 juillet ont constitué comme une passerelle. Relier en douceur et avec dignité reconnaissance et commémoration, présent à vif et passé dont il faudra maintenir la flamme vacillante du souvenir. J'ai aimé que nous soyons à nos fenêtres tous les soirs à 20 heures pour applaudir et célébrer, mais cela ne pouvait durer éternellement. Je ne prétends en rien que les Français n'aiment plus leurs soignants ou n'en sont plus fiers, certainement pas. Je dis, parce que je le constate, que l'attention démonstrative et bruyante qui leur a été portée les premières semaines, a fini par (re)devenir discrète, intime, inscrite pour chacun dans son quotidien, sa normalité. À l'instar du virus lui-même et de son cortège de contraintes. C'est dans l'ordre des choses. Quand on revoit les images des grandes guerres, on se souvient des liesses accompagnant les départs de nos soldats. Plus tard, on pleure les victimes, puis on passe à autre chose. À la guerre sanitaire comme à la guerre militaire. Si l'on salue le geste héroïque de celles et ceux qui assument de se trouver en première ligne, je crois qu'on tente aussi de conjurer notre peur. Tandis que nous vivons dans une relative insouciance quant à notre propre vulnérabilité, la survenue de la crise sanitaire nous a exposés, du jour au lendemain, au risque de la maladie et de la mort. Alors nous saluons celles et ceux à qui nous confions notre destin commun. Nous ouvrons les yeux sur elles, sur eux. Leurs quotidiens, leurs vocations, leur dévouement, leurs immenses qualités professionnelles. On se compare aux autres pays, on voit la puissance des nôtres et cela

À la guerre comme à la guerre

nous rassure. On leur dit, on leur crie : « Tenez bon, nous comptons sur vous ! »

Médecin, j'ai toujours été frappé par la difficulté que nous éprouvons quand il s'agit de désigner par anticipation une personne de confiance au cas où la mort croiserait notre chemin, et plus encore, de rédiger des directives anticipées. Alors que toutes les enquêtes montrent que la fin de la vie et les conditions qui l'accompagnent sont un thème cher aux Français, personne ou presque ne prend les dispositions qu'il a souhaité que les pouvoirs publics rendent possibles. Nous repoussons la mort, nous ignorons superbement le croque-mitaine. Le surgissement de la pandémie a créé ce moment particulier d'interrogation collective : et si la vie s'arrêtait là ? Alors nous nous sommes tournés vers les blouses blanches, nous leur avons exprimé notre confiance en tapant sur des casseroles, avant de n'aspirer qu'à une chose : le retour à la normale. Au ronronnement des services hospitaliers, au calme rassurant du cabinet de notre médecin de famille. Au silence de la faucheuse, même si elle reste tapie dans un coin. La catharsis était passée. Ainsi se sont tus les applaudissements à nos fenêtres.

*

À titre personnel, cette pulsion du retour à la normale m'est régulièrement jetée au visage. Je ne suis pas un ministre du normal. Combien de fois ai-je entendu : « Attention, tu es le ministre de la Covid, aujourd'hui cela sert ta notoriété, mais demain, lorsque la crise sera terminée, les gens ne voudront plus te voir, tu leur évoqueras trop la crise sanitaire. » Ou encore, avec un brin de flagornerie : « Les héros de la guerre ne sont jamais élus. Churchill a perdu les élections, d'autres avec lui. » Soyons clairs : comme tout le monde, ministre ou pas ministre, je me pose la question de mon avenir. De ma carrière. Alors quoi ? Aurait-il fallu que je travaille mon image en essayant de la décoller à toute force de celle de la pandémie ? C'est une vue de l'esprit. Gérer cette crise, à la place que l'on m'a confiée, m'a occupé jour et nuit. Le reste, l'avenir, le mien, qu'en sais-je ? Lao-tseu : « La prescience est un simple ornement et mène à la stupidité. » À l'heure où vous lisez ces mots, vous en savez de fait plus que moi à l'heure où je les écris. Et je ne me compare en rien à Churchill !

Quant à l'exceptionnel, il s'est niché partout, dans chaque recoin de la nation. Les grandes fresques nationales s'écrivent à l'aide de symboles. Il y en eut au cours de cette pandémie, au-delà de ces millions de personnes applaudissant aux fenêtres le soir à 20 heures. Ces anonymes qui préparèrent et livrèrent des repas dans les hôpitaux ; qui hébergèrent des soignants près de leur lieu de travail pour leur permettre de gagner quelques heures de sommeil et d'être d'attaque le lendemain matin. Il y a eu ce que les associations et les entreprises ont été capables de mobiliser comme moyens pour faciliter la vie des blouses blanches : primes, aides au transport, logement dans des hôtels vidés de la clientèle habituelle, matériel de protection fabriqué ou importé à la hâte, gel hydroalcoolique plus qu'il n'en fallait. N'oublions pas, évidemment, ce dont la puissance publique a été capable, finalement, de mobiliser comme moyens financiers, après des années à ne pas entendre les revendications légitimes de la profession. Porté par

À la guerre comme à la guerre

un élan populaire, le « Ségur de la santé » a accouché de 10 milliards d'euros de hausses de salaire, plus de 200 euros nets par mois en moyenne pour plus de 1,5 million de salariés des hôpitaux, des maisons de retraite, établissements dans le champ du handicap et de la protection de l'enfance.

Une question lancinante, qui aura traversé ce vaste chantier, reste en suspens aujourd'hui : pourquoi les infirmières, les aides-soignantes et les auxiliaires de vie sont-elles si mal payées en France ? Vous me direz : la réponse est dans la façon de désigner ces métiers : au féminin. Plus de huit sur dix sont des femmes. Mais vous ne ferez que déplacer la question : pourquoi les métiers féminins subissent-ils cette discrimination ? Et d'abord, pourquoi faut-il que ces métiers soient féminins ? Pourquoi, quand les femmes ont enfin obtenu la liberté de travailler, les a-t-on massivement dirigées vers des fonctions de soignantes ? Et encore, pas de la médecine, ni de la chirurgie, métiers longtemps réservés aux hommes. Elles auront eu le droit d'aider les médecins, de faire les lits, vider les pots, appliquer les prescriptions. Et plus troublant : de s'occuper des patients, de leur douleur, de leurs émotions, de celles de leurs proches, de traiter les uns et les autres comme des semblables. Ces tâches-là n'ont pas à être payées comme les autres, les prestigieuses tâches techniques, sinon technologiques, n'est-ce pas ? Je ne vais pas vous faire une thèse. Les ouvrages de sciences humaines abondent pour comprendre les tenants d'une telle structuration sociale. Les faits sont là.

Des décennies plus tard, alors que la médecine s'est pourtant féminisée, le hiatus n'a pas été comblé.

Par-delà les vagues

Ces personnes indispensables méritent plus que notre reconnaissance. Je parle en connaissance de cause. J'ai commencé à 20 ans comme aide-soignant en Ehpad puis à l'hôpital, de nuit, à aller de chambre en chambre pour soigner, changer, parler, accompagner. Invisible avec mes camarades, dans un hôpital où il ne restait que nous. J'ai une admiration sans limite pour les collègues que j'ai côtoyés, toutes des femmes ou presque, le visage cerné à n'en plus finir, le rythme de vie décomposé par des années à travailler aux heures où tout le monde dort. Je me souviens d'avoir échangé avec elles des heures durant, sur l'impossible conciliation de cette vie professionnelle avec une vie personnelle et sociale, au prix où elles étaient payées. Et pourtant elles tiennent.

Si, en me retournant un jour sur mon mandat de ministre de la Santé, je cherche à déceler une petite lumière de normalité dans l'ombre envahissante de la Covid, elle sera par là, j'en suis sûr. Dans cet élan inédit de reconnaissance des compétences et métiers du soin, permettant à chacune et chacun d'évoluer dans sa carrière, et qui doit se poursuivre, quoi qu'il en coûte. Le travail est loin d'être terminé, mais c'est le sens de l'histoire : reconnaître la juste valeur de ces métiers si précieux, et décloisonner les trajectoires pour ne pas cantonner chacune ou chacun dans un rôle acquis à l'issue de ses études (c'est le sens des « infirmières à pratique avancée » et de l'ouverture des postes de professeurs au-delà du cercle des médecins).

Hasard du calendrier, c'est ce même 13 juillet qu'ont été signés les accords du Ségur. La normalité a rejoint l'exceptionnel, par une douce passerelle.

16

Un été en vague douce

Juillet 2020

En ce début du mois de juillet 2020, la douceur du soleil semble s'être coordonnée avec la levée de la chape de plomb qui s'est abattue sur la France. Nous en sommes convaincus, les événements exceptionnels et douloureux que nous venons de vivre sont bons pour les oubliettes. La vague de la Covid a déferlé mais elle a été et doit demeurer isolée, unique, aucune autre ne lui succédant. Place cette fois-ci à d'autres vagues, au bord de la plage, de celles qui font rêver les Français. Il est temps de tourner la page.

Au sommet de l'État, cela se traduit par un remaniement. Fraîchement arrivé au gouvernement, je conserve mon poste de vigie. Le Premier ministre Édouard Philippe est élu maire du Havre et quitte son poste, comme pour marquer une segmentation en deux périodes du quinquennat. Cette nouvelle me touche.

*

Je me sens lié à Édouard Philippe. J'ai aimé être son ministre. Lorsque la crise sanitaire a éclaté, il a décidé de me faire confiance, et localisé la cellule interministérielle de crise directement au ministère des Solidarités et de la Santé. Le lien avec lui a été direct et pluriquotidien. Il n'a pas été intrusif mais s'est tenu au fait d'absolument tout, et son équipe a été au pilotage de tout ce qui touchait à la pandémie et concernait les autres ministères.

Avec habileté mais douceur, Édouard a su récupérer à son compte une large part de la communication de crise, et donc de l'exposition médiatique dont j'avais joui seul les premières semaines. Ça a été le début des grandes conférences de presse à Matignon. Nous avons pensé et organisé un binôme équilibré. À lui le régalien, à moi le sanitaire. Régulièrement, il m'a fait répéter à voix haute mon texte, et m'a poussé à le simplifier pour le rendre plus intelligible par tous. Il ne s'est jamais montré cassant ni humiliant, mais a su être directif.

Je suis fier de notre complicité, d'autant qu'elle s'est avérée utile à des moments clés. Je me souviens comme si c'était hier de cette réunion à Matignon à la fin du printemps 2020. Il préside lui-même un moment d'échanges entre ministres autour de la question du grand âge et de l'autonomie. J'y défends la création d'une nouvelle branche dans la Sécurité sociale pour couvrir les dépenses liées à la perte d'autonomie. La clé de cette réforme : son financement. Je suis attendu au tournant par les gardiens de l'orthodoxie financière, au sein même du gouvernement. Alors je propose une astuce : étaler le paiement d'une partie des dettes par la Sécurité sociale, sur deux ans supplémentaires, pour réduire nos mensualités. Les 2 milliards annuels ainsi

Un été en vague douce

économisés (disons repoussés) permettront de financer l'explosion des besoins en matière de dépendance, à commencer par le renflouement des budgets des Ehpad.

Autour de la table, des ministres s'opposent à ma proposition, qu'ils jugent – c'est sans doute leur rôle de le faire – naïve, hors-sol, impossible. J'ai été prévenu, en amont de la réunion, par les conseillers techniques de Matignon et de l'Élysée que j'allais certainement me faire battre. Mais je me défends, insiste sur la nécessité de faire un geste à destination des Ehpad, si durement touchés par la crise sanitaire. « Si nous ne faisons rien, on nous le reprochera. Le risque politique est fort. »

Édouard Philippe écoute les uns et les autres, laisse planer un moment de silence, puis prend la parole : « Je ne sais pas si c'est intelligent, mais c'est malin, et on va le faire. » Pour la première fois depuis sa création au lendemain de la Seconde Guerre mondiale, la Sécurité sociale est agrandie, renforcée. Lorsque la crise des Ehpad retentit deux ans plus tard, c'est un acquis que nous pouvons faire valoir pour montrer que nous avions anticipé.

À l'heure d'écrire sur ce que le souvenir d'Édouard m'évoque, des images s'imposent. Ce retour de déplacement en avion au cours duquel, crevés, nous écoutons Bowie à tue-tête en buvant une Corona. Ce moment épique où je fais jouer ses enfants et les miens dans le vaste parc de Matignon, à « 1, 2, 3 soleil » en costume, avant de me rendre compte qu'il est en train de m'attendre pour aller piloter une cellule de crise.

*

Emmanuel Macron choisit comme nouveau Premier ministre Jean Castex. Quelques semaines auparavant, celui-ci a été nommé « Monsieur déconfinement » par le président de la République. Sa mission ? Accompagner les ministres dans la perspective de lever progressivement les mesures de freinage.

Je le reçois pour un déjeuner de travail. Il se montre respectueux, positif sur la tâche réalisée jusqu'ici. Je l'assure de ma plus grande coopération, ce qui sera vrai. D'autant qu'il me fait comprendre qu'il sera moins mobilisé sur les aspects proprement sanitaires de la crise que sur les enjeux opérationnels, et qu'il tiendra compte des orientations que je fixerai.

Le déconfinement se déroule dans de bonnes conditions et selon le timing prévu par le président. La mission est remplie et bien remplie, le grand public commence à connaître Jean Castex. On parle de lui comme possible ministre lors d'un futur remaniement

Erreur. Ce n'est donc pas un maroquin que le président lui confie le 3 juillet 2020, c'est Matignon ! D'abord, ce n'est qu'une rumeur à laquelle nous refusons de croire les uns, les autres. Puis la rumeur se fait évidence. Les vieux briscards du gouvernement aiguisent leurs couteaux : « il ne tiendra pas six mois ».

Il me reçoit peu après sa prise de fonction, et me conforte dans la mienne. Il prend comme directeur de cabinet Nicolas Revel, jusqu'ici directeur de l'Assurance maladie. Un Premier ministre ancien directeur des hôpitaux, un directeur de cabinet expert en Sécu, voilà un duo d'experts.

Un été en vague douce

Jean Castex a le cuir épais. Feignant d'ignorer les couteaux dans son dos, il laboure la France, prend le temps de rencontrer les élus locaux, qu'il séduit par son style direct et franc, fait le bonheur de la presse quotidienne régionale pour laquelle il est toujours disponible. Loin d'être un perdreau de l'année, il prend confiance dans son rôle de chef du gouvernement, mobilise de longues heures durant les ministres pour des comités thématiques tous azimuts, manière de montrer à tous qu'il a la maîtrise des agendas et des sujets. Avec moi, il se montre bienveillant et sympathique, nous apprenons à nous apprécier. À l'heure où il a quitté Matignon, laissant la place à Élisabeth Borne, je constate qu'une majorité de Français ont apprécié leur Premier ministre. Il aura été de ceux qui acceptent de prendre les coups plutôt que la lumière. Il sera un artisan de la réélection du président de la République.

*

Les jours heureux ne durent pas. Le ciel de la Guyane s'assombrit soudain. Peu de remous en métropole, une simple rotation de la vague épidémique, dit-on. Logique, depuis le début, la Covid a peu frappé les territoires ultramarins. Nous ne parlons pas de reprise de l'épidémie mais nous demeurons sur le qui-vive. L'éloignement géographique constitue un handicap, comme les capacités hospitalières, réduites, et l'impossibilité de transférer des malades d'un établissement vers un autre à l'image de la métropole, vers laquelle les évacuations sanitaires sont impossibles, étant donné la distance. Difficile par ailleurs de nous appuyer massivement sur les Antilles.

Nous décidons donc d'un confinement généralisé précoce, de manière à casser la vague avant qu'il ne soit trop tard.

Jean Castex et moi nous rendons sur place dans la foulée, juste une poignée d'heures pour incarner la mobilisation de l'État : hors de question que les restrictions embrasent un territoire souvent prompt à s'enflammer. Après avoir visité un centre municipal d'accueil des associations, un laboratoire de recherche et un hôpital, je suis déjà dans l'avion qui nous ramène à Paris, sans avoir rien vu d'autre de cette région qui m'intrigue, m'attire et que je ne connais pas.

Une autre semaine plus tard, le virus réapparaît de façon inquiétante, en Mayenne. Je me rends sur place pour tenter de saisir comment ce territoire rural, peu dense en population, peut être émaillé de nombreux petits clusters. Je le comprends lors du trajet en voiture qui m'amène de la gare vers un centre de dépistage, en voyant défiler, tout le long de la route, des abattoirs, nombreux ici. Ils constituent des lieux clos par excellence, à fort brassage de population, à haut risque de transmission virale. Le préfet qui m'accompagne m'informe que ces structures emploient de nombreux travailleurs immigrés guinéens. En situation de forte précarité, ils vivent à plusieurs dans une même chambre et évoluent d'un abattoir à un autre au gré des missions qu'on peut leur confier. Pas question pour eux d'être malades, il y va de leur survie. Pas question de se signaler non plus, sans quoi ils perdraient leur emploi. Les inégalités sociales sont invisibles à nos yeux jusqu'à ce qu'elles nous frappent en plein visage. Mais lorsque le boucher, la caissière, le facteur du village finissent par contracter la maladie, l'alerte est donnée.

Je vous épargne les difficultés rencontrées pour contraindre certains industriels importants du monde de la viande à accepter qu'on vienne mettre notre nez dans leurs affaires, et nos écouvillons dans leur nez. Toujours est-il que la forte mobilisation des équipes permet d'éteindre ce qui, pour la première fois, laisse craindre que ne surgisse une deuxième vague.

*

Le reste du mois de juillet se déroule paisiblement, hormis quelques assauts inefficaces du virus, notamment en Bretagne. Je demeure pourtant inquiet, en alerte. J'interromps régulièrement mes courtes vacances pour rester au contact des équipes, je multiplie les déplacements pour prôner la vigilance, et les interviews en presse quotidienne régionale afin d'expliquer, par exemple, que «non, laisser les jeunes se contaminer les uns les autres n'est pas l'idée du siècle».

Une manière de répondre aux propositions à l'emporte-pièce de mes pseudo- «experts de plateau» préférés, inquiets qu'on puisse les oublier à la faveur de l'été. À l'inverse de ces beaux parleurs, je suis préoccupé par un relâchement total de la jeunesse dans le sud de la France. On me raconte les soirées endiablées sur les rooftops, on relaie sur Twitter les images de pool parties sans aucune forme de distanciation sociale, tandis que nous avons décidé, par prudence, de maintenir les discothèques fermées. Ce n'est pas ce retour à la vie normale pour une jeunesse, qui en a bavé, qui me gêne, mais plutôt ce taux d'incidence, ce nombre de diagnostics quotidiens qui, bien que bas au regard du passé, commence à frémir, imperceptiblement mais inexorablement.

Marseille semble être l'épicentre de cette reprise estivale. Nous soupçonnons une transmission accrue chez les jeunes venus fêter la délivrance sur la côte méditerranéenne, mais aussi en lien avec le retour de Marseillais partis passer l'été au Maghreb, zone géographique pour laquelle nous ne disposons pas de données précises sur la pandémie. Nous avons instauré une quarantaine de prudence, au port de Sète, pour un certain nombre de caravanes. Mais empêcher des familles binationales de retrouver leurs racines puis de rentrer chez elles... impossible. Je redoute que le virus circule à bas bruit dans les milieux populaires, qui concentrent le plus de malades fragiles.

Le taux d'incidence continue de grimper, atteignant le seuil d'alerte modérée de 25 cas pour 100 000 habitants. Déjà, des signes de reprise hospitalière se font jour. Le port du masque est donc rendu obligatoire dans les quartiers les plus denses de Marseille, notamment le Vieux-Port. Mais la suite va confirmer mes inquiétudes.

La deuxième vague est bel et bien en train de se former sous nos yeux.

*

Samedi 8 août 2020. En vacances en Lozère, je fais les cent pas dans un grand jardin arboré, m'amusant machinalement à enjamber une petite assiette de porcelaine ébréchée autour de laquelle s'agitent nerveusement deux guêpes. La nuit s'apprête à tomber, laissant appa-

Un été en vague douce

raître un ciel constellé comme on n'en voit que dans les recoins du pays épargnés par les lumières des villes. Téléphone en main, j'anime une cellule interministérielle de crise consacrée à Marseille. Au bout du fil, le préfet des Bouches-du-Rhône, le directeur général de l'ARS et une dizaine d'autres responsables territoriaux.

Le taux d'incidence grimpe, il devient évident qu'il va dépasser dans les prochaines heures le seuil d'alerte que nous avons fixé lors du déconfinement. Le constat fait consensus. Le masque n'est pas suffisamment porté dans la cité phocéenne, les fêtes sont nombreuses et non régulées, les mesures sanitaires, mal respectées et difficiles à contrôler. Le virus circule dans tous les milieux, affectant surtout les jeunes mais touchant aussi les plus âgés. Nous sommes inquiets.

Et même si la situation est inédite depuis la fin de la première vague, nous en tirons déjà des enseignements. Le premier est que le virus n'en a pas terminé avec nous. Le second, qu'il peut frapper au cœur de l'été alors que les conditions climatiques devraient lui être moins favorables, et que les gens vivent dehors. Le moment est-il venu de fermer la ville, même partiellement?

J'appelle quelques contacts sur place, dont la maire Michèle Rubirola, fraîchement élue. Le constat est partagé : les bonnes habitudes ont été perdues et les moyens sont insuffisants pour faire respecter les quelques mesures de base, notamment le port du masque. Par SMS, je tiens le Premier ministre informé de la situation et demande qu'un Conseil de défense et de sécurité nationale soit programmé.

Ce nouveau CDSN se tient le 11 août en visioconférence. J'y explique que le virus circule nettement à Marseille et qu'il montre aussi des signes de reprise à Paris et en petite couronne, où le taux d'incidence flirte avec le seuil d'alerte. Nous évoquons une fermeture anticipée des bars et restaurants là-bas ainsi que dans la capitale, avec interdiction de se rassembler à plus de dix en intérieur comme en extérieur. Mais nous reportons ces mesures de freinage. On ne boucle pas une partie du pays sur la base de diagnostics mais face à une sérieuse augmentation de la charge en soins. C'est l'impact sanitaire qui justifie les contraintes, sans quoi ni vous ni moi ne les comprendrions, ne les accepterions. Or ce n'est pas le cas à l'heure actuelle.

Je suis chargé de communiquer le relevé des décisions en remontant à Paris le temps d'un 20 heures à la télévision. Un pur exercice de pédagogie sans annonces particulières hormis le fait que si mesures il doit y avoir, elles seront désormais territorialisées. «Nous faisons confiance aux élus locaux, aux préfets, pour pouvoir prendre les décisions qui s'imposent, partout où cela fait sens.»

Les jours qui suivent marquent clairement la poursuite de la reprise épidémique. Marseille et Paris sont classés en zone rouge, dite de circulation active du virus. Les préfets y décident le port du masque en extérieur dans plusieurs arrondissements. De mon côté, j'anticipe une éventuelle montée de la charge en soins en déclenchant sans tarder le plan blanc dans les Bouches-du-Rhône, nécessaire pour, le cas échéant, rappeler des soignants en congé et envisager d'alléger les programmes opératoires. Il s'agit de ne pas se laisser piéger par une vague hospitalière. Tirons profit de l'expérience acquise lors de la première vague dans le Grand Est.

Un été en vague douce

Dimanche 16 août, je reçois un appel du préfet de l'Hérault, qui m'informe de la découverte d'un cluster assez atypique au Cap-d'Agde, au sein de la zone fréquentée par les amateurs de naturisme et, pour certains, d'échangisme. Des dizaines de milliers de touristes en tout ! Certes, clubs et discothèques sont fermés, mais comme le rappelle un habitué sur une radio locale, « on n'est pas venus au Cap pour jouer aux cartes ». Le respect des gestes barrières y est évidemment intenable. Les chiffres des contaminations enregistrées depuis quelques jours y sont tout à fait remarquables, élevés comme jamais : 30 % des personnes qui se font tester sont contaminées. S'ensuit un échange digne des *Gendarmes de Saint-Tropez*, au cours duquel je demande au préfet d'aller sur site, flanqué d'unités de gendarmerie, afin de restaurer l'obligation de port du masque.

« Y compris sur les plages naturistes, monsieur le ministre ?
— Oui, monsieur le préfet.
— Je vois... »

*

Nous abordons la dernière semaine des vacances estivales avec inquiétude. Les aoûtiens de retour de la côte méditerranéenne rapportent le virus dans leurs valises et commencent à le disséminer dans la plupart des grandes villes. On ne parle pas encore tout à fait d'une seconde vague : la plus large partie du territoire demeure indemne de reprise épidémique. Mais je conserve peu d'espoirs de l'éviter. Je pressens que la rechute deviendra nationale dès la rentrée scolaire. Ce qui ne manquera pas d'arriver.

Dans *Le Journal du dimanche*, je parle d'une situation à risques alors que les courbes ne baissent plus depuis cinq semaines consécutives. Le plus inquiétant? La forte diffusion de la Covid chez les personnes âgées dans les Bouches-du-Rhône. À l'évidence, le virus ne s'est pas contenté de circuler entre les jeunes. Mais qui aurait pu sérieusement en douter? Le taux d'incidence avoisine les 200 et la pression sanitaire se fait cette fois sentir dans les hôpitaux du sud de la France. Il est plus que temps de sonner l'alerte.

Lors d'un nouveau Conseil de défense, je plaide pour des mesures de freinage fortes et territorialisées. Nous entérinons la généralisation du port du masque partout à Marseille et surtout la fermeture anticipée des bars, restaurants et magasins d'alimentation dans tout le département à partir de 23 heures. Il nous faut réduire les sorties nocturnes en intérieur comme en terrasse pour freiner la circulation du virus chez les jeunes. Il convient aussi de secouer, de réveiller les Marseillais. De ce point de vue, nous allons être servis.

La fronde est immédiate dans la cité phocéenne. Les élus locaux de tous bords, les commerçants, les habitants, s'expriment à l'unisson et s'offusquent. Pourquoi eux et eux seuls? Pourquoi cette décision vécue comme une sanction, prise depuis Paris? Pourquoi des mesures non fondées? On en ajoute, on exagère, on nie parfois la réalité telle que la vivent mais ne la décrivent que timidement les soignants de l'Assistance publique des hôpitaux de Marseille. Certains brandissent des courbes comparant la vague actuelle à la précédente, comme pour montrer la disproportion des contraintes imposées, niant l'évidence de ce qui se profile. Les malades sont jugés peu nombreux, les lits sont encore inoccupés. Et déjà on m'identifie comme le mal incarné, celui qui, décidément, doit bien détester Marseille, après avoir rabroué le grand professeur Raoult.

Pour saisir le phénomène, il ne faut pas se limiter à la caricaturale vision du Phocéen excessif en tout et en premier lieu dans sa fierté d'appartenance. Sans revenir sur la rivalité entre Marseille et Paris, le sentiment d'être ainsi ostracisé ou injustement puni doit se contextualiser dans la longue et riche histoire de la ville. Je me souviens que mon père, Marseillais jusque dans l'accent qu'il a toujours conservé, me racontait, enfant, l'histoire de la terrible peste, en 1720. En raison de décès suspects survenus en mer, un bateau de retour du Proche-Orient et contenant des cargaisons de tissus précieux destinés aux notables de Provence est maintenu à distance de la ville, à l'île de Pomègues. Mais des marchandises sont illégalement transférées vers leurs destinataires, répandant sur la région la peste, qui décime 40 000 Marseillais en quelques mois, soit la moitié des habitants, et près du tiers de la population provençale. Marseille est durablement marquée, blessée, et son image, ternie. Cette histoire se transmet toujours, signe que les plaies n'ont pas toutes cicatrisé.

La riposte s'organise dans un alliage détonant, constitué de la maire de Marseille, à la tête d'une coalition socialiste et écologiste, et de la présidente Les Républicains de la métropole et du département. Ces deux sœurs ennemies viennent pourtant de s'affronter dans un climat de grande tension à l'occasion des élections municipales, remportées à la surprise générale par la sexagénaire chef de file du Printemps marseillais, auparavant médecin exerçant dans les quartiers populaires de la ville. Et, bien sûr, l'incontournable directeur général de l'IHU, Didier Raoult. Rubirola, Vassal, Raoult : tous trois livrent ensemble une conférence de presse à l'IHU au lendemain des annonces. Le timing est bien choisi et affiche la couleur : c'est un derby Paris-Marseille qui va se jouer.

Au moment où les trois compères dressent un état des lieux très orienté de la supposée véritable situation sanitaire à Marseille (et des mesures qu'il conviendrait de prendre, évidemment sans aucune restriction), le Premier ministre s'exprime depuis Paris pour annoncer que la crise sanitaire s'aggrave dans dix-neuf départements, classés en zone de circulation active. Le trio nous vise nommément, Jean Castex et moi, me reprochant une absence d'écoute, une concertation inexistante, la volonté délibérée de léser Marseille tout en préservant la capitale. Au nom de quoi ? Cela, ils ne le disent pas. « Le gouvernement a décidé depuis Paris de ce qui serait bon pour notre ville, sans engager le dialogue nécessaire avec les élus. » Message reçu, je décide de me rendre l'après-midi même dans la cité phocéenne.

17

« Véran enculé ! »

27 août 2020

Il n'y a pas que du virus dans l'air. La tension est palpable. Ma venue à Marseille a été annoncée. Dès que le cortège constitué de voitures officielles, reconnaissable aux traditionnelles motos de la police nationale qui le précèdent, entre dans le centre-ville, je suis insulté. Me soupçonnant à juste titre d'être le passager de l'une des berlines qui filent vers le siège de l'ARS, des passants s'animent, font mine de courir vers nous, crient des « Raoult président ! » ; « Véran enculéééé ! » et autres joyeusetés. Il est étrange de se faire huer, surtout quand c'est la première fois. Je jouis d'une réputation plutôt positive, pas encore usée par l'exercice du pouvoir et, en général, les gens qui m'arrêtent dans la rue m'encouragent, mais là, j'incarne aux yeux de ces contempteurs l'adversaire qui tente de prendre possession du palais d'une ville qui refuse de se laisser conquérir. C'est intimidant. Un peu triste aussi.

J'aime cette ville, je m'y rends souvent, j'y ai des souvenirs de gosse, dont les étés dans le petit appartement de ma grand-mère, situé dans une ruelle en montée derrière l'église des Réformés. Instinctivement, en regardant au-dehors, j'enregistre les images qui défilent, les quais magnifiquement réaménagés, le Mucem, les halles, le Bar de la marine sur le Vieux-Port, le «promène-couillons» qui transporte les touristes vers le château d'If. Je tente de fixer dans ma mémoire tout ce que Marseille évoque en moi, comme on passerait une couche de vernis sur un tableau pour éviter qu'il ne craquelle avec l'usure du temps. Se faire huer et insulter par une ville tout entière ou presque n'aide pas à se dire qu'on y reviendra en confiance un jour.

La voiture s'immobilise devant l'entrée de l'imposant immeuble abritant les centaines de bureaux de l'ARS. Les caméras de télévision sont là, les appareils crépitent dans l'attente du début de mon micro tendu. Déjà, on me presse de questions : «Monsieur le ministre, pour BFMTV, que répondez-vous à Didier Raoult qui dit qu'il n'y a pas vraiment d'épidémie à Marseille?»; «Monsieur Véran, pourquoi faire des annonces sans concerter les élus?»; «Monsieur Véran, pourquoi Marseille et pas Paris?»; «Monsieur Véran? Monsieur Véran s'il vous plaît!»

L'heure n'est pas encore venue de m'exprimer, aussi mon équipe me fraye-t-elle un chemin vers l'escalier qui conduit à l'entrée principale.

«Enculééé!» Je me retourne, et vois quelques badauds d'âge varié qui me souhaitent la bienvenue à leur façon, en brandissant le majeur et en hurlant à gorge déployée. Pas de masques sur les visages, ce qui est un peu la règle dans les rues depuis que je suis arrivé. Ah si, un, sur lequel il est écrit «Raoult» au marqueur. Ça protège quand même, déjà ça de pris.

« *Véran enculé !* »

Sans faire une fixette sur le bonhomme, je me suis quand même posé l'épineuse question de convier ou non Didier Raoult au déplacement. Son absence aurait été plus remarquée que sa présence, aussi ai-je opté pour une formule qui m'a semblé habile : inviter quelques-uns des infectiologues du CHU et de l'IHU, dont lui-même, non pour le noyer dans la masse (l'homme est insubmersible sur ses terres) mais pour, au moins, diluer l'impact de sa présence. Mon équipe a prévu de ne pas organiser d'accueil républicain devant le bâtiment mais à l'intérieur, afin de minimiser l'impact visuel de la rencontre.

En arrivant dans l'une des salles qui abritent les équipes de l'agence, je salue d'un geste global les autorités présentes. Comme il s'agit d'un déplacement un peu plus stressant que les autres, je veux montrer un visage décidé et qu'on ne retienne pas de ma venue autre chose que ce pour quoi je suis là : le virus flambe, il faut agir, le reste est accessoire.

Une vingtaine de personnes sont assises derrière un écran d'ordinateur, toutes affairées, remarquant à peine ma présence et celle des caméras. Avisant un bureau où une jeune femme, casque de téléphonie sur les oreilles, semble en pleine conversation, je m'enquiers de ce qu'elle fait. C'est le fameux *contact tracing*, qui consiste à appeler une personne cas contact pour l'informer et lui donner les recommandations d'usage, test et isolement. Le dossier qu'elle remplit sur son ordinateur indique qu'il s'agit d'une salariée d'une fabrique locale de bijoux, cas contact d'une collègue qui, bien que se sachant positive à la Covid, a décidé de retourner travailler comme si de rien n'était. Le cluster a été identifié à la suite de la

découverte ultérieure de trois autres cas dans le même atelier. L'irresponsabilité de la salariée a donc participé activement à diffuser le virus. Je demande : « Vous en avez beaucoup, des dossiers comme celui-ci ?
— Disons que c'est régulier.
— Mais comment la personne qui a contaminé les autres explique-t-elle qu'elle ne s'est pas isolée ? Une pression de son employeur ?
— Non, elle m'a dit qu'elle ne croyait pas vraiment au virus.
— Ça arrive souvent ?
— Souvent je ne sais pas, il faudrait demander à mes collègues. Mais ça arrive, oui.
— Et que leur dites-vous ?
— On leur explique les risques pour eux et leur entourage, on les envoie vers leur médecin traitant, on leur propose l'aide de cellules d'appui pour leur livrer les courses pendant la durée de l'isolement.
— Tout le monde vous répond ?
— Ça arrive qu'on me raccroche au nez », rit-elle avec un accent chantant.

C'est aussi à cela que servent les déplacements sur le terrain. Se rendre compte par soi-même de ce qu'on vous rapporte rarement dans un bureau ministériel. Je n'avais jusque-là pas perçu les difficultés concrètes rencontrées par les fameux enquêteurs. Derrière les tableurs laissant à penser qu'on frôle l'exhaustivité en matière de traçage des chaînes de contamination se cache une réalité bien moins glorieuse. Ce n'est pas parce que 95 % des personnes testées positives sont appelées par l'Assurance maladie que le traçage est rigoureusement mené à bien, encore moins suivi d'effets.

« *Véran enculé !* »

Lors d'un des premiers Conseils de défense, nous nous sommes interrogés sur l'opportunité de rendre l'isolement obligatoire. Nous avons songé à des dispositifs de contrôle et de sanction. Que chaque personne soit appelée deux fois par jour chez elle et à toute heure et qu'en cas d'absence de réponse, la police ou la gendarmerie puisse aller effectuer un contrôle du respect de l'isolement. Et, dans le cas contraire, qu'elle ait le droit de dresser un procès-verbal avec amende. Certains pays l'ont fait. J'ai en tête l'image d'un surfeur espagnol ramené *manu militari* chez lui par des policiers.

Nous ne nous sommes pas posé la question longtemps. La rumeur de cette réflexion a fuité l'après-midi même et nous avons reçu une fin de non-recevoir de la part de poids lourds de la majorité au Parlement. Nous nous sommes alors cantonnés à rendre possible un isolement obligatoire et contrôlé dans un cas précis, celui du retour d'un pays à risques, *via* un arrêté préfectoral individuel. Et nous avons monté un dispositif consistant à faire signer une charte engageant la personne positive à rester chez elle le temps nécessaire, flirtant avec l'idée d'un risque de poursuites à l'avenir, sans raconter d'histoires, bien évidemment. Pour tout dire, nous avons même fait appel à des professionnels du *nudge*, une technique importée des États-Unis et notamment utilisée sous l'administration de Barack Obama, qui vise à influencer en douceur le comportement des gens, sans intox ni *fake news*. Est-ce que cela aurait changé fondamentalement la donne si nous étions allés plus loin ? Je n'en ai pas la certitude. Les tensions au sein de notre pays n'en auraient-elles pas été exacerbées et contreproductives ? D'ailleurs, les États les plus coercitifs n'ont pas obtenu de meilleurs résultats que nous, hormis la Chine. Et encore : qui sait réellement ce qu'il s'y passe ? Certes, les confinements locaux y sont légion et précoces. Pour le reste...

En sortant de la salle, j'aperçois Didier Raoult, que les caméras du pool de journalistes chargés de suivre le déplacement ne lâchent pas. Tous les médias attendent une confrontation, ils en seront pour leurs frais. Du moins n'auront-ils pas droit à celle qu'ils espèrent.

Je m'approche, nous sommes immédiatement cernés de journalistes, ce qui ôte tout naturel à la rencontre. Je décide d'en jouer. «Bonjour Didier, comment ça se passe à Marseille ?

— Bonjour Olivier, on a peu de cas graves, moins d'hospitalisations, et sur une durée plus courte. Ils ont une forme d'infection plus légère et haute que pulmonaire.»

Bien sûr, il cherche à minimiser. Son leitmotiv. Un virus muté qui donnerait des formes miraculeusement moins graves, rendant de fait excessive toute mesure de freinage. Je réplique : «Parce que les patients sont plus jeunes pour l'instant. Ce qu'on veut éviter, c'est que les personnes âgées ne se contaminent à leur tour.

— Ils ne sont pas beaucoup plus jeunes, je ne sais pas si tu as vu le fichier de...»

Je l'interromps. «La moyenne d'âge des patients hospitalisés est de 66 ans, chiffre sous le contrôle du directeur général de l'Agence régionale de santé. Elle est un peu plus basse que l'âge moyen constaté si l'on parle des hospitalisations. Mais si on s'intéresse aux diagnostics, l'âge moyen est nettement plus bas : c'est pour cela que nous avons 80 % d'asymptomatiques.»

« Véran enculé ! »

Il cherche à répondre, je ne lui en laisse pas le temps. Je tourne la tête et les talons, lâche un : « Merci beaucoup, messieurs dames » et passe à autre chose. Les médias s'amuseront de cet « échange glacial ». Or il n'était pas glacial mais à sens unique. Pas très courtois de ma part, je l'admets, mais je ne voulais pas prendre le risque d'installer l'idée d'un match. Car il n'y a pas de match qui tienne. Si les Français commencent à croire que le virus n'est plus aussi dangereux, comment les faire adhérer à la nécessité de se protéger ?

La visite éclair touche bientôt à sa fin. Avant de quitter l'ARS, je retourne voir Didier Raoult, cette fois à l'abri des caméras. Je ne veux pas que, frustré par la scène, il décide de déterrer totalement la hache de guerre. La nécessité d'une ligne de crête à tenir avec lui est à chaque instant dans mon esprit. Je veux aussi lui demander son aide.

« Bon, tu as vu, c'est intéressant ce qui se passe ici. Les équipes sont à fond, au boulot.

— Oui, c'est important, le *contact tracing*.

— Didier, on a besoin que tu fasses passer les bons messages ici. Crois-moi, ça flambe déjà et ça va flamber encore plus dans quelque temps. Il y a consensus sur la situation, je t'assure. Le virus commence à toucher les gens fragiles. L'APHM[1] se remplit. Si tu veux éviter un confinement, il faut que tu nous aides.

— Je n'ai pas l'impression que le virus soit aussi grave. Je n'ai aucun patient en réanimation à l'IHU.

— Parce que tu n'as pas de service de réanimation à l'IHU. Didier, à l'APHM, ils ont des patients transférés

---

1. Assistance publique hôpitaux de Marseille.

en urgence depuis chez toi. Il faut que tu nous aides. Tu crois à l'utilité des masques, non ?

— Oui, bien sûr.

— Alors si tu es d'accord, mon équipe va te filmer pour que tu lances un appel à porter le masque.

— Oui, ça, je peux. »

Je n'en crois pas mes oreilles. Ce n'est pas un colosse grande gueule que j'ai en face de moi mais le Didier avec lequel je converse alors régulièrement au téléphone. Cet homme a vraiment deux visages et j'ai du mal à le lire. Mais l'essentiel est là, et la case, cochée. Maintenant, place aux élus.

*

Je commence par un tête-à-tête avec la maire de Marseille, Michèle Rubirola. Une femme sympathique. J'ai du respect pour sa carrière de médecin engagée. On la dit fragilisée jusque dans son propre camp ; elle-même ne s'attendait pas à remporter l'élection quand elle a accepté de conduire une liste de rassemblement des forces de gauche, ce qu'elle me confirme. Une femme maire de la troisième ville de France, c'est plus qu'un symbole. C'est sain, c'est normal et c'est en même temps exceptionnel, donc précieux. Cela me donne envie de la soutenir.

En revanche, je reste sur ma faim : arriverai-je à faire d'elle une alliée dans la période ? Si elle accepte l'idée que la situation peut s'aggraver à court terme, elle tente par tous les moyens d'obtenir une grâce pour les bars et les restaurants, craignant des débordements et des difficultés à faire appliquer la règle. Elle plaide en faveur

« *Véran enculé !* »

d'un couvre-feu reculé à 1 heure du matin. Mais à une telle heure, ce n'est plus un couvre-feu, c'est une mesurette sans impact sur les comportements. Pour finir, elle me prévient que la réunion qui va suivre en préfecture, réunissant l'ensemble des élus, s'annonce tendue.

Un doux euphémisme. Ce n'est pas un dialogue qui se noue avec la trentaine de maires et parlementaires réunis face à moi, mais un exercice de tir aux pigeons.

Je commence pourtant par dresser un bilan objectif de la situation. Le virus circule de plus en plus et si l'impact sanitaire a été jusqu'ici mineur parce que les jeunes sont les plus touchés, la situation va s'aggraver lorsque le taux d'incidence chez les plus âgés grimpera. « Ce n'est pas ce que disent nos chiffres ! » m'oppose-t-on ; « Ça baisse, même si cela vous dérange dans vos plans ! » ; « L'hôpital est vide, et s'il se remplit, donnez-nous plus de moyens ! » ; « Ça va péter à Marseille, monsieur le ministre, si vous continuez à vous acharner sur nous la situation deviendra explosive ! » ; « Je vais vous dire, si vous persévérez dans vos erreurs et mettez ce couvre-feu à Marseille, nous, on ne le fera pas respecter. »

La tension monte, la mienne aussi. Puisqu'ils se lâchent, je vais en faire autant. « Écoutez, je vais être cash avec vous. Même en faisant respecter scrupuleusement cette fermeture des commerces la nuit, je ne suis pas du tout certain que cela suffise. Vous avez déjà pris du retard. Vous ne voyez pas encore l'impact sanitaire des contaminations, en raison du décalage de dix jours avec l'aggravation des symptômes, mais nous faisons bel et bien ici face au même virus qu'en mars. Les mêmes causes auront les mêmes conséquences. Si on n'agit pas, dans trois ou quatre semaines, vos bars, vos restaurants, tout sera fermé. »

Au bout de presque deux heures, nous nous trouvons dans une impasse. Je ne leur ferai pas entendre raison, pas plus qu'ils ne me convaincront de renoncer aux mesures annoncées. Je quitte la préfecture, désabusé.

Je réponds de manière offensive aux micros qui se tendent : quelque chose me dit que le match ne fait que commencer et que si l'avenir est, comme je le pense, inéluctablement sombre, j'aurai finalement raison sur le fond. En attendant, je ne dois pas perdre sur la forme et rentrer à mon tour dans le jeu qu'ils ont installé, qui consiste à justifier leur colère par une absence de concertation et des décisions couperet. Je déclare : « Vous savez, je pourrais faire de la politique. C'est très facile. Je ne suis pas venu pour ça. Mme Vassal, Mme Rubirola, je les ai eues au téléphone il y a quinze jours. Mme la maire, il y a encore quelques jours, elle sortait d'une réunion de concertation. Nous avons imaginé ensemble les moyens et l'aide que l'État pourrait apporter. Elle est donc parfaitement au courant. »

À mes yeux, l'attitude de certains élus n'a pas été glorieuse, en rien à la hauteur du moment. Nous devions parler du fond, de la deuxième vague qui se dessine, il n'en a rien été. J'ai le sentiment d'un travail inachevé.

18

Cinquante nuances de rouge

23 septembre 2020

«Le sphinx.» C'est ainsi que *Paris Match* a surnommé Ségolène, ma conseillère en communication, dans une enquête que le magazine a consacrée à la gestion de la crise. Elle est incontournable, d'une maîtrise parfaite sur la forme comme sur le fond. Un sphinx, pourquoi pas? Mais avec des dents, car elle mordra quiconque s'amuserait à attaquer mon image. Elle surveille, contrôle ce que je pourrais dire ou faire, m'évitant de commettre des dérapages mal contrôlés si tant est que je sois enclin à en faire. Tout va très vite en politique, surtout lorsqu'on évolue en pleine lumière. Mon débit verbal qui ralentit (un peu), les costumes mieux taillés de chez Jonas & Cie, la mèche folle calée à coups de cire sur le côté, c'est elle. Pendant deux ans, Ségolène m'évitera aussi d'être là où je voudrais parfois être tout en sachant qu'il ne le faut pas. Un anniversaire d'amis? «Tu es ministre de la crise, tu ne peux pas y aller, te rendre dans un appartement parisien sans savoir qui y sera, qui prendra des photos de toi pour en faire je ne sais quoi. Les règles sanitaires le permettent? Encore heureux! Mais je m'en fous! Une photo de toi un verre à la main dans la période actuelle et c'est terminé. Les gens veulent te savoir au boulot. Point barre!»

Le travail accompli par Ségolène est immense. Pas une interview, pas une émission ni même un SMS adressé de ma part à un journaliste sans qu'il soit auparavant passé au crible de ma conseillère. Au début, j'ai trouvé cette obligation frustrante, un peu «enfermante», moi qui apprécie la spontanéité et en ai souvent joué. Puis j'ai compris que ce filtre, cette distance vis-à-vis de la presse constituent une nécessité autant qu'un gage de relations apaisées, strictement professionnelles, dépourvues de toute familiarité risquant de mener à des confidences qu'on regrettera un jour d'avoir faites.

*

Bien qu'elle ne manque pas de caractère, Ségolène s'emporte rarement. Voici pourtant sa voix qui résonne dans le couloir du septième étage du ministère où règne l'agitation des grands jours. «Mais ça sort d'où, ce truc?» gronde-t-elle. Je crie son prénom, pour savoir ce qu'il se passe. Elle ne m'entend pas, alors ma secrétaire particulière, si précieuse elle aussi, se lève et décide d'aller la chercher.

Je suis en train de griffonner les bribes du discours que je prononcerai dans deux heures, lors de la conférence de presse hebdomadaire dédiée à la Covid. Son format dépend de l'enjeu du moment. Peu d'annonces et beaucoup d'explication de texte? J'y vais en solo. Beaucoup d'annonces? Toujours avec le Premier ministre. Sauf aujourd'hui où j'irai seul, malgré un enjeu de taille.

Cinquante nuances de rouge

Ségolène entre dans mon bureau et fulmine. «Je ne sais pas qui s'amuse à appeler tout Paris pour sortir des off du Conseil de défense, mais ceux-là sont bien foireux. J'en suis à dix appels de journalistes qui me parlent de zones rouges avec quinze teintes, du rose au rouge-noir en passant par l'écarlate.»

Dans le jargon journalistique, on distingue le off du on. Des propos *off the record* sont des citations qui vont apparaître dans la presse toujours anonymement, sans que la source qui a révélé ces informations puisse être reconnaissable. À l'inverse, une citation *on* est rattachée à un interlocuteur clairement identifié. Le rituel est toujours le même : un journaliste bien informé publie son exclusivité, puis tous les autres nous inondent d'appels dans l'espoir de confirmer, le Graal étant de pouvoir montrer la crédibilité de la source avec la fameuse formule «une source ministérielle nous confirme que...».

Parfois, le off tombe à côté de la plaque ou ne donne lieu à rien, juste de la polémique. C'est le cas ici. Nous avons bien évoqué lors d'un conseil de nouveaux indicateurs compilant l'incidence générale, celle chez les personnes âgées et le taux d'occupation des services de réanimation pour caractériser la gravité de l'épidémie territoire par territoire et prendre des mesures proportionnées. Il en est ressorti cinq niveaux : «vigilance»; «alerte»; «alerte renforcée» puis «alerte maximale»; «état d'urgence sanitaire». Une carte de France a été présentée, bariolée de niveaux de rouge.

Rien de bien révolutionnaire donc, mais à l'heure où Ségolène bout de colère dans mon bureau, toutes les chaînes d'information en continu tournent en boucle sur ces supposées cinquante nuances de rouge. Je lui demande : « Au fond, qu'est-ce qui te gêne ?

— Les mecs sont déjà en train de se demander si le carmin est plus ou moins grave que l'écarlate. Ils disent qu'au final, on aura de toute façon une carte rouge partout, que rien n'est clair. Tu vas te faire ridiculiser et assassiner sur tous les plateaux télé.

— Mettons d'autres couleurs si tu préfères ! Je m'en fous totalement. Il faut juste un truc lisible et visuel.

— Mais le rouge, on s'en fout, ce n'est pas ça le problème.

— C'est quoi, alors ?

— C'est que tu es le ministre de la Santé et que tu vas te retrouver seul à annoncer des décisions interministérielles. Ça te met en danger, Olivier. C'est le Premier ministre qui devrait la faire, cette conférence de presse. Pas toi en solo. Tu es en première ligne, trop exposé. Et seul. »

Je souris.

« Et ?

— Quoi, "et" ?

— Tu me dis que je vais faire le boulot d'un Premier ministre. En quoi cela ne serait pas une belle occasion de montrer mon côté régalien ? »

Le régalien renvoie aux prestigieux ministères incarnant le pouvoir : l'Intérieur, la Justice, la Défense. Un passage obligé pour qui veut montrer qu'il peut, un jour, occuper d'autres fonctions. Mais avant de prétendre diriger une de ces institutions, il faut prouver que l'on peut soi-même incarner le pouvoir régalien. Par l'attitude, la tenue, le discours, le comportement. En ce jeudi, pourquoi le Premier ministre a-t-il choisi de me laisser animer seul cette conférence de presse? Cherche-t-il à se détacher de la Covid et de tout ce à quoi la pandémie renvoie?

Je partage la vigilance de ma conseillère sur les risques que j'encours, mais je me sens capable, et j'aime ce genre de défi. La deuxième vague, je la vois monter depuis des semaines. Je me suis déployé partout ces derniers temps. J'ai revêtu les habits du capitaine de la crise et je suis déterminé à les conserver le temps utile.

Je réponds à Ségolène : « Essaie de tuer la polémique sur les niveaux de rouge. Tout ça, c'est de l'écume. La force des annonces que je ferai tout à l'heure écrasera le reste. Sur les diapos, mets du rose, du rouge, du rouge foncé, ce que tu veux. J'essaierai d'être suffisamment clair pour qu'on ne parle pas de couleur mais de niveau d'alerte.»

Je me rassois à mon bureau, mon téléphone se met à vibrer.

« Allô, monsieur le Premier ministre?

— Allô, Olivier, c'est Jean. Dis, est-ce que tu as pu appeler les grands élus des métropoles qu'on va basculer ce soir?

— J'en ai eu quelques-uns : Lille, Saint-Étienne, Rennes, Rouen, Grenoble. J'ai laissé un message à Anne Hidalgo. Tu m'as dit que tu faisais Toulouse et Montpellier?

— Oui, je vais aussi m'occuper de Paris. Tu es au clair pour ce soir? Et dis-moi, comment ont réagi nos amis marseillais?

— Je ne les ai pas encore appelés, j'essaie d'avancer un peu dans mon texte...

— Préviens-les quand même assez vite, et tiens-moi au courant. Bon courage pour ce soir.»

Par-delà les vagues

*

Je raccroche et pense tout haut. Marseille... C'est vrai que l'heure tourne et que je n'ai eu personne. Mais à quoi bon, je connais leur réaction : ça va secouer, encore une fois. Si je les appelle trop tôt, ils communiqueront, brisant tout embargo sur les annonces officielles pour tenter de les infléchir avant qu'elles ne deviennent publiques et fermes. Marseille est le seul territoire, avec la Guadeloupe, dont je vais annoncer la bascule en zone d'alerte maximale, avec fermeture complète des bars et restaurants, salles de sport et autres établissements recevant du public, à l'exception de ceux dotés d'un protocole sanitaire *ad hoc*, notamment les lieux de culture. Concerter les élus pour chercher un consensus ? Rien à espérer, vu le bazar là-bas quand nous avons instauré un couvre-feu à 23 heures, ramené depuis par le préfet à 1 heure du matin sous la pression de la population et des autorités locales...

J'appelle en premier Renaud Muselier, président de la région Paca. Histoire de voir à quoi m'attendre. « Bon, j'ai de mauvaises nouvelles. La situation se dégrade. Si, elle se dégrade Renaud. Si. Le taux d'incidence est... Renaud ? Je te dis qu'elle se dégrade. » Il m'interrompt, je reprends la parole. « Je ne sais pas d'où tu sors tes chiffres mais ça monte chez les personnes âgées. Et à l'hôpital. » Lui, l'ancien médecin, me coupe encore la parole. « Renaud, laisse-moi en placer une s'il te plaît. Tu as appelé l'APHM ? Appelle, tu verras si les lits sont vides ! Écoute, je ne vais pas discuter cent vingt ans, on sait toi et moi qu'on ne tombera pas d'accord. Mais je vais classer Marseille en... Quoi ? Mais il n'y a pas de grenat! Comment veux-tu que je te mette en grenat plutôt qu'en écarlate? Pourquoi les télés parlent de grenat? Je n'en sais rien! On va fermer les bars, les restaurants, la plupart des établissements recevant du public. Si! On n'a pas le choix. Oui, tout le monde sera indemnisé. Tu veux nous attaquer au tribunal administratif? Pas de souci. Allez, je te laisse, on se parle plus tard...»

Même son de cloche de la part de Martine Vassal, présidente du département des Bouches-du-Rhône, puis de Michèle Rubirola, maire de Marseille, elle aussi médecin de formation.

Mon téléphone sonne en continu. Je ne réponds plus, il faut que je me concentre. Ma secrétaire entre : «Monsieur le ministre, excusez-moi de vous déranger, c'est M. Payan, premier adjoint au maire de Marseille, il veut absolument vous parler.

— OK, passez-le-moi s'il vous plaît. Allô?

— Monsieur le ministre, les mesures que vous vous apprêtez à annoncer, prises sans aucune concertation, sonnent comme une déclaration de guerre. Pourquoi est-ce que vous vous en prenez encore à nous? Et pourquoi pas Paris?

— Monsieur l'adjoint au maire, je n'attaque rien d'autre que le virus. Il faut prendre des mesures, on est proches du confinement chez vous.

— Est-ce pour punir le Printemps marseillais? Punir une victoire de la gauche?»

Les bras m'en tombent. Que lui répondre? «Mais oui, t'as raison! On ferme progressivement le pays pour faire face à la vague mais si nous commençons par Marseille, ce n'est pas du tout parce que la ville affiche les pires indicateurs en métropole. C'est pour nous venger du résultat des élections municipales. » Lunaire...

Je cherche à retrouver mon calme. Je ne fais rien de bon, je n'avance pas alors que je serai dans une demi-heure en direct devant des millions de Français. Mon niveau de tension vient de passer du grenat à l'écarlate ou n'importe quel dégradé de la couleur de votre choix. Je sais pertinemment que les choses vont se corser immédiatement après la conférence de presse. Ségolène n'avait sans doute pas tort : je risque de la payer cher, cette conférence de presse explosive à mener en solo.

19

Marseille écarlate de colère

25 septembre 2020

Au lendemain de la conférence de presse, la colère ne retombe pas, bien au contraire. L'attention médiatique est tout entière dirigée vers la contre-attaque des élus des Bouches-du-Rhône, qui se livrent à une surenchère d'une violence à la hauteur de celle dont ils s'estiment eux-mêmes les victimes. «Nous n'acceptons pas d'être l'outil d'une politique spectacle d'annonce d'un ministre qui peine à gérer ses échecs, […] d'autant que Marseille a le taux de contamination le plus bas de France», réagit le premier adjoint au maire, Benoît Payan. «Pour sortir Paris de l'urgence, on met Marseille dans l'urgence», ajoute l'ancienne sénatrice Samia Ghali, qui deviendra troisième adjointe quand Benoît Payan succédera à Michèle Rubirola le 21 décembre 2020. «Nous avons cinq malades en réanimation et dix personnes hospitalisées dans toute la ville. Moi je dis : ferme-la, Véran!» lance à son tour la maire d'Aix-en-Provence, Maryse Joissains-Masini (qui sera condamnée fin 2021 pour trafic d'influence et détournement). De son côté, le président de la région, Renaud Muselier, dépose comme il l'avait annoncé un recours devant le tribunal administratif.

Cette réaction de groupe consiste une fois encore à minimiser l'ampleur de la vague sanitaire pour mieux dénoncer un État déconnecté et inamical. Elle fait mouche. La presse relaie cette question : l'État centralisé est-il le plus à même de prendre des décisions pour ses territoires ? Ne vaudrait-il pas mieux conférer davantage de pouvoir décisionnel aux élus locaux, ces ennemis politiques de toujours finalement capables de s'entendre ?

Au cœur de la cible, votre serviteur. «Arrogant», «seul», «enferré dans une guerre personnelle», je suis visé de toutes parts et j'encaisse difficilement. «L'insulte gratuite a ceci d'obsédant qu'elle est toujours un peu vraie par où on se la prend», chante Alexis HK. «J'me sens coupable, parce que j'ai l'habitude, c'est la seule chose que je sais faire avec une certaine certitude», fredonnait Lhasa. Deux refrains qui me hantent à chaque fois que je sais ne pas avoir agi comme j'aurais dû. Comme un air que viendrait vous fredonner, perchés sur votre épaule, un petit diable sarcastique ou un petit ange espiègle…

De fait, je ne suis pas tout blanc dans cette histoire. Blessé par la séquence du mois d'août, agacé par la polémique sur la chloroquine, j'aurais pu faire preuve de plus de détachement. J'aurais pu mettre plus de formes dans mes échanges avec les élus, tenter de négocier avec eux, ce que j'aime d'ordinaire faire. Par acte manqué ou volonté délibérée de cliver, j'ai foncé, négligeant les pertes que mon attitude risquait de provoquer.

Je reçois peu de soutien. Dans le silence général qui

domine à Paris, je perçois même un peu de fébrilité, sans doute du questionnement. « Cette marche-là n'était-elle pas trop haute pour lui ? » J'ai l'impression que le risque de me voir destitué du dossier marseillais existe, ce que je veux éviter à tout prix. Mais j'ai tort ; c'est l'inverse qui se produit. Signe que je conserve la confiance du président de la République (à moins qu'il ne s'agisse de me tester), on me demande, si je m'en sens apte, de retourner à Marseille régler ce dossier. Je réponds : « Ce sera dur mais j'ai déjà les billets ! Je vais faire le job. »

*

Cette fois-ci, pas question de me louper. Nous sommes le 25 septembre, surlendemain de la conférence de presse, et je dispose de quatre heures sur place, pas une de plus, pour réussir la mission commando.

Mon plan est simple. D'abord, donner à voir aux Marseillais comme à tous les Français la réalité du drame sanitaire qui se joue, afin qu'il ne puisse plus être nié. Les urgences saturées, les réanimations qui s'organisent déjà pour tenir. Les meilleurs témoins sont les soignants, d'autant qu'ils ont commencé à donner l'alerte dans la presse locale. Mais ils ne sont pas suffisamment audibles. Il faut donc leur offrir une caisse de résonance.

Je me rends à l'hôpital de La Timone, où je fais se côtoyer blouses blanches et élus. Les premiers décrivent leurs angoisses, leur fatigue. Ils ne se satisfont pas des mesures annoncées, ils en veulent davantage, abordent à demi-mot un prochain confinement si la situation ne s'améliore pas. « Tu vois Renaud, quand on entre ici, on relativise les polémiques, non?» dis-je au président de la région, médecin de profession, qui suit la visite jusque dans les chambres de malades intubés et plongés dans le coma.

Certains sont jeunes. La violence des images affadit le choc politique. Je veux que nous sortions le plus vite possible de la polémique. Chaque mot est choisi en ce sens. Les médecins de l'APHM sont puissants, très respectés, écoutés. Et ils ne sont pas de bonne humeur.

La veille, Didier Raoult leur a écrit une missive qu'ils ne sont pas près de digérer. «Vous portez une responsabilité dans les mesures déraisonnables prises contre la ville par le ministre de la Santé. Vous véhiculez des messages alarmistes qui ne reflètent absolument pas la réalité.» Je les interroge, un peu perfide, sur ce qu'ils pensent de ce courrier. En réponse, le chef de service pointe du doigt un lit sur lequel un malade repose, allongé sur le ventre, dans le coma. «Traité par chloroquine, il a été transféré il y a deux jours de l'IHU. Ils n'ont pas de service de réanimation là-bas.» Implacables, les sentences fusent sans animosité.

Trois jours plus tard, par le biais d'une lettre ouverte, tombe leur réponse aux affirmations de Didier Raoult: «Les fluctuations au quotidien des chiffres et des courbes de l'épidémie sont largement commentées ici et là, mais nous qui sommes au quotidien, vingt-quatre heures sur vingt-quatre, sur le terrain, au contact des malades, ne pouvons relâcher notre vigilance, quand la courbe d'occupation des lits est ascendante depuis plus de cinq semaines.»

Sans chercher à exploiter les divisions entre pontes locaux, je ne sous-estime pas l'impact de cette prise

de position sur la nécessité des mesures de freinage. Quand votre propre médecin vous dit que l'heure est grave, vous le prenez au sérieux.
Nous sortons du service. « Tu vois, Renaud, personne ne bluffe ici.
— Je suis d'accord sur la situation, mais je reste en désaccord avec les mesures prises. »
Il reste donc à convaincre, il est temps de passer à l'étape suivante.

Je ne suis pas venu seul ; Arnaud Fontanet m'accompagne. Épidémiologiste de renom, il est aussi l'un des plus mesurés et pédagogues. Il fait partie de ces scientifiques à l'apport inestimable depuis deux ans. J'aime l'appeler la veille des conseils de défense les plus disputés pour ajuster ma compréhension de la situation sanitaire et consolider mes prises de position. Avec son compère de l'institut Pasteur Simon Cauchemez, il est l'auteur d'un nombre impressionnant de modèles, de courbes prévisionnelles. Or Arnaud est plus que nul autre conscient du risque d'un basculement généralisé dans une seconde vague meurtrière. Aussi, ensemble, nous donnons une conférence de presse globalement improvisée, à deux voix, dans un amphithéâtre de médecine. À lui la partie épidémiologie, à moi le récit de la visite de l'hôpital et les explications de texte des mesures de freinage adoptées.

«J'ai parfaitement conscience que certaines font débat, soulèvent des inquiétudes, des interrogations, voire de la colère, dis-je. Mais elles sont nécessaires, sont temporaires, et pas arbitraires. » Pas moins de soixante journalistes se sont accrédités, nombre impressionnant qui atteste de l'attente de sens. Ou de sang, je vous laisse juge. Les moyens techniques sont limités, nous nous exprimons assis derrière un banc, micro à la main, loin des salles ministérielles transformées en studios.

Le binôme fonctionne. Puis nous répondons à quelques questions. Inévitablement arrive celle-ci : « Monsieur Véran, que répondez-vous aux élus qui déplorent que vous n'aimiez ni Marseille, ni les Marseillais ? » Je réponds d'abord par des arguments de fond, rappelant les raisons qui nous ont fait prendre des mesures, indiquant que c'est mon deuxième déplacement ici en un mois. Puis je glisse : « Vous savez, j'aime Marseille. Mon père est marseillais, ma grand-mère y a vécu toute sa vie, j'y venais quand j'étais petit. Je suis à moitié marseillais. » Croyez-le ou non : je vois les journalistes locaux adopter une moue impressionnée, lire les réactions dans les yeux des autres. Certains inclinent la tête en signe d'approbation. J'étais totalement passé à côté des paramètres psychologiques en jeu. Si affaire personnelle il y avait, je n'en étais pas l'épicentre : c'est Marseille qui l'était.

La troisième étape de mon déplacement en est la conclusion. Il s'agit de dialoguer à nouveau avec les élus en préfecture, quatre semaines après le précédent. Nous nous installons autour d'une immense table. Tout le monde ou presque porte un masque. Le préfet a proposé d'adjoindre quelques représentants du corps médical. « Bonne idée, monsieur le préfet, qu'ils témoignent et soient aussi témoins ! »

Après une courte introduction sur un ton qui se veut humble et amical, je passe la parole aux uns et aux autres. À ma grande surprise, cette fois personne n'élève la voix, les mots ne sont pas blessants, l'écoute est réelle quand les médecins confient leur inquiétude. Serions-nous sur le chemin de l'apaisement ? L'heure sonnerait-elle enfin l'accalmie ? J'écoute sincèrement ce qu'ils ont à dire. Alain Griset, ministre délégué aux petites et moyennes entreprises, a fait lui aussi le déplacement. Il s'engage, au nom du gouvernement, à ce que les entreprises amenées à fermer soient aidées de bout en bout sur le plan économique. De mon côté, j'annonce 15 millions d'euros pour les hôpitaux de Marseille.

La négociation peut désormais commencer, les règles du jeu sont posées sur la table. De notre côté il n'y aura aucun renoncement aux mesures de freinage, les bars et restaurants resteront fermés. Mais nous sommes ouverts à des **aménagements**. La fermeture pourra être retardée de quarante-huit heures afin de permettre aux restaurants d'écouler leurs stocks de provisions et les ventes à emporter pourront se poursuivre. Nous nous engageons aussi à ce que chaque semaine, l'ARS réunisse les parties prenantes, dont les élus, et partage les données sanitaires en toute transparence. Nous consentons enfin à une clause de revoyure que nous fixons à une semaine, pour décider de maintenir ou non les restrictions.

Les prises de parole se succèdent, mais c'est plus discrètement que je mène la négociation : j'échange des SMS avec plusieurs personnes dans la salle. À chaque interlocuteur, je fais valoir que ce sont de belles avancées qu'ils viennent d'obtenir. À l'un qui me répond : « Si on n'a pas la violence, c'est un miracle », je réplique : « Le nombre des réanimations va monter. Dans trois jours, les Marseillais en parleront davantage que des bars fermés.» Un élu dégaine un premier communiqué de presse pour se féliciter des avancées obtenues alors que la réunion n'est pas terminée. Je le transfère à un autre participant, qui poste un tweet encourageant. La réunion peut se terminer : inutile que je sorte m'exprimer devant la presse, l'exercice sera mieux réalisé par les principaux intéressés.

De retour à Paris, je lis la dépêche de l'AFP : «À Marseille, Véran tente d'apaiser la colère des restaurateurs et des élus.» Pas mal. Mais en réalité, c'est l'annonce, une semaine plus tard, du passage de Paris en zone d'alerte maximale qui va faire basculer Marseille. Comme le reste du pays, la ville sera soumise à un confinement généralisé le 29 octobre 2020. Cette seconde vague sera la plus forte et la plus meurtrière dans toute la région Provence-Alpes-Côte-d'Azur. Avec un bilan terrible : jusqu'à 36 morts par jour et plus de 3 000 personnes hospitalisées en une seule journée courant novembre.

20

« Bonjour, c'est la police »

15 octobre 2020

« Oh, vous m'avez fait peur ! C'est tôt les gars ! » Il est 6 heures du matin. Imaginez : comme dans un film noir ou une série télévisée, la police s'invite dans votre appartement, et vous êtes sorti du sommeil au petit matin par le bruit sec et répétitif d'un poing qui s'abat sur la porte. Vous vous levez, vous ouvrez et, les yeux encore endormis, voyez apparaître une dizaine de personnes, des hommes pour la plupart, portant costume cravate ou bomber, toutes et tous brassard orange accroché au biceps. Vous songez à une très mauvaise nouvelle touchant un proche, à un drame, à un danger imminent.

Rien de cela, heureusement. Finalement, à entendre le fonctionnaire qui vous parle en premier, vous éprouvez presque un soulagement : « Bonjour monsieur, c'est la police. Nous venons perquisitionner votre domicile, merci de nous laisser entrer. Je vais vous demander de mettre un masque. »

Je me suis endormi il y a quatre heures seulement. Dans la panique, j'ai à peine eu le temps d'enfiler le premier pantalon venu, une chemise laissée déboutonnée.

Ils sont une quinzaine, au moins. J'entends dire dans le talkie-walkie : « On est chez Véran, il est chez lui. » La veille, le 14 octobre 2020, nous avons déclaré l'état d'urgence sanitaire dans tout le pays en raison d'une recrudescence de cas de Covid, prémice à la deuxième vague. OK, nous ne sommes pas la veille d'El-Alamein, mais il y a quand même un petit côté MI-5 déboulant chez Churchill en pleine bataille.

Comment aborder ce débarquement policier si matinal à mon appartement de fonction ? J'opte d'emblée pour une lecture politique de l'événement, et tandis que je pose un masque sur mon visage, je réplique une première fois : « Quelle que soit la légitimité de votre action, et croyez-moi, je la respecte, venir ce matin, en pleine poussée épidémique, est une erreur sur le plan politique, qui ne sera pas comprise et vous sera reprochée. » La sentence fait mouche. Une minute après avoir franchi le seuil de l'appartement, le magistrat qui accompagne les policiers se sent obligé de se justifier. « Cette perquisition a été préparée ces trois dernières semaines. Nous intervenons au domicile de plusieurs autorités mises en accusation. Nous avons conscience que le moment est mal choisi, mais nous ne pouvions le prévoir et il aurait été difficile de la reporter. »

J'interprète : on sait que c'est une erreur pour vous comme pour nous (et accessoirement, pour le pays) de venir aujourd'hui. Mais on n'a pas tout préparé pendant trois semaines pour rien…

Je demande : « L'état d'urgence sanitaire ne vous semble-t-il pas plus important que cette perquisition, là tout de suite ? Rappelez-moi le motif pour lequel la justice enquête contre moi ? Ah oui, abstention volontaire

« Bonjour, c'est la police »

de combattre un sinistre. Donc vous me soupçonnez, délibérément, et en conscience, de refuser de lutter contre la pandémie. En conséquence de quoi, vous venez me priver du peu de sommeil qu'il me reste et me prendre quelques heures utiles à l'un des moments clés de la pandémie. J'ai bon ? »

Cette fois, mon interlocuteur demeure impassible. Il me laisse terminer et enchaîne en m'informant qu'une autre équipe se trouve actuellement au bas de mon appartement de Grenoble, dans le vieux centre-ville. Face à l'effet de surprise, réel, que cette annonce ajoute au contexte déjà tendu, il explique qu'il a, en conséquence, besoin de mon digicode et que quelqu'un, sur place et sur-le-champ, vienne ouvrir la porte des lieux. Un peu désarçonné par cette nouvelle effraction, cette fois dans ma vie privée, je tente de négocier. « La seule clé est dans la poche avant de ma valise, juste là. Personne ne peut vous ouvrir à Grenoble.
— Dans ce cas, nous allons devoir forcer la serrure.
— Alors écoutez : ce logement, je n'y mets les pieds qu'une à deux fois par mois. J'y accueille mes enfants quand j'arrive à rentrer. La porte est en bois massif. Ancienne. L'appartement se trouve en plein centre-ville et je n'y retourne pas avant quinze jours. Il n'y a là-bas rien qui concerne la crise sanitaire. Rien. Je vous donnerai ici tous les documents que vous me demanderez. Mais si vous pétez ma porte, mon appart sera fouillé, tagué, vidé, et là, je vous souhaite bonne chance pour vous justifier devant les Français.

Le magistrat hésite quelques instants. Cet homme a mobilisé deux équipes, judiciaires et policières, à Paris et

Grenoble, mais lâche en direction de ses collègues : « OK, on oublie Grenoble. »

Je suis soulagé lorsque je comprends que ce qui constitue une zone neutre partagée avec mes enfants, en Isère, sera préservé.

Un peu ragaillardi par cette petite victoire, je lance, en signe d'apaisement : « Bien, il est tôt pour tout le monde, alors je vous laisse faire ce que vous avez à faire. Moi, je vais préparer des cafés. »

Tasse de café à la main, le magistrat me demande mon téléphone.

« Le voici.

— C'est votre appareil personnel ?

— Non, le pro.

— Il me faut votre portable personnel.

— Au nom de quoi ? Je ne suis pas inquiété pour corruption, que je sache ? »

Lorsque j'ai évoqué avec mon avocat la possibilité d'une perquisition après la saisine de la Cour de justice de la République, il m'a été assuré que, dans ce cadre, il n'y avait quasiment aucun risque que mes effets personnels soient saisis, à commencer par mon smartphone. Cela m'avait rassuré, non parce que j'y conserve des éléments sensibles pour la justice, mais parce que je n'ai qu'un appareil, qu'il s'agit du mien et que j'y transfère depuis des années, à chaque renouvellement, toutes mes données intimes, de la vidéo des premiers pas de mes enfants aux SMS échangés au fil des ans avec ma famille et mes amis. Effacer vingt ans d'échanges, de souvenirs, de vie, m'aurait sacrément ennuyé, attristé même. Et mis en colère. Alors, confiant, j'avais, à la suite de cet entretien, décidé de tout conserver et rien

« Bonjour, c'est la police »

effacer. Et on voudrait tout me prendre, comme ça, brutalement ?

« Vous devez me donner votre téléphone, assène le magistrat. Maintenant. Nous allons en aspirer le contenu, en faire une copie, puis vous le restituer. »

Pour la première fois depuis qu'ils sont entrés, monte en moi un mélange de colère et de peur. Je donne déjà tout à mon travail, lui sacrifie toute ma vie, alors cette injonction me paraît aussi intrusive que violente et injuste. Et d'emblée, j'imagine des hommes que je ne connais pas, derrière leur écran, en train de compulser le moindre message, de visionner la moindre photo, de tout commenter, sans doute en rigolant et, pourquoi pas, capturer le croustillant, pour plus tard ?

« C'est une blague ? Il y a toute ma vie là-dedans. Mes photos, mes échanges Telegram avec le président de la République... »

À ces mots, l'excitation se lit dans son regard. Cette fois, il semble que je ne gagnerai pas ce bras de fer. J'exige donc de parler à mon avocat. Une phrase qu'il m'est étrange de m'entendre prononcer ! Je veux parler à mon avocat alors que je n'ai commis aucun crime, aucun vol, n'ai fraudé aucune institution, levé la main sur personne.

« Tant qu'il ne sera pas là, je ne vous le donnerai pas.

— Si vous voulez, répond-il.

— Et je veux aussi que des membres de la Commission de la défense soient présents. »

La Commission de la défense étant garante de l'intégrité des informations confidentielles, à commencer par les données classées secret-défense, je tiens, avant de remettre l'appareil aux magistrats, à m'assurer être en droit de le faire. Le visionnage de quelques séries policières m'a appris qu'il faut savoir parfois négocier pour que ses droits soient rappelés, voire respectés.

« Si vous voulez, nous allons les appeler. »

Ça marche! La perquisition est suspendue. Je contacte mon avocat, qui vient manifestement d'être tiré du lit par des membres du cabinet, eux-mêmes alertés par les vigiles du ministère contraints de laisser entrer les enquêteurs. Il arrive moins de trente minutes plus tard. Suivi de peu, à mon grand étonnement, par un homme grisonnant en costume qui se présente comme délégué par ladite Commission de la défense. Après avoir tenté de négocier une grâce, et l'homme en costume ayant apporté toutes les garanties que les données sensibles seront traitées comme telles, il confirme que je vais devoir laisser mon smartphone déverrouillé posé sur la table du salon afin qu'une copie en soit faite. « Ne vous inquiétez pas, dit-il. Dans cette affaire, il n'y a ni partie civile, ni avocat de la défense. Donc peu de risques que quoi que ce soit fuite. »

Formidable. Il y a « peu de risques » de voir un jour tomber une dépêche annonçant que Mediapart publie un article sur mes échanges téléphoniques avec le chef de l'État. « Peu de risques » qu'une photo immortalisant une soirée étudiante vieille de vingt ans se retrouve un jour sur un compte Twitter. Reste toute une vie numérique bientôt épluchée et, je l'imagine, commentée par des inconnus. Une idée me traverse l'esprit. Prétexter une envie pressante pour tout effacer d'un clic? N'étant pas juriste, j'ignore si cela passerait pour une entrave à la justice. Et n'étant pas plus geek, je ne sais s'il y aurait

« *Bonjour, c'est la police* »

un moyen, ensuite, de restaurer ce que j'aurais supprimé. Bref, bon garçon, je continue de penser qu'une attitude collaborative sera plus à même de ne pas irriter mes visiteurs de l'aube.

*

Le viol de toute une intimité ne fait que commencer. Déjà, deux fonctionnaires de police me demandent de les suivre à la découverte des pièces de l'appartement, histoire de les assister tandis qu'ils vont fouiller placards, valise, salle de bains. Je tente une blague, plus pour me détendre que pour l'atmosphère, et lance : « Regardez sous le lit ! Les millions de masques que vous cherchez, c'est là que je les ai planqués... » L'embarras des enquêteurs, très respectueux, est presque plus palpable que le mien. Je les sens gênés. L'un d'eux me confie même : « On n'a pas le choix, monsieur le ministre... » Ils se contentent finalement d'une évaluation superficielle.

Mais, avisant mon ordinateur portable, le saisissent, m'entraînent à nouveau dans le salon et posent l'appareil sur la table. M'ayant invité à entrer mon mot de passe, un autre ouvre mon navigateur internet, clique sur l'historique et le déroule à une vitesse compatible avec la lecture rapide des lignes qui se succèdent. Intérieurement, je bouillonne. Même si je ne suis pas de ceux qui laissent des traces de leurs séances de surf les moins avouables sur un ordinateur et même s'il n'y a rien, dans mon historique, de nature à me faire rougir, le moment n'a rien d'agréable.

Le policier s'arrête sur une ligne qui porte le logo de Canal+.

«Ah, vous regardez *Engrenages*? Pas mal faite, cette série. Plutôt réaliste. J'aime bien. Saison 1, épisode 3... vous venez de commencer, alors?»

Peut-être croit-il, en entamant cet échange surréaliste, détendre une atmosphère qui prête davantage au silence gêné qu'aux partages de goût en matière de télé? J'hésite un instant à lui expliquer sèchement que je n'ai pas l'intention de faire ami-ami avec lui, et que ce que je peux regarder quand j'ai la paix le soir ne le concerne ni lui ni la justice. Mais je garde un visage serein et conciliant, espérant que mon air doux abrégera mes souffrances.

«Vous la trouvez réaliste? insiste-t-il. Je viens de la commencer et ne sais pas encore si je vais accrocher. Mais si vous me dites qu'elle est bien, je continuerai.» Le supplice de l'historique internet cesse après un autre commentaire, cette fois sur un site de vente en ligne où j'ai acheté une paire de chaussures. Il lève alors les yeux vers moi, presque déçu de n'avoir rien glané qui soit susceptible d'être raconté à ses collègues à la machine à café. Il tente alors autre chose.

«Avez-vous une boîte mail?»

Évidemment. Comme tout le monde!

«Oui, bien sûr.
— Plusieurs?
— Oui. Il doit y en avoir quatre.
— Bon. Je vais devoir en aspirer le contenu. Mais pas les quatre, hein. Ouvrez celle de votre choix.»

Une sur quatre... ça n'a aucun sens. Qu'importe, j'obtempère, ouvre l'onglet internet de l'ordinateur, connecte celui-ci à Hotmail, mon adresse privée. Après

« Bonjour, c'est la police »

tout, celle-ci a été piratée en 2017 par les Russes dans l'affaire des MacronLeaks, donc je ne suis plus à ça près.

*

Je n'ai formulé qu'une exigence ce matin-là : qu'on me libère assez tôt pour recevoir, à 9 heures, comme il était prévu, le président du Conseil national de l'ordre des médecins. Mais suis-je en capacité d'exiger quoi que ce soit ? *A minima*, tenter le coup me donne un peu plus de contenance.

Je renouvelle donc la demande, comme pour fixer une heure de fin à l'étrange scène qui se joue sous mes yeux. Tandis que les policiers tentent de faire fonctionner une imprimante portative rebelle, je file sous la douche, les laissant seuls dans le reste de l'appartement. Puisqu'ils ont pris mon téléphone, ils peuvent bien faire griller des Chamallows au feu de bois sur la moquette, je m'en fiche totalement.

Vers 9 heures, dans les délais fixés (il n'y a pas de petite victoire quand on se sent humilié), la perquisition prend fin. Je signe le procès-verbal, prends connaissance de l'unique pièce à conviction prélevée qui ne soit pas numérique – à savoir un cahier dans lequel j'ai griffonné trois pages en prévision d'un hypothétique ouvrage à venir… Chers magistrats et policiers, vous avez donc eu la primeur de l'existence de ce livre.

Ensuite l'équipée quitte les lieux, me laissant retrouver le calme d'un appartement. Fouillé, certes, mais intègre, dans tous les sens du mot.

Sur le coup, lorsque je prends mon téléphone en main, je ne peux m'empêcher de le regarder d'un air suspect. Qui me dit qu'en plus d'en avaler le contenu, ne lui a pas été ajouté un logiciel espion ? Qui me garantit que je ne suis pas désormais sur écoute ?

Ma cheffe de cabinet frappe à la porte. Dans sa main, une boîte en carton. « Tiens, j'ai acheté un téléphone à carte prépayée, si tu as besoin de passer des appels sensibles. Je vais prendre ton appareil et le faire remplacer par un neuf. Celui-ci n'est plus sûr. »

C'est gentil, mais non. Nous ne sommes pas dans *Engrenages*. En outre, je refuse de changer quoi que ce soit à ma façon de vivre. Si on veut m'écouter, on m'écoutera de toute façon. Les Américains, les Chinois ou les magistrats, peu m'importe. Quant au jetable, c'est le genre d'engin bon pour ceux qui ont des choses à se reprocher, ce qui n'est pas mon cas. Pas pour moi. Ce téléphone restera dans son carton d'origine. Et mon portable restera mon portable.

*

La perquisition est-elle terminée pour autant ? Non. Elle se poursuit toute la journée, cette fois dans la partie professionnelle du ministère, notamment les bureaux du cabinet ainsi que la cellule de crise de la direction générale de la Santé. Tous les espaces de mes collaborateurs sont investis, au point que certains se voient contraints d'errer dans les couloirs, se demandant d'abord ce qui leur arrive, mais surtout ennuyés d'être freinés dans leurs tâches quotidiennes en une période aussi tendue.

J'en viens à calculer que, durant vingt-quatre heures, au lendemain même de la déclaration de l'état d'urgence sanitaire, aucune des cellules mobilisées depuis huit mois

«Bonjour, c'est la police»

dans la gestion de la crise sanitaire qui bouleverse le monde et la France n'aura pu fonctionner normalement. Le lendemain matin, il me faudra même appeler les magistrats pour faire débloquer les ordinateurs encore sous scellé numérique et enfin pouvoir reprendre un fonctionnement à peu près normal, malgré l'émotion et l'incompréhension partagées par les dizaines d'agents, héros du quotidien, sans relâche sur le front depuis le premier jour.

De fait, je ne néglige pas le traumatisme que peut représenter une telle intrusion pour des agents publics qui n'ont pas fait le choix de l'exposition publique. Eux aussi ont vécu dans leur chair cette journée au cours de laquelle le respect et l'admiration qu'ils auraient pu attendre de leur pays se sont mus en accusation générale. Je me souviendrai des larmes des secrétaires, des visages hagards, émaillés de cernes, vus à mon arrivée au ministère. De ces quelques minutes au cours desquelles j'ai improvisé un discours de remobilisation des troupes devant les équipes rassemblées, exutoire collectif initié afin de détendre l'atmosphère. Où j'avoue, j'ai souri quand un conseiller a raconté qu'un enquêteur était entré dans son bureau pour lui demander où se trouvait celui «des élections», sans doute en lien avec le maintien du premier tour des municipales. Comme il n'y a évidemment aucun «bureau des élections» au ministère des Solidarités et de la Santé, il était estomaqué.

L'ironie – dont je prendrai seulement conscience quelques heures plus tard –, c'est que cette perquisition s'est déroulée dans des conditions… irrégulières. Et ce à plusieurs titres.

Médecin, je suis amené à conserver des données relevant du secret médical, l'opération aurait donc dû se dérouler en présence d'un représentant du Conseil de l'ordre. Pire, se trouvait chez moi ma compagne d'alors, parlementaire et membre de la commission des lois, qui partageait ma vie, comme mon logement. Aussi, la fouille de mes affaires n'aurait jamais dû survenir, tout ce qui la concerne étant couvert par l'immunité parlementaire. J'aurais donc été fondé à demander l'annulation de l'ensemble de la perquisition pour vice de procédure.

Mais j'ai choisi de ne pas le faire. D'une part, pour laisser la procédure judiciaire avancer sans l'entraver, avec confiance en notre État de droit, malgré tous les sentiments qui se sont bousculés en moi au fil de cette journée et des jours qui ont suivi. D'autre part, pour ne pas m'exposer, et surtout exposer mes équipes, au risque d'une nouvelle opération de ce genre. Ni le temps, ni le courage.

Nul ne sait si un tribunal aura un jour à apprécier si je me suis «volontairement abstenu de combattre un sinistre», ce que je conteste avec la dernière énergie, et dans le fond j'espère que la procédure ira à son terme, dans un esprit d'équité et de dignité. Sur la forme qu'a prise cette perquisition, je reste néanmoins certain d'une chose : cette journée entière consacrée à une justice déterminée à juger en temps réel – première dans notre histoire – ne l'aura pas été à combattre le plus grand sinistre qu'ait connu le pays depuis des décennies.

« Bonjour, c'est la police »

À l'issue des rendez-vous usuels, j'enchaîne, au début de l'après-midi, avec la conférence de presse du jeudi consacrée à la Covid, au côté du Premier ministre. Interrogé sur la perquisition qui vient d'advenir, je réponds sobrement que la justice doit faire son travail, en prenant soin de ne montrer aucun signe de fébrilité. Il me semble déceler de l'empathie dans la salle, premier indicateur de la manière dont cette opération quelque peu ubuesque vu la période est perçue par les journalistes et, qui sait, l'opinion. Un rayon de soleil dans une séquence tempétueuse. Car le soir de ce jour pas comme les autres, je me rends à Marseille, invité de l'émission *Vous avez la parole* en direct depuis le stade Vélodrome. Où je retrouve un certain Bernard-Henri Lévy, qui entend m'expliquer comment gérer la crise. Histoire de finir en beauté une journée décidément mémorable ?

21

Du grave dans les aigus

3 novembre 2020

Nous sommes le 3 novembre 2020, au cœur de la seconde vague. La situation épidémique s'aggrave : avec près de 40 000 malades supplémentaires diagnostiqués la veille, la tension hospitalière croît. La journée a été longue mais elle n'est pas terminée : la soirée est consacrée à un déplacement avec le Premier ministre Jean Castex dans le service de réanimation d'un hôpital francilien.

L'état de stress est palpable : la vague a submergé tous les soignants, médecins compris, de cette unité d'une vingtaine de chambres, toutes occupées. Comme nous en avons l'habitude, nous demandons quel est le profil type des malades touchés par des formes graves. « La plupart ont entre 60 et 90 ans. Mais certains sont bien plus jeunes, en général atteints de comorbidités assez bénignes, nous répond un médecin. Venez, suivez-moi, je vais vous montrer. »

Nous entrons dans la chambre d'un patient d'une trentaine d'années, jusqu'ici en excellente santé à l'exception d'une obésité. Il lutte manifestement contre la mort mais tout, dans son corps, semble calme. Plongé dans un coma profond, équipé de multiples perfusions, il respire, la bouche légèrement entrouverte. Un tuyau relie ses bronches à un respirateur. Le silence dans la pièce n'est interrompu que par les bips assourdis d'un pousse-seringue, réclamant qu'on vienne le recharger en anticoagulants, et les vibrations du respirateur qui fait bomber mécaniquement son thorax, au rythme de quinze mouvements par minute.

Bien que médecin, exposé plus qu'il ne le faut à des malades jeunes et moins jeunes, je suis saisi par cette vision. J'imagine ses poumons remplis de liquide inflammatoire, ses organes suppléés par des drogues pour ne pas être en totale défaillance. La face visible d'un virus capable de ne provoquer que de bénins symptômes pour qui y résiste ; de tuer les plus faibles, sans qu'on puisse encore saisir vraiment par quels mécanismes opèrent ces fragilités, ces comorbidités.

Jean Castex et moi quittons l'hôpital, marqués, conscients de la gravité du moment. Quelques jours plus tôt, le 30 octobre, le président de la République a annoncé un nouveau confinement pour faire face à la deuxième vague. Les écoles restent ouvertes mais bars, restaurants et commerces non essentiels ferment. Les déplacements sont à nouveau limités. « C'est le retour de l'attestation », a-t-il déclaré dans son allocution, confirmant ce que les Français craignaient de devoir revivre.

Revenu au ministère, je convie une partie de mon cabinet ainsi que le directeur général de la Santé à un dîner dans l'un des salons – avec distanciation et gestes barrières, il va sans dire. Je suis censé regagner le Parlement pour y défendre le projet de loi portant sur l'état d'urgence sanitaire que le gouvernement souhaite

Du grave dans les aigus

prolonger plusieurs mois afin de faire face à toute éventualité. Y compris celle envisageant d'aller au-delà du confinement adapté. Mais j'y ai déjà passé une bonne partie de la journée et je demeure bouleversé par ce que nous venons de voir. À la fois retourné, stressé, épuisé, je décide de laisser la ministre déléguée Brigitte Bourguignon me remplacer au banc de l'Assemblée nationale. Je sais que je risque de perdre patience si je m'y rends.

À l'inverse, passer un moment avec mon équipe va me permettre de décompresser, d'échanger dans un cadre informel, de nous donner collectivement du courage. Eux aussi sont stressés, eux aussi sont crevés. Nous n'avons pas arrêté depuis des jours et des nuits. Les lits de camp ont fait leur retour dans les bureaux du septième étage. Les cernes, à peine atténués par les rares jours de vacances estivales, sont bel et bien réapparus sur les visages.

Discuter nous fera du bien. Hors du cadre conventionnel de mon bureau ou d'une salle de réunion, les échanges sont plus libres, plus dynamiques, le parler, franc. Il n'est pas rare que germent des idées, des propositions utiles : moi qui n'ai jamais été très à l'aise avec le formalisme, j'affectionne ces moments. J'aime tutoyer et qu'on me tutoie, me déplacer sans prévenir dans le bureau d'un conseiller plutôt que le convoquer dans le mien, partager des éléments de nos vies privées respectives. Certes, la distance respectueuse sied davantage aux ministères et combien de fois m'a-t-on dit : « Garde de la distance, sois régalien, la façon dont tu te comportes avec tes équipes dit beaucoup de qui tu es » ? Mais je crois que l'amitié peut être compatible avec la hiérarchie. Sans doute un stigmate de ma formation carabine me pousse-t-il à casser les codes. En médecine, on se tutoie, on bosse en équipe, on apprend à se faire confiance, à se soutenir. On vit les exutoires en collectif.

*

À peine l'entrée du repas avalée, mon téléphone vibre. Un message Telegram de la ministre déléguée. «Olivier, c'est très chaud dans l'hémicycle. Les Républicains sont déchaînés parce que tu n'es pas là et viennent de nous faire battre sur l'article 1er. La majorité est peu mobilisée.» Je lui réponds : «Merde. Tu penses qu'il faut que je revienne? De toute façon on demandera une deuxième délib'.» Lorsque le gouvernement est battu sur un vote, parce que la majorité se trouve mise en minorité en raison d'une forte mobilisation de l'opposition, il peut en effet demander que le vote soit de nouveau appelé à la fin de l'examen du texte. Et l'article rejeté une première fois, remis en délibération. Brigitte Bourguignon m'écrit : «Je pense que je peux gérer, mais reste mobilisé au cas où.»

«Qu'y a-t-il? demande mon directeur de cabinet.

— On a été battus sur l'article 1er, qui prolonge l'état d'urgence sanitaire. Les Républicains ont voté la fin de celui-ci dès le 15 décembre.

— Mais c'est une folie! On ne sera jamais sortis de la vague le 15 décembre. Si l'état d'urgence saute, on ne peut plus confiner, fermer de commerces, limiter les déplacements! Même les jauges disparaissent.

— Je sais. On fera voter de nouveau les députés plus tard mais ça fait clairement chier.

Du grave dans les aigus

— Tu veux y aller ?
— Brigitte me dit qu'elle gère. Franchement, pas ce soir. J'en ai vraiment plein le dos. »

Mais ma cheffe de cabinet me tend son téléphone : « Regarde, sur Twitter on voit la vidéo. Les Républicains sont carrément en train d'applaudir debout. »

Je demande : « Ils applaudissent debout parce qu'on ne pourra plus prendre de mesures sanitaires dans un mois ? C'est du délire ! »

Mon directeur de cabinet intervient. « Message de Matignon. Ils demandent pourquoi tu n'es pas au banc.

— Pourquoi je ne suis pas au banc ? Mais putain, on ne peut pas me foutre la paix une heure dans l'année ? Je vous jure, dans mon état, si j'y retourne, ça va mal se passer ! »

Ma cheffe de cabinet se lève. « Je vais prévenir tes officiers de sécurité que tu pars maintenant. »

*

Dans la voiture qui me conduit, toutes sirènes hurlantes, à l'Assemblée, je mets les quatre minutes de trajet à profit pour tenter de me calmer. Je vapote rageusement car sitôt arrivé, je ne le pourrai plus pendant plusieurs heures. Le faire en douce sous mon masque ? C'est évidemment contraire au règlement et je ne prendrai pas le risque ce soir. L'opposition ne manquerait pas de me faire interpeller par le président de séance et, pour un ministre de la Santé, cela ferait mauvais genre.

Lorsque je pénètre dans l'immense pièce en hémisphère, dont l'éclairage est censé reproduire, en journée, la luminosité naturelle, je prends soin de ne pas regarder

les visages qui m'épient. Je m'assois sur le banc de velours rouge réservé aux ministres. L'air de rien, je me retourne vers mes collaborateurs assis juste derrière moi.
 «Au rapport?
 — La droite a voté la fin de l'état d'urgence au 15 décembre. Le président de groupe LREM vient de sonner l'alerte pour que les députés de la majorité rappliquent, mais on n'avance plus dans le texte.
 — Quel est le climat?
 — Électrique. Les LR sont assez mobilisés. Pas mal d'invectives, ils ont beaucoup attaqué votre absence au banc.
 — Vu mon état, je ne suis pas sûr de ne pas leur faire regretter d'ici quelques minutes.»
 J'ai été député. J'aime le Parlement, les joutes oratoires, la contradiction, les débats animés et engagés. J'ai grandi au fil de repas de famille qui n'avaient rien à envier à l'ambiance qu'on y trouve parfois. Quand on ne lâche rien, quand on explique, qu'on tente de convaincre, qu'on affronte. Je respecte le rôle de vigie du Parlement, de législateur, d'évaluateur, de contrôleur. Depuis que je suis ministre, je consacre par nécessité un temps plus qu'important aux députés et aux sénateurs (plus de 500 heures sur la seule crise sanitaire en deux ans) mais aussi beaucoup d'énergie. Les horaires sont souvent impossibles, jusqu'à parfois 3 ou 4 heures du matin. Je tiens ma place le plus possible. C'est épuisant, au milieu ou à l'issue de journées interminables. C'est souvent frustrant aussi lorsque l'urgence des décisions à prendre voudrait que je sois avec mes équipes au lieu d'écouter en boucle ces députés qui semblent, pour certains, prendre un plaisir malsain à m'en empêcher.

Du grave dans les aigus

« Vous êtes à la disposition du Parlement », me lance-t-on parfois depuis une travée lorsque je masque mal mon agacement et mon impatience de retourner avec mes troupes. Aujourd'hui, j'ai perdu près de deux heures à subir des amendements visant à rouvrir les discothèques, alors que la situation sanitaire voudrait qu'on se consacre au contraire à davantage de mesures de fermeture. Tout cela n'a pas de sens.

Respecter cette institution n'empêche pas d'avoir le sentiment d'une totale déconnexion de certains élus avec la réalité que nombre de Français vivent.

Mais ce soir, je suis en colère. Je ne suis pas frustré, non, j'enrage d'en voir certains, goguenards, crier leur joie de nous avoir battus. Nous pousser à l'exercice constitutionnellement valable, mais démocratiquement délicat, consistant à demander une seconde délibération sur un article aussi essentiel de la loi.

Le vin avalé au début du court repas a décuplé mon stress au lieu de l'amender; il l'a même rehaussé d'une pointe de désinhibition. Je veux rester dans ma bulle et laisser filer l'heure qui nous sépare de minuit et de la suspension des débats jusqu'au lendemain matin. Je ne veux pas lever la tête, ne pas offrir une prise au travers d'un regard échangé. Ils savent que je suis affaibli. Je leur en veux de ne pas me laisser le bénéfice d'une trêve. Ils n'ignorent pas la pression qui est la nôtre, me le disent fréquemment dans les couloirs, à l'abri des caméras et des micros. « Je ne sais pas comment tu fais, tiens bon ! » est sans doute la phrase la plus entendue lorsque je croise un député de l'opposition. Un jour, un sénateur est même venu me prévenir qu'il allait me charger un peu pour la forme pendant la séance, mais qu'il était solidaire et assez admiratif. « Parce que ce n'est pas facile et qu'on ferait tous comme vous si on était au pouvoir. » En séance, cela s'est traduit par deux minutes assassines commençant par : « Monsieur le ministre, la honte devrait vous étouffer mais vous êtes là, drapé dans votre arrogance... »

Je repense à tout cela. Et maintenant j'ai honte de n'avoir pas été présent lors du vote. Je prends toute ma part dans le naufrage démocratique du moment. Et puis, tout de suite après je change d'avis ! Ils m'ont voulu ici ? Ils m'auront.

Je lève la main d'un coup sec, le président de séance me donne la parole. J'attrape le micro suspendu et entame le récit de ce que j'ai vu en réanimation dans la soirée. J'explique que l'heure n'est pas à célébrer la mise en échec d'un état d'urgence sanitaire protecteur pour les Français. *Illico* on crie sur les bancs de la droite. J'opte pour un récit jouant sur le pathos, certes, mais sincère, j'évoque ce jeune homme plongé dans son coma. Et là, j'entends distinctement un député crier : « Oh, il va nous faire pleurer ! » pendant que son voisin se met à rire. Je n'invente rien, tout est disponible dans les archives vidéo et textuelles de l'Assemblée nationale. Aussi, j'explose : « Vous êtes en train de débattre de sujets alors que nos soignants se battent pour sauver des vies ! Elle est là, la réalité de nos hôpitaux ! C'est ça, la réalité, mesdames et messieurs les députés. Si vous ne voulez pas l'entendre, sortez d'ici ! »

Tout de suite après, je me rassois, tremblant de rage. Et perçois à peine les députés de la majorité debout derrière moi en train d'applaudir. Mon hurlement est pour le moins inhabituel, sur la forme comme sur le fond.

Du grave dans les aigus

Règle numéro un, on ne s'énerve pas en politique, on garde ses nerfs, toujours. Règle numéro deux : on ne demande pas aux députés de sortir de leur Assemblée. « Nous sommes ici par la volonté du peuple, et nous n'en sortirons que par la force des baïonnettes » : Mirabeau, 23 juin 1789. C'est *la* base pour tout élu.

Le lendemain, *Le Figaro* parlera de mon étrange injonction, les dépêches d'agence titreront sur mon emportement, les portraits qui me seront consacrés feront de cette scène une accroche récurrente. Mais les soignants dans les hôpitaux, confrontés à une rage tout autre, celle de la vague épidémique, me parleront pendant des semaines de ce qui leur aura paru un acte salvateur. Eux non plus ne comprennent pas que leurs élus se déchirent quand la situation impose de l'unité et le courage de décisions impopulaires.

*

De retour au ministère, je passe une tête dans le couloir. Un bureau est allumé, ma cheffe de cabinet et ma conseillère en communication sont en train de fumer à la fenêtre. « Vous avez vu la scène ? » Elles me répondent en chœur : « Oui. Olivier, il faut vraiment qu'on te fasse travailler ta voix. Quand tu t'énerves, elle part totalement dans les aigus. »

22

Allemagne 18 000 – France 1

31 décembre 2020

« Olivier, lâche un peu ton téléphone et viens boire une coupe avec nous !
— Commencez sans moi, je vous rejoins dans dix minutes.
— Mais tu t'en fous, allez, c'est le soir du réveillon, le monde ne va pas s'écrouler parce que Macron t'a engueulé ! »

Nous sommes le 31 décembre, avec quelques amis, dans un chalet que nous avons loué au cœur d'une station privée de ses remontées mécaniques, comme partout. Il est 21 heures, et le président de la République ne m'a pas « engueulé », il vient, à raison, à l'occasion de ses vœux télévisés, d'aborder le lancement de la campagne de vaccination en ces termes : « L'espoir est là, dans ce vaccin que le génie humain a fait advenir en un an. C'était impensable il y a encore quelques mois. Je ne laisserai personne jouer avec la sûreté et les bonnes conditions dans lesquelles la vaccination doit se faire. Mais je ne laisserai pas non plus, pour de mauvaises raisons, une lenteur injustifiée s'installer. »

Par-delà les vagues

J'avais promis d'être ce soir un copain disponible et enjoué, mais je broie du noir, assis dans ma chambre, les yeux rivés sur Twitter, qui s'en donne à cœur joie. Je m'en veux car, par ma faute, nous sommes en train de nous couvrir de ridicule.
Chronique d'une catastrophe annoncée.

Disposer d'un vaccin efficace contre la Covid-19, qui plus est en moins d'un an, était en effet impensable, au début. Le président a raison. D'ailleurs, aucun vaccin efficient contre un coronavirus n'avait même jamais été, jusqu'ici, mis au point. Et lorsque la Chine a commencé à confiner et que l'ensemble des laboratoires pharmaceutiques du monde entier a investi des milliards de dollars afin de trouver la solution, personne n'y croyait. Le pari était d'autant plus risqué qu'il revenait, par ailleurs, à postuler que la pandémie durerait suffisamment de temps pour qu'un vaccin demeure utile une fois prêt. C'est la beauté de la recherche que de se lancer, malgré tant d'incertitude, dans une aventure aussi scientifique qu'industrielle.

*

Dès le début de la pandémie donc, les laboratoires investissent dans d'immenses programmes de recherche. AstraZeneca et Janssen cherchent à élaborer un vaccin «à vecteur viral», correspondant à la méthode la plus traditionnelle. Cela revient à stimuler le système immunitaire en l'exposant à une forme rendue inoffensive du virus, pour lui apprendre à reconnaître le vrai virus le jour venu, et ainsi éviter l'infection.

Allemagne 18 000 – France 1

Sanofi se lance, de son côté, dans la recherche d'un vaccin «à protéines recombinantes», autre méthode éprouvée, qui consiste à injecter une partie seulement du virus dans l'organisme pour, là aussi, sensibiliser le système immunitaire. Hélas, il échouera.

Moderna et Bio & Tech/Pfizer décident, quant à eux, d'exploiter la technologie de l'ARN messager. Le vaccin est cette fois-ci une sorte de mode d'emploi qui permet aux cellules de fabriquer sur commande ces anticorps. Séduisant, mais si cette technologie a été découverte une vingtaine d'années plus tôt, cela fait près de dix ans que les laboratoires échouent pour en faire un vaccin, que ce soit contre la grippe, ou contre la rage. Très rares sont ceux qui croiront en l'ARN messager au sein de la communauté scientifique, beaucoup douteront jusque tard dans l'année 2020. De fait, le 16 mars 2020, lorsque Moderna lance la première étude clinique (le 22 avril pour Bio & Tech/Pfizer), un consensus se dégage pour affirmer qu'il n'y aura pas de solution avant, au mieux, le second semestre de 2021, voire 2022 ou plus tard encore.

Or à l'automne, miracle! Les premiers résultats de Pfizer et Moderna sont publiés. Le second puis le premier l'affirment: «Notre sérum est efficace à 95%!» AstraZeneca aussi communique des données prometteuses et table désormais sur une mise sur le marché dès l'hiver. Les conditions se trouvent réunies, qui justifient que nous approfondissions vite notre préparation.

*

Par-delà les vagues

D'abord, il faut déterminer qui vacciner, et quand. C'est l'enjeu principal à l'heure de passer des précommandes aux laboratoires.

Je saisis les autorités sanitaires, qui répondent sans surprise qu'il faut commencer par les personnes les plus fragiles, du fait de leur âge ou de leur état de santé, car elles sont à risque élevé de faire une forme grave. Faut-il aller au-delà et prévoir de vacciner toute la population ? Pour les instances : c'est oui. Vous souvenez-vous de la campagne vaccinale contre le Sras de 2010, de ces gymnases vides, de ces stocks non écoulés, de cette ministre de la Santé injustement moquée ? C'est ma hantise. Mais, comme ma prédécesseure à l'époque, je préfère assumer le risque plutôt qu'un éventuel procès en rationnement de la population. Et encore, en 2010, il n'y avait qu'un vaccin. Là, on parle déjà de trois, sans doute quatre différents.

Dès lors, faut-il acheter toutes les doses disponibles, sachant qu'on ne sait pas encore quel vaccin sera le plus efficace, le plus sûr, et pour qui ? Je contacte certains de mes homologues européens, qui partagent mon questionnement. Aussi, nous optons pour une démarche continentale en matière de politique d'achat. À vingt-sept, nous serons plus forts pour négocier et les quantités, et les prix. Et nous éviterons d'entrer en compétition les uns avec les autres.

Nous commençons par monter, avec les Allemands, les Italiens et les Néerlandais, un quatuor chargé d'ouvrir les négociations avec AstraZeneca. Nous signons un contrat de précommande pour plusieurs centaines de millions de doses. Le laboratoire nous annonce qu'il

Allemagne 18 000 – France 1

pourra livrer tout début 2021. Nous sommes soulagés. La Commission européenne aussi puisque cette immense commande est destinée à l'ensemble des pays membres. Bruxelles récupère le contrat avant de passer des accords avec Pfizer, Moderna, Janssen, mais aussi Novavax et Sanofi.

À l'arrivée, l'Europe est le continent qui aura le plus acheté, le plus produit, et le plus exporté de vaccins. À mes yeux : une vraie réussite européenne, avec un impact direct sur le quotidien et le bien-être des Européens.

Les commandes sont passées, reste maintenant à organiser la logistique vaccinale… un cauchemar pour qui s'y est un jour frotté.

L'accélération des études cliniques et leurs bons résultats ont réduit le temps qu'il nous reste avant les premières livraisons, dont on dit qu'elles pourraient commencer en janvier 2021. Disons-le, dès novembre 2020, nous comprenons ne pas être en avance. Nous sommes même dans une course contre la montre. C'est Pfizer qui pourrait ouvrir le bal. Son vaccin est incroyablement prometteur. Problème, les brins d'ARN messager sont ultra-fragiles, nécessitent des conditions de transport et de conservation très particulières, à − 80°. Le laboratoire les livrera dans des sites de notre choix, charge à nous ensuite de les conserver, les acheminer, les décongeler, les conditionner, les administrer.

Une telle logistique nécessite que nous fassions appel à des renforts, des professionnels, dans le secteur public et dans le secteur privé. Lors des premières réunions dédiées, chacun est pris de suées devant le travail immense qui nous attend en des délais si courts. Pour commencer, nous identifions 100 établissements de santé pivots qui stockeront des flacons et les répartiront vers tous les sites environnants. Je demande : « Ça représente quoi en volume, des millions de flacons ? »

Un membre de la nouvellement créée *task force* vaccinale me répond : « On pourrait faire rentrer 50 millions de vaccins dans la pièce où nous sommes [c'est une salle de réunion de taille moyenne].

— Bien, bon point. Pour les stocker, on est au clair, on a ce qu'il faut ?

— Alors justement, pas vraiment.

— Pas vraiment, ou pas vraiment du tout ?

— Pas vraiment du tout, mais nous mettons à votre validation l'achat urgent de cinquante frigos tempérés de stockage, capables de descendre à − 80°.

— Vous voulez dire que, dans ce pays, nous n'avons pas de gros congélateurs ?

— De gros super-congélateurs, si vous me permettez l'expression, très stables, sécurisés ? Non. Pas assez, disons cinquante en tout, raison pour laquelle nous souhaitons en commander, afin qu'il y en ait un par hôpital pivot.

— OK, mais on est le 12 novembre, là. On les aura quand, ces super-congélateurs ?

— Au plus tard mi-décembre, ils seront transportés par bateau cargo depuis l'Asie.

— Dites-moi qu'ils seront opérationnels avant l'arrivée des vaccins ?

— Il faut le temps de les acheminer vers leur destination, puis de les qualifier. Mais ça devrait aller.

— Ça ne devrait pas aller, ça doit aller. »

Allemagne 18 000 – France 1

Les médias commencent à interroger notre niveau de préparation, ou plutôt d'impréparation. Pour rendre concrète une campagne vaccinale devenue imminente, j'annonce le même jour, à l'occasion d'un point presse, l'achat par la France de cinquante super-congélateurs. L'expression fait mouche. Je gagne du temps.

Depuis le début de l'automne, le président de la République organise à l'Élysée des réunions auxquelles je participe en compagnie de scientifiques, de chercheurs... Les objectifs sont pluriels. En premier lieu, il veut anticiper l'obligation morale de vacciner la planète tout entière en soutenant le projet Covax né en 2020 pour fournir des vaccins et servir de plateforme de distribution à destination de pays en voie de développement. Ensuite, il craint intuitivement et refuse catégoriquement que nous soyons pris de court, après que les laboratoires ont montré qu'ils pouvaient déjouer tous les pronostics.

Il faut sans cesse improviser, se questionner, tenter. Par exemple, les Russes annonçant disposer d'un vaccin efficace, nous y envoyons des émissaires. Peut-on disposer de données ? Travailler avec eux ? On nous claque plus ou moins la porte au nez. Tant pis (tant mieux, avec le recul) pour la piste russe.

Au-delà de ces réunions spécifiques, le chef de l'État se montre particulièrement attentif aux enjeux autour de la vaccination. Je lui rends compte chaque semaine en Conseil de défense, sans rien cacher des défis que nous avons à relever. Le bilan humain de la pandémie est lourd. Il y a aussi eu les polémiques autour des masques, des tests, des mesures de freinage. Et maintenant, le laboratoire français qui échoue à trouver un vaccin. Nous ne sommes qu'à une année de l'élection présidentielle. L'élection ne peut se gagner, mais peut se perdre avec le vaccin.

*

Au-delà des aspects opérationnels, nous sommes inquiets par la faible appétence des Français pour la vaccination, lanterne rouge européenne. La campagne n'ira pas de soi, nous ne devons pas y aller la fleur au fusil, mais convaincre, rassurer, avancer à pas de loup, prudemment, au fur et à mesure de la progression de nos connaissances.

Justement, le 27 novembre, la HAS précise les choses sur la base des données issues des études cliniques, et propose de vacciner en deux étapes : d'abord donner la priorité aux résidents et salariés des Ehpad au cours de la première phase de vaccination. Ce choix des Ehpad est d'autant plus fondé et compréhensible pour la population que les personnes âgées en institution ont payé le plus lourd tribut depuis le début de la pandémie. L'apparition des premiers clusters dans les Ehpad en mars 2020 nous avait contraints à confiner les plus fragiles de nos aînés dans leurs chambres au risque d'accélérer leur perte d'autonomie et de réduire un peu plus leur qualité de vie. Nous avions aussi dû limiter drastiquement les visites des familles et des bénévoles, tandis qu'il est arrivé que des soignants aillent jusqu'à se confiner à même l'établissement dans lequel ils travaillaient, de peur de contracter la maladie à l'extérieur. Ce fut la décision la plus difficile entre toutes que de confiner les

Allemagne 18 000 – France 1

Ehpad, jugée par beaucoup déshumanisante, mais étayée par un avis du Conseil consultatif national d'éthique, accompagnant cette décision par le souci d'éviter des dizaines de milliers de morts supplémentaires.

La HAS propose ensuite d'ouvrir, dans une seconde phase, à tous les plus de 75 ans et aux plus de 65 ans fragiles, ainsi qu'aux professionnels de santé.

Nous informons les Français de cette stratégie lors d'une conférence de presse avec Jean Castex. Les premières réactions au sein de la population et dans les médias révèlent un vrai scepticisme. Tout le monde se dit : « On va vacciner des personnes âgées en Ehpad mais elles n'ont pas toute leur tête. Comment être sûr qu'on ne piquera pas les petits vieux ? Ils ne doivent pas servir de cobayes. » Pour calmer les esprits, je saisis à nouveau le Conseil consultatif national d'éthique, qui recommande le recueil du consentement des pensionnaires des maisons de retraite ou de leurs proches quand les premiers ne sont plus capables de s'exprimer clairement.

En pratique, cette stratégie visant à prioriser les Ehpad vire au casse-tête. Nous devons dans le même mouvement organiser un flux urgent de vaccins vers les 7 000 établissements pour personnes âgées du pays, et préparer l'ouverture de centres de vaccination qui seront, plus tard, destinés à la population générale. Pour y parvenir, nous renforçons nos équipes avec des ingénieurs et logisticiens venus du secteur privé *via* des boîtes de conseil, ce qui me vaudra un an plus tard d'en rendre compte devant une commission d'enquête sénatoriale.

Concernant les livraisons, Pfizer nous livrera sur trois plateformes logistiques équipées de super-congélateurs, d'où les doses seront ensuite dispatchées vers les 100 établissements hospitaliers «pivots». À partir de là, nous distinguerons deux flux : le flux A, vers les autres hôpitaux et les centres de vaccination (destinés à ouvrir dans le courant du mois de janvier); le flux B, vers les Ehpad.

C'est complexe à penser, complexe à expliquer. Au sein de ce qu'on appelle désormais la «*task force* vaccinale», le travail est non-stop, sept jours sur sept, vingt-quatre heures sur vingt-quatre. On murmure que les premiers vaccins pourraient être livrés dans quelques jours. Soit, mais nous ne sommes pas prêts.

*

Le 16 décembre, le Premier ministre présente devant le Parlement la stratégie française. «La première phase qui va concerner les Ehpad s'échelonnera sur six à huit semaines pour tenir compte notamment du délai de vingt et un jours entre la première vaccination et le rappel.» Au total, près de 1,5 million de personnes sont concernées. Ce sera dur, mais le Parlement ayant validé les délais pour mener la campagne à bien, nous sommes un peu rassurés.

Sans attendre, il nous faut commencer à obtenir le fameux consentement des personnes âgées ou de leur famille. Or nous entrons en pleine période de Noël. Un véritable casse-tête. Je réunis les fédérations des Ehpad pour leur demander d'aller vite, mais reçois un accueil glacial : «Hors de question, on ne va pas recueillir des consentements un 24 décembre, donc on fera ça plus

Allemagne 18 000 – France 1

tard... Il nous faut dix à quinze jours pour lancer la vaccination, donc prévoyez vers le 10 janvier. » Je réponds que cela me paraît bien tard, puisque les premières doses seront fournies dès la fin décembre.
Que faire ? Border tous les risques, travailler encore et toujours et rédiger, pour répondre à l'inquiétude de la population, des guides à destination des Ehpad, incluant les conditions de recueil du consentement. Et exiger des lieux d'accueil de personnes âgées qu'ils soient prêts à vacciner pour tel jour. Sans quoi nous enverrons des médecins sur place. Nous les prévenons : « Quatre jours avant, il faut que vous nous confirmiez combien de personnes, y compris les soignants, doivent être vaccinées : nous ne voulons pas vous envoyer trop de doses et risquer d'en gâcher. »

Dans les médias, nos opposants politiques nous tombent alors dessus : « Quatre jours pour le consentement, des formulaires hyper-compliqués, un document de quarante-neuf pages... » Il leur est aisé d'attaquer notre supposée lenteur quand, depuis des semaines, nous répondons aux demandes des multiples autorités sanitaires qui dictent la politique vaccinale, réclamant que le circuit logistique soit adapté aux plus fragiles, quand d'autres pays européens ont dit, en gros : « On envoie les vaccins, aux gens de se débrouiller, on vaccinera qui pourra, ou qui voudra... »
Et que se serait-il passé si nous nous étions sciemment écartés des règles de prudence auxquelles nous étions invités ? En construisant un jardin à la française, nous pensions faire refluer la défiance de la population. Mais pris en tenaille entre l'impatience jusqu'ici silencieuse des

partisans de la vaccination et le dénigrement constant de ses opposants, bien plus bruyants, nous perdons avant d'avoir commencé la bataille de la communication.

Cela n'échappe pas au président. Lui, qui a un œil aiguisé sur le regard porté sur la France depuis l'étranger, tout en validant la stratégie de priorisation des Ehpad, ne veut pas de retard vis-à-vis de l'Allemagne et me charge d'étudier la piste d'une ouverture anticipée de centres de vaccination.

Je m'entretiens avec mon homologue allemand qui m'explique qu'il va effectivement ouvrir des mégacentres, entre 50 et 100 à travers le pays. « Les gens vont venir. Ils auront envie de se faire vacciner, ils iront naturellement. »

À la vérité, je doute et redoute une telle stratégie en France. Je préfère m'occuper d'abord des Ehpad et ouvrir des centres plus tard mais en nombre, entre 1500 et 1700, partout, avec une attention particulière aux habitants les plus éloignés des grandes métropoles. On ne convoquera pas les gens, ils prendront rendez-vous sur une plateforme web que je charge de gérer les inscriptions, puis nous associerons au processus la médecine libérale. La clé de la confiance est là : qu'à un moment, les médecins de famille disent à leurs patients : « Faites-vous vacciner, d'ailleurs j'en ai dans mon frigo. »

*

L'Agence européenne du médicament autorise le Pfizer. Et le laboratoire nous annonce une bonne nouvelle. Les premiers vaccins seront disponibles entre Noël

Allemagne 18 000 – France 1

et le réveillon, deux semaines plus tôt que prévu. L'avance du laboratoire accentue notre retard, d'autant que c'est toute l'Europe qui se verra livrée le même jour. Je réunis mon cabinet et la *task force* vaccinale. « Il faut accélérer. Si nous sommes livrés le 27, nous devons commencer le 27.

— C'est impossible, répond en chœur mon équipe. À cette période de l'année, beaucoup de résidents des Ehpad se trouvent avec leur famille, les autres familles étant en général en congé donc injoignables pour donner un consentement, et les équipes des établissements tournent au ralenti. On aura un veto de tout le monde.

— Quand pouvons-nous commencer au plus tôt ?

— Vers le 10 janvier, en poussant un peu.

— Le 10 janvier, vous vous asseyez dessus, ce n'est pas possible, les autres commenceront fin décembre, il faut qu'on s'y mette avant.

— Écoute, on a déjà fait l'impossible pour tout monter en quelques semaines, en suivant la priorisation de la HAS, on ne peut pas aller plus vite. À la rigueur, peut-être le 3 dans un certain nombre d'établissements, mais...

— Le 3 ? Mieux, déjà. Préparez-vous à ce qu'on anticipe en parallèle l'extension des publics prioritaires. Je vais être honnête avec vous, je ne vois pas comment on peut commencer une semaine après les voisins.

— Mais ils n'ont pas les mêmes contraintes...

— Les Français se foutent des contraintes, ils veulent des résultats.

— Olivier, ne nous demande pas d'aller plus vite, on est tous à bloc, on a sécurisé les circuits de vaccins, de seringues, les formations, les camions de livraison. On ne peut pas tout casser maintenant, ce serait de la folie.

— Et moi, je vous dis que la folie, c'est regarder les autres vacciner pendant que nous, on fait signer des formulaires. Je vous suis, mais ayez tous conscience de ce que nous sommes en train de jouer. »

*

Le 26 décembre, 20 000 vaccins Pfizer sont livrés à la France. Leur nombre demeure symbolique mais signe le début de la campagne.

Sur le papier, tout est prêt. Les recueils de consentement commencent à être remontés ; le calendrier de vaccination est arrêté Ehpad par Ehpad, au jour près et avec un nombre précis de doses à injecter. Tout ce qu'il nous faut, c'est une semaine de plus pour commencer, la fin de la trêve des confiseurs. J'alerte une nouvelle fois le président que dans notre montée en puissance, nous allons accuser un retard de sept à dix jours, notamment par rapport aux Allemands... Je comprends que c'est exclu.

La pression redouble, sur mes équipes comme sur mes épaules. Le lendemain, nous identifions quelques établissements capables de commencer sans délai. Les doses sont décongelées et envoyées, à grand renfort de médias. Mauricette est vaccinée le 27 décembre à Sevran devant les caméras du pays. Je me rends compte que le vent a tourné en faveur de la vaccination, ou que la majorité des citoyens n'a pas suivi les vendeurs d'angoisse : le nombre de Français silencieusement favorables au vaccin nous saute au visage. Celui des

Allemagne 18 000 – France 1

volontaires enfle. La peur du manque de vaccins est devenue plus grande que celle du vaccin lui-même. Mauricette nous fait gagner vingt-quatre heures.

Mais après elle et quelques autres, le nombre de doses délivrées est bien trop faible. Le lendemain, nous n'en sommes qu'à une vingtaine. L'Allemagne ? 18 000 ! Le président de la République s'alarme à nouveau du retard français. Je lui réponds : « On avance le lancement en médecine de ville à fin janvier et on active la vaccination des soignants dès janvier. Pendant une dizaine de jours, notre retard sur l'Allemagne sera saillant, du fait des demandes de la HAS. Mais ensuite, on embraye et on rattrape. »

29 décembre. L'Allemagne en est à 616 000 personnes en deux jours. Tout le monde s'en donne à cœur joie. La presse, Twitter, les blogs commencent à gloser sur le ridicule de la campagne française. Mauricette est raillée, nous sommes raillés, je le suis totalement. Tous les JT montrent en boucle les images de centaines d'Allemands faisant la queue devant des centres, dans le froid, tandis que nous, nous n'avons que Mauricette.

Ce jour-là, un Conseil de défense est prévu à distance, *via* des lignes téléphoniques sécurisées. Je le suis depuis la Savoie, où je télétravaille sans cesse. Des vacances de ministre ! Au terme de la réunion au cours de laquelle il m'est redemandé d'accélérer tout ce qui peut l'être, il doit être 14 heures, le chef de l'État conclut, en me demandant de donner cette après-midi une conférence de presse pour rappeler la stratégie vaccinale et dire qu'on accélère. Je panique. Impossible d'y être dans des délais pareils. Je plaide pour un 20 heures, il accepte.

Cela me laisse trente minutes pour me doucher, raser ma barbe de cinq jours, prévenir mes amis, et leur confier mes enfants. J'arrive au ministère à 19 h 15, enfile un costume, soigne ma tignasse et entre juste à temps sur le plateau de France 2. Où je déclare l'instauration du couvre-feu dans les régions classées rouges : « Je vous annonce que nous allons accélérer la vaccination des soignants et l'ouvrir dans les hôpitaux… » En clair, je m'assois sur les recommandations de la HAS qui avait prévu cette mesure pour plus tard, lors d'une deuxième étape. Mes équipes sont stressées. Elles me disent : « On va trouver des solutions pour vacciner un peu plus, mais on ne va pas monter à des dizaines de milliers par jour d'un claquement de doigts. »

Il est minuit quand je retrouve mes enfants au terme d'une folle journée. Une de plus.

*

Le 30 décembre, nous recevons 500 000 vaccins Pfizer. Le président s'inquiète d'un délai de rétractation de quatre jours exigé dans les Ehpad, dont la presse et l'opposition font état. Je livre publiquement l'explication : il s'agit de permettre aux Ehpad d'ajuster leurs besoins quatre jours avant la livraison pour ne pas gâcher de dose. Le message n'était pas suffisamment clair, et la polémique est partie comme une fusée. Plus généralement, je sens la pression monter encore d'un cran. Personne ne comprend qu'on vaccine aussi lentement alors que nous disposons de frigos pleins de doses.

Allemagne 18 000 – France 1

Le lendemain, 31 décembre, toujours à la montagne, je stresse tout le monde, j'appelle des sociétés de livraison pour les vaccins, des directeurs généraux des ARS, des responsables d'hôpitaux... Tout ce qui peut nous faire gagner quelques jours, quelques heures, tout ce qui peut débloquer le compteur.

Ce soir, je veux m'accorder une pause, une vraie, pour le réveillon. Mais avant, je regarde les vœux du président de la République. Il corrobore et amplifie le bruit qui monte depuis quatre jours dans notre pays : à part Mauricette, personne n'est vacciné. Nous sommes la risée de l'Europe tout entière... Alors je broie du noir, assis dans ma chambre, et rechigne à rejoindre les amis et leurs verres à notre santé.

*

Samedi 2 janvier, 21 h 08. Je suis chez moi à Grenoble quand la une du *Journal du dimanche* tombe : « Vaccination : la colère du président ». Sous-titre : « Il a sermonné Olivier Véran et exigé une accélération. » Le président m'appelle et, tout en me renouvelant sa confiance, m'invite à lever tous les blocages. Le ton est sympathique, je raccroche, soulagé. Je dois corriger le tire, vite.

À partir de là, tout s'enchaîne. Fini notre jardin à la française. De retour à Paris, je convoque tout le monde pour une réunion de mise au point. Ils ont déjà anticipé les choses – la une du *Journal du dimanche* a eu un effet détonateur. On ouvre la vaccination aux soignants à l'hôpital, en ville. Chacun de nous appelle des directeurs d'hôpital pour les motiver et les mobiliser. Nous voulons des chiffres, des résultats, il y a urgence : «Je regarderai personnellement chaque soir les compteurs de votre établissement.» Tout le monde a des cernes gigantesques sous les yeux à force de se plonger dans les tableaux Excel et d'envoyer des vaccins partout. Nous ouvrons des centres, appelons les préfets, les ARS, leur demandons de passer les commandes.

La campagne bat son plein, les soignants se vaccinent à bon rythme, la tendance commence clairement à s'inverser. En une seule journée, 4 000 personnes. Le lendemain, quatre fois plus. 60 000 le jour d'après, et ainsi de suite... Nous allons effacer ce fameux décalage avec l'Allemagne, comme l'a exigé le président. Qui a eu raison, depuis le début, depuis ses premières intuitions et les réunions de l'automne à l'Élysée.

En quelques jours, le travail d'un mois est abattu. Au risque de l'emballement : sur quelques territoires, on ouvre un trop grand nombre de créneaux comparé au nombre de doses. Il faut annuler des rendez-vous pris par des Français, catastrophe ! Nouvelle polémique. Des élus commencent à nous tomber sur le râble : «D'abord vous êtes trop lents, ensuite vous vous précipitez, et vous n'êtes pas capables de gérer les stocks, les flux...» J'appelle un directeur d'ARS que je connais bien. Il me dit : «On a transformé toutes les équipes. L'ingénieur des eaux, qui s'occupait des relevés pour connaître leur qualité, dresse aujourd'hui des tableaux Excel de vaccination, mais ce n'est pas son métier.» Que faire de plus ? Je passe un nombre de coups de fil incalculable. Ici, je joins un conseil de l'ordre départemental des méde-

Allemagne 18 000 – France 1

cins afin qu'il organise un centre de vaccination pour les libéraux le soir ; là, le directeur d'un hôpital, histoire qu'il vaccine 500 personnes...

Nous multiplions les déplacements pour montrer qu'on accélère, qu'on amplifie, qu'on accélère encore. Des mots que j'ai utilisés je ne sais combien de fois. Nous ouvrons en quelques semaines plus de 1 500 centres de vaccination dans tout le pays, investissant les salles des fêtes, les gymnases, les théâtres. Nous manquons de bras pour vacciner. Par décrets, j'autorise les pompiers, qui n'avaient jamais procédé à des injections, puis les aides-soignants, les étudiants en médecine, les secouristes... Nous atteignons les 2 millions de personnes susceptibles d'œuvrer. Tous les centres sont réquisitionnés, les collectivités, payées pour ouvrir les portes de ces bâtiments. Et les vaccins arrivent.

À la mi-janvier, nous atteignons un rythme de croisière impressionnant. Au printemps 2021, nous dépasserons même un à un tous les pays qui nous avaient distancés au début. Dont l'Allemagne ! Puis l'Italie, l'exemple de la réussite vaccinale. Avec nos 1 700 centres, les pharmacies, les médecins, les vaccinations à domicile, nous avons progressivement su convaincre l'opinion de la pertinence de notre stratégie. Je m'en réjouis pour la santé de nos concitoyens. Pour la mienne, c'est une autre histoire...

23

Le pire reste à venir

Février 2021

C'est le mois le plus court de l'année. C'est surtout le plus périlleux depuis août dernier. Voici venir la troisième vague, alors que nous ne sommes jamais réellement sortis de la deuxième. Tous les voyants sont au rouge : nos hôpitaux demeurent au bord de la saturation, sans discontinuer, depuis le début de l'automne 2020 ; le taux d'incidence est resté au-delà des seuils d'alerte : de premiers variants, plus redoutables que la Covid-19 des débuts, ont fait leur apparition. Les mutations acquises par le virus le rendent *a minima* plus contagieux, voire plus dangereux. On s'interroge sur l'efficacité de vaccins développés pour prévenir l'infection par un virus qui s'est, depuis, transformé. Et on sait que l'épidémie peut flamber dans cette période de l'année, puisque tel a été le cas en février 2020.

L'opinion est plus que jamais versatile. La décision de ne pas confiner à la fin de l'année précédente a d'abord inquiété. Puis le «pari» du président de la République a fini par être salué. Mais l'état d'esprit général se retourne déjà, les partisans de la fermeture trouvant, dans le

Par-delà les vagues

contexte actuel, l'occasion de rappeler qu'ils avaient, eux, appelé à écraser la vague en confinant fort et large.

Certes, la dynamique de la campagne de vaccination est excellente depuis quelques semaines, mais les ratés du début ont laissé des traces qui demeurent. Partout, on demande davantage de vaccins. Nombre de centres ouvrent plus de créneaux pour une injection qu'ils ne possèdent de doses, provoquant des annulations en cascade, qui nous sont imputées. Là où le virus est à nouveau très présent, la tentation est grande d'incriminer le manque de vaccins plutôt que des comportements collectifs facilitant la circulation virale.

On observe pourtant bien un relâchement global de la vigilance dans cette France épuisée par les mesures de restriction. Depuis plus de deux mois, un couvre-feu est en vigueur dans tout le pays, avancé à 18 heures depuis la mi-janvier. Chacun a compris que lui seul permet de ne pas fermer à nouveau les commerces et les écoles. Mais comment tenir dans la durée, avec la lassitude qui s'installe, la peur qui diminue, et ce sentiment d'être tous plongés dans le fameux film *Un jour sans fin* ?

*

Le 12 février, je me rends à Metz en raison de la détection du variant Bêta, originaire d'Afrique du Sud. La proportion relevée est hors norme. On sait peu de choses de lui si ce n'est que son profil génétique fait craindre un échappement au vaccin, et peut-être davantage de formes graves. Or il est entré sur le territoire national, ce que nous savons pour l'avoir repéré lors d'opérations de séquençage. Mais il circule peu, à

Le pire reste à venir

l'exception de quelques départements, en premier lieu la Moselle, où des centaines de cas sont apparus récemment. Le Grand Est, encore, ce territoire qui a payé un si lourd tribut à la pandémie et dont le niveau d'immunité collective est, de fait, le plus élevé de France.

Je ne suis pas venu pour prendre de nouvelles mesures locales. Ce déplacement se veut exploratoire, pédagogique, soucieux de démontrer notre grande vigilance. Sur place, au contact des équipes de l'ARS, je comprends que les contaminations au variant Bêta sont contenues dans un périmètre géographique donné, comme une lame traversant le nord du département d'est en ouest. À ce stade, pas de diffusion massive, pas d'échappement du variant hors de cette zone qui peut encore être contrôlée, comme me l'expliquent les experts. Les hôpitaux ne montrant pas de signe de saturation, il est temps d'éviter le pire. Nous convenons qu'il n'est pas nécessaire de prendre des mesures de confinement.

À l'issue de ma visite, j'annonce une intensification du traçage des contacts pour casser les chaînes de contamination. Quelques milliers de vaccins supplémentaires sont distribués afin de protéger en priorité les populations résidant dans le secteur, de manière à freiner la propagation et à limiter son impact hospitalier. Après mon départ, la presse titre : « Véran laisse la Moselle désemparée ». Je comprends que, malgré le ras-le-bol général et le sentiment d'injustice, l'opinion reste majoritairement inquiète, attentive à ce qu'on ne laisse pas le virus circuler.

Fort de cet enseignement, je me rends la semaine suivante à Nice. Dans le département des Alpes-Maritimes, c'est le variant Alpha qui circule. Récemment découvert au Royaume-Uni, il est aussi détecté en France au début du mois de janvier. Très contagieux, circulant à grande vitesse, il est sur le point de devenir majoritaire en Europe. Le taux d'incidence à Nice atteint un niveau record de 600 pour 100 000 habitants.

L'origine de cette flambée épidémique, alors que la vaccination y est plus forte que dans le reste du pays, m'interroge. En échangeant avec le maire, Christian Estrosi, je comprends que nous tenons peut-être une piste : la proximité avec Monaco. La principauté a maintenu ses bars et restaurants ouverts, la vie nocturne y est intense, la presse quotidienne niçoise s'en faisant le relais à grand renfort d'encarts publicitaires. Estrosi évoque la possibilité de fermer la frontière, or cela poserait des difficultés diplomatiques. Mais il faut au moins travailler avec nos voisins pour que l'appel à la clientèle française cesse.

Après mes expériences marseillaises, je me retrouve, en ce 20 février, à nouveau dans le Sud-Est. Avec une situation qui ne s'y annonce pas plus simple à gérer. Ici, la classe politique est davantage divisée. Certes, dans le département, tout le monde est à droite, mais deux clans s'opposent sur à peu près tout, y compris au sujet de l'épidémie. Le maire de Nice, très actif pour structurer la vaccination, et le président de la région, Renaud Muselier, sans doute échaudé par l'expérience marseillaise, plaident pour des mesures de freinage fortes. Ici, les hôpitaux se remplissent vite, et les médecins veulent qu'on agisse en conséquence.

Puisque le couvre-feu est déjà en vigueur et ne suffit pas, puisqu'il faut à tout prix éviter une fermeture

Le pire reste à venir

générale, la piste d'un confinement le week-end est évoquée. Dans ce lieu si touristique qui voit, alors que les vacances scolaires ont commencé, le bord de mer noirci de monde, cette mesure est vue comme une contrainte pesant davantage sur les touristes que sur les locaux. Malin. Mais à l'opposé de ces élus convaincus, toujours à droite, se trouve un regroupement d'élus emmenés par le maire de Cannes, David Lisnard, qui s'oppose à toute contrainte supplémentaire. Eux (parmi lesquels le maire d'Antibes, Jean Leonetti, et le député Éric Ciotti, ennemi juré de Christian Estrosi) nous accusent d'une gestion «calamiteuse» de la vaccination et nous rendent responsables de la situation dans les hôpitaux.

Comme j'ai retenu la leçon marseillaise, je décide de laisser davantage de temps à la concertation, qui sera conduite par le préfet. Je veux néanmoins éviter l'écueil de la passivité reprochée en Moselle : aussi, je prends soin d'évoquer devant la presse l'idée du confinement en fin de semaines, ainsi que la fermeture des grands centres commerciaux et le retour du masque en extérieur. Après quarante-huit heures de discussions, le préfet confirme ces mesures de freinage. À Paris, on s'interroge sur l'efficacité de ces nouvelles modalités à la carte. L'accueil par le grand public est, néanmoins, plutôt positif.

*

Après Nice, direction le Nord, le mercredi 24 février. Ne pouvant être présente à mon arrivée en gare de Lille, Martine Aubry a délégué l'un de ses adjoints, qui, me tendant un petit sac de chez Meert contenant des gaufres du même nom (ici, on sait vous donner l'envie de revenir), m'informe que la maire m'appellera pendant le trajet en voiture qui doit me conduire en pays dunkerquois.

Sans jamais l'avoir rencontrée, j'avais, je l'avoue, un *a priori* négatif à son sujet, transmis par ses bons camarades, du temps de mes années socialistes. On la disait autoritaire, sinon caractérielle. Mais, au printemps 2020, en plein confinement, elle m'a appelé une première fois pour me rendre compte de la situation lilloise, montrant une grande maîtrise des tenants et aboutissants de la gestion de crise, et surtout une implication personnelle et une hauteur de vue qui m'ont impressionné. Elle a conclu son appel d'un : « Tu as vu, je ne dis pas de mal de toi. Tu sais ce que ça signifie quant à mon appréciation de ton travail. Tiens bon ! » Depuis, nous avons pris l'habitude de nous appeler quand la situation le justifie. On se parle cash, avec une écoute réciproque. Du respect. Solide à chaque fois qu'il le faut, elle fait appliquer sans trembler les différentes consignes sanitaires, là où d'autres se montrent plus hésitants, sinon fuyants.

« Allô Olivier, c'est Martine. Tu aimes tes gaufres ?

— Merci, ce sont les meilleures.

— Bon, alors je te préviens, ça ne va pas être une partie de plaisir pour toi aujourd'hui à Dunkerque.

— J'en ai l'impression. Quelle est ta vision des choses ?

— Ils te diront le contraire, mais ils n'arrêtent pas de faire la fête. Le carnaval bat son plein, les associations et les chapelles sont toutes de sortie, il aurait fallu interdire tout ça, mais penses-tu…

— Je n'ai pas la culture du Nord, mais j'ai lu, oui, que c'était un peu les uns chez les autres. C'est ça ?

— Oh que oui. Et la bière coule à flots. Ça brasse de partout. Il faut que tu tiennes bon et que tu sois ferme mais je te fais confiance. Parce que si ça ne se calme pas, c'est Lille qui va flamber. Le CHU commence à déborder, on n'arrête pas de prendre des malades de Dunkerque. Je ne me casse pas la tête à longueur de temps à faire fermer mes bars si c'est pour payer le prix du carnaval organisé chez les voisins. »

Depuis plusieurs semaines, mes déplacements annoncent deux choses : les situations sanitaires locales ne sont pas bonnes, et il va falloir recourir à des mesures de freinage. Dunkerque affiche le taux d'incidence le plus élevé de France, deux fois le record enregistré lors des vagues précédentes. Un habitant sur cent y tombe malade chaque semaine, du variant Alpha. L'hôpital est saturé depuis plusieurs jours, et plus de soixante patients ont déjà dû être transférés dans différents établissements de la région. Pourquoi une situation très localisée et si dégradée ?

En voiture, le préfet confirme l'information que Martine Aubry vient de me transmettre. La période du carnaval voit des associations s'affronter et festoyer ensemble, avec un respect des gestes barrières anecdotique selon plusieurs témoignages. Le couvre-feu n'est respecté qu'avec, disons, parcimonie. Conséquence : le virus, lui aussi, est à la fête. Il est évident qu'il faut siffler d'urgence la fin de la partie.

Avant mon départ, comme précédemment, Matignon m'a fait savoir que je n'avais pas mandat pour annoncer quoi que ce soit, compte tenu de la sensibilité politique de la situation. Je dois avouer commencer à en avoir un peu marre d'être ainsi mis sous tutelle, comme si j'avais perdu toute capacité à prendre les bonnes décisions et à les faire accepter. À moins qu'il s'agisse de permettre au Premier ministre de montrer qu'il est le seul à décider ? Comme j'ai bien envie de me libérer du carcan dans lequel on tente de m'enfermer, je vois en Dunkerque une occasion à saisir. Après tout, qui se tape le boulot, les déplacements, l'opprobre de la population ?

Au même moment, mon téléphone vibre. C'est le cabinet du Premier ministre. « Olivier, tu es sur place ?

— Pas encore, je suis avec le préfet. Nous arrivons dans dix minutes.

— Bon. J'ai bien revu avec Jean Castex : tu ne dois faire aucune annonce sur place, hormis une concertation conduite par le préfet, comme à Nice.

— Mais la situation est mûre et urgente ici. Si j'obtiens le soutien du maire, on peut y aller direct.

— Non, ce n'est pas une option. On fera peut-être sortir le PM[1] selon la façon dont les choses évoluent.

— OK, compris. Dommage, mais OK, si c'est votre choix, évidemment.

— Allez, bon déplacement. »

Je raccroche. Le préfet me regarde : « Je pense, monsieur le ministre, que vous pouvez négocier avec le maire. Des mesures à la niçoise en échange de dotations supplémentaires en vaccins...

---

1. Premier ministre.

Le pire reste à venir

— C'est bien mon intention, monsieur le préfet.
— Vous auriez pu les annoncer, mais je crois comprendre que...
— Sauf votre respect, et sans vous associer le moins du monde à l'acte de mutinerie que je m'apprête à commettre, c'est là aussi mon intention, monsieur le préfet. »

Je sens qu'il faut agir vite. Et couper court, si j'y arrive, à de laborieuses discussions avec des élus qui seront nécessairement divisés sur la question.

Dès notre arrivée à Dunkerque, il est évident que Martine Aubry ne m'a pas menti. Le maire, Patrice Vergriete, un grand type polytechnicien qu'on m'a décrit comme très intelligent, se montre méfiant à mon égard. Nous commençons par une visite de l'hôpital, plein comme un œuf. Un élu national apparenté au parti socialiste, que je connais bien pour avoir siégé avec lui au Parlement lors de la précédente mandature, me prend à part. « Olivier, pour te prévenir que nous nous sommes réunis ce matin entre élus de gauche et que j'ai été chargé de te pilonner. » Trop aimable, même si je me faisais peu d'illusions... En réalité, ma stratégie repose sur un accord à trouver avec le maire et quelques élus dans son sillon. Leur crainte principale est qu'on incrimine trop ouvertement le carnaval qu'ils ont laissé se dérouler ? Je m'engage à ne pas mettre l'accent sur ce point. Ils veulent obtenir un bénéfice de ma venue, par exemple des vaccins en plus de la dotation prévue ? En l'occurrence, ce seront plusieurs milliers de doses, utilisables dès le week-end prochain. En échange, le maire s'engage à ne pas tailler en pièces mes annonces, à savoir un confinement le week-end. Et pour marquer notre *gentleman agreement*, il accepte d'être à mes côtés lors du point presse que je ferai. C'est gagné.

Mais avant cela, je dois encore réunir les élus du territoire pour les informer et les consulter. Les «alliés» interviennent en appui. Les opposants demeurent nombreux, mais s'effacent peu à peu en comprenant que les dés sont déjà jetés. Plusieurs tentent d'écarter toute responsabilité du carnaval. «Les associations sont très attentives, tout le monde porte le masque, il y a du gel hydroalcoolique partout.» Une fois encore, quand le virus flambe, les gens se sentent accusés d'avoir mal agi. Mais au fond, ils ne sont pas responsables de sa circulation. Les situations qui les voient se regrouper, manger et boire ensemble sont dangereuses au-delà de leur capacité à maintenir ou non les gestes barrières. Lorsque vous êtes des dizaines dans une salle, à chanter et manger, vous n'êtes tout simplement pas protégés. Dès lors que le carnaval n'a pas été interdit, les Dunkerquois ne sont en rien responsables de ce qui peut arriver.

Certains vont pourtant fort loin pour tenter de dédouaner la fête traditionnelle. Je ne résiste pas à l'envie de vous livrer l'explication la plus hallucinante qu'il m'ait été donné d'entendre en deux ans de crise, venant d'un élu doté d'un mandat national. «Monsieur le ministre, plutôt que pointer du doigt les associations des chapelles du carnaval, dont le comportement est exemplaire depuis le premier jour, pourquoi ne regardez-vous pas l'évidence? Nous sommes une ville frontalière, et de transit. Les Belges et les Anglais passent et

Le pire reste à venir

repassent constamment avec leurs camions, libérant par leurs pots d'échappement quantité de virus ! Ce sont eux les responsables de l'épidémie qui nous touche, et si vous aviez fermé les frontières, nous n'en serions pas là. »

Il est temps de finir cette réunion avant que ma patience s'érode. Je tiens les conditions du consensus, avec, à la clé une belle annonce. Je peux regagner Paris.

Comme convenu, le maire de Dunkerque dira à la suite de mon intervention « comprendre ces décisions, et les soutenir à fond pour les soignants, et pour la population ». Une nouvelle victoire dans la stratégie d'apaisement avec les élus locaux, qui rehausse *a posteriori* le contraste avec Marseille afin de mieux atténuer l'interprétation qui en était faite.

*

Quatre jours plus tard, les urgences de Dunkerque connaîtront une nuit dantesque. Dix membres d'une même chapelle seront admis en quelques heures aux urgences, une majorité d'entre eux étant transférés en soins critiques. Quant à la troisième vague, elle finira par toucher tout le territoire national.

Le 18 mars, le Premier ministre annonce un confinement léger dans seize départements. J'en ajouterai trois quelques jours plus tard. Actant que la vague ne faiblira pas d'elle-même et afin d'éviter un bilan humain trop lourd, le président de la République rendra le confinement national le 31 mars. Sans enfermement : les écoles fermeront une semaine plus tôt et le calendrier des vacances scolaires sera harmonisé. Les commerces non essentiels seront clos, sauf les salons de coiffure, les libraires et les disquaires. Les déplacements se verront limités à dix kilomètres mais le temps passé dehors « en citoyen », plus contraint. Surtout, un calendrier sera rapidement donné aux Français, avec des étapes fixées de réouverture progressive du pays, jusqu'au 30 juin.

La troisième vague s'avérera meurtrière et épuisante pour des hôpitaux qui n'auront jamais pu souffler depuis un an. Mais le calendrier sera respecté et cette nouvelle épreuve, dépassée.

Une quatrième vague suit pourtant de peu la levée des mesures de freinage, au cœur de l'été. Le variant qui en est responsable est nommé Delta. Identifié en Inde en octobre 2020, il y a provoqué une vague particulièrement meurtrière. Très contagieux, il se diffuse rapidement, et sur l'ensemble du territoire national. Nous constatons rapidement que les Français vaccinés contractent moins le virus, et, surtout, font très peu de formes graves. Les non-vaccinés, en revanche, commencent à remplir les services de médecine puis de réanimation des hôpitaux.

Nous sommes pris au dépourvu, alors que nous pensions pouvoir respirer, compte tenu du haut niveau de vaccination déjà atteint dans le pays. À l'évidence, cela ne suffit pas. Pour renforcer la vaccination de la frange encore réticente de la population, nous décidons de faire ce que nous pensions ne jamais avoir à faire : nous généralisons le passe sanitaire, et décidons l'obligation vaccinale pour les soignants. À la clé, 12 millions d'injections supplémentaires en un temps très court, et une extinction rapide de ce rebond épidémique, aux conséquences sanitaires finalement limitées. Nous pensons que nous en avons cette fois terminé avec la pandémie. À nouveau, nous nous trompons.

24

La cinquième vague

21 novembre 2021

« Olivier ? C'est Xavier. J'ai les chiffres du bilan quotidien de SPF. On a pris 180 patients de plus en réa depuis vendredi. À ce rythme, on ne va pas tenir bien longtemps. »

Xavier Lescure est médecin infectiologue, et c'est mon conseiller en charge de la crise sanitaire. Il m'a rejoint en cours de route. D'un naturel calme, posé, il est rarement dans tous ses états, ce qui me semble être le cas aujourd'hui. La vague Delta, qu'on pensait annihilée à la fin du mois d'août, frappe à nouveau la France, cette fois de plein fouet, tandis que, déjà, on parle d'un nouveau variant plus contagieux encore, Omicron, qui pourrait déferler sur l'Europe sous peu, sans qu'on en connaisse encore les caractéristiques. Nous sommes donc dans une situation de fragilité et d'incertitude plus grande qu'à l'accoutumée. Je lui demande de préciser : « Tu parles en flux, 180 nouvelles entrées en réanimation ? Ou en stock, 180 patients en plus dans les réanimations à un instant T, en décomptant les sorties ?

— En stock! En flux, on en prend plus de 1 000 nouveaux sur la semaine. On n'avait pas vu ça depuis mars dernier, au plus fort de la troisième vague.

— Ça ne sent vraiment pas bon. On a fait tourner les modèles de l'institut Pasteur pour voir si ça correspond à ce qui était prévu, et comment ça pourrait évoluer?

— Oui. Selon eux, on aura atteint les 2 500 Covid graves en réanimation d'ici une grosse semaine. Et près de 3 000 d'ici douze jours.

— À partir de combien de réanimations doit-on lancer les plans blancs et les déprogrammations?

— 2 500. C'est notre seuil critique. En serrant les fesses pour que ça passe.

— Et ça, c'est sans compter une possible vague dans la vague, liée à Omicron?

— Oui, et sans compter la grippe.

— La grippe, on a encore le temps. Nous ne sommes que fin novembre.

— On a enregistré ce matin les premiers cas graves de grippe. C'est la deuxième mauvaise nouvelle que je voulais t'annoncer.

— Merde, on aura tout eu. Elle est en avance, non?

— Oui.

— Côté bronchiolite, on en est où?

— Les pédiatres pensent que ça va baisser dans les deux prochaines semaines.

— Bon. Les réanimations pédiatriques auront tenu, c'est déjà ça. Les modèles de l'institut Pasteur prennent en compte la campagne de rappels de vaccination ou pas?

— Oui, au rythme de 400 000 par jour.

La cinquième vague

— Et on fait 400 000 rappels aujourd'hui! Donc la vague va être forte.

— On ne va pas s'en sortir sans mesures de freinage, voire sans un nouveau confinement généralisé.

— Attends! D'une, pas question de paniquer pour des mauvais chiffres sur seulement trois jours. De deux, avec notre taux de vaccination, on ne devrait pas avoir autant d'hospitalisations, ce n'est simplement pas possible! Il y a un truc qui cloche.

— On est en avance sur les modèles, Olivier. Ça monte plus vite que les estimations. D'habitude, c'est l'inverse.

— On peut monter à combien de lits de réanimation équipés au max du max?

— 9 500. Pas plus.

— Mille de moins que l'an dernier?

— Tout le monde est crevé, et vu que ça flambe partout, on ne pourra pas faire venir des renforts dans les hôpitaux déjà sous tension.

— 9 500... On y sera vite. En déprogrammant le maximum d'opérations prévues, en évitant la grosse traumatologie liée au ski, on arriverait à caser 5 000 Covid graves. Si on est à 3 000 dans deux semaines, ce sera notre deadline pour décider de confiner. Et de fermer les stations de sports d'hiver. Après, on sera débordés. J'envoie un message au président. Mais ça pue.

— En même temps, il est trop tôt pour voir si les gens font plus gaffe aux gestes barrières depuis l'appel à vigilance du président et ta conférence de presse de jeudi dernier.

— Tu crois aux miracles, toi? Cela dit, avec cette Covid, ce ne serait pas la première fois. Tu n'étais pas encore au cabinet, mais ça me fait vraiment penser à janvier dernier et la deuxième vague. Mais là, on est seulement en automne. Bon. Merci Xavier, je te tiens au jus.»

Je raccroche. Quelle heure est-il ? 21 h 10. Dans dix minutes, je dois filer au Parlement défendre la proposition de loi sur l'extension du délai d'IVG de douze à quatorze semaines. Nous allons sans doute siéger jusqu'à minuit, au plus tôt. Où est mon texte, déjà ? Je l'attrape, je le lirai dans la voiture. 3 000 Covid en réanimation dans les douze jours... C'est impossible, ce n'est pas vrai ! Près de 90 % de notre population est vaccinée, une chose pareille ne devrait pas arriver. Dois-je écrire un message au chef de l'État maintenant ? Pour lui dire quoi ? «Président, ça monte en réa, les modèles ne sont pas bons» ? Allez, j'envoie. J'ajoute que la prochaine semaine sera décisive, parce que, rappels ou non, si la situation continue de s'aggraver plus vite que nos modèles, nous serons tous confinés pour Noël.

Pas de réponse immédiate. En revanche, je reçois un SMS du maire de Nice, Christian Estrosi : «Monsieur le ministre, cher Olivier. Le préfet ne nous envoie que du Moderna, il nous faut du Pfizer !» Un autre, de la part de Michèle Rubirola, médecin et première maire adjointe de Marseille : «Cher Olivier, j'ai besoin de te parler. Si tu peux me rappeler...» Le quotidien de la vaccination, presque rassurant au regard de l'alerte de mon conseiller. Ils attendront demain, je fonce à l'Assemblée.

25

« Haut, bas, fragile »

23 décembre 2021

« Laissez-moi loin des causes perdues, des compteurs qui s'affolent. » La musique de La Maison Tellier résonne dans mon salon. Elle ne doit rien au hasard : à ce stade de la journée, je laisse vagabonder mon humeur. Nous sommes un jeudi de décembre 2021 et, pour la première fois, j'appréhende le chaos. La vague dans la vague. La lame de fond qui s'apprête à s'abattre sur nous et à terrasser les digues construites depuis deux ans porte le nom d'Omicron. La fille aînée des pandémies. Par devoir, déni ou courage, à vous de choisir, je tiens le sentiment de résignation à distance, depuis le premier jour. Je le laisse à ceux qui baissent les bras ou aux lumières qui prévoient infailliblement toutes les issues (merci de me les présenter). Mais les faits sont là. La science. Les données. Imprécises encore, mais pour celles que j'ai à connaître, implacables.

*

Que sait-on d'Omicron ?
Qu'il est apparu à la fin du mois de novembre, vrai-

semblablement en Afrique australe. Un variant tout à fait différent de ses aïeuls, vu le nombre de mutations qui le caractérisent. Il faut d'ailleurs remonter au virus originel de la Covid-19 pour identifier la souche dont il est issu.

Qu'Omicron est terriblement contagieux. On dit qu'il se multiplie soixante-dix fois plus dans les cellules infectées que ses prédécesseurs. Capable de multiplier par deux le nombre de malades tous les deux ou trois jours, il se répand comme une traînée de poudre. La formule 1 des variants. À cette vitesse, nous nous apprêtons à passer de quelques milliers de cas diagnostiqués en France à plus de 100 000 en vingt-quatre heures, en seulement dix jours.

Qu'Omicron est en outre impossible à arrêter par les mesures classiques de distanciation sociale, telles que jauges ou fermetures anticipées. Qu'à cette vitesse, il peut mettre notre pays et la planète à genoux en seulement trois semaines.

Dès son apparition, nous avons tenté d'enrayer sa course avant qu'il ne soit trop tard. Fermeture brutale des frontières avec l'Afrique australe, traçage des contacts renforcé... Rien n'a suffi. Ce variant est fait pour envahir le monde.

En quelques jours, l'Angleterre et le Danemark ont été submergés par le nombre de cas. Faut-il pour autant s'affoler? S'avouer vaincu d'avance? Je ne le crois pas. On sait Omicron assurément plus contagieux, mais aussi sensible aux vaccins à ARN messager et sans doute moins dangereux que les précédents. Les premières données en provenance d'Afrique du Sud ont été plutôt rassurantes, partagées par des médecins à la fiabilité incontestable.

« Haut, bas, fragile »

Sur le papier, on pourrait même le considérer comme une aubaine : un virus très contagieux et peu virulent ne constituerait-il pas un moyen d'en finir avec la pandémie ? Une voie de garage pour un coronavirus qui, afin de nous dire adieu, provoquerait un rhume planétaire avant de quitter la scène ?

À l'inverse, si Omicron s'avère aussi virulent que son cousin éloigné Delta, capable à son tour de déclencher autant de formes graves chez les personnes infectées, venant s'ajouter aux dégâts causés précédemment, nous nous retrouverions confrontés à une situation d'une difficulté totalement inédite.

La veille du jour où j'écris ces lignes, lors d'un Conseil de défense sanitaire, j'ai exprimé tout haut les deux *scenarii*, soulignant que, pour la première fois, nous n'avions que peu de moyens d'infléchir la courbe exponentielle de propagation de ce virus, et que nous allions devoir faire avec les nouvelles à venir, bonnes ou mauvaises. Aucun modélisateur ne s'est d'ailleurs risqué à prédire un quelconque impact sanitaire d'une vague Omicron, dont on sait simplement qu'elle sera massive et d'une brutalité inouïe.

Notre seule certitude ? Les personnes vaccinées conservent statistiquement une protection forte contre les risques de forme grave.

Depuis des mois, nous faisons de la vaccination notre arme la plus efficace, tentant de convaincre les réticents du bien-fondé de notre politique consistant à maintenir un haut niveau d'immunité grâce à l'injection d'une dose de rappel. Après l'engouement des premiers mois qui a vu près des trois quarts des Français se ruer en centre de vaccination, en pharmacie ou en cabinet de médecine de ville, la campagne de vaccination a calé. Peur de la piqûre, peur des effets indésirables du vaccin, volonté naturaliste de se forger une immunité par d'autres moyens, méfiance vis-à-vis des autorités scientifiques et politiques, éloignement des dispositifs traditionnels d'accès aux soins porté par les inégalités sociales, nombreuses sont les raisons qui n'ont pas permis d'atteindre un niveau de protection collective suffisant.

D'un côté, nous avons rivalisé de moyens et d'innovation pour aller vers les non-vaccinés et les inciter à se protéger (bus de vaccination, barnum dans les grandes surfaces, etc.). De l'autre, nous avons dû nous résigner à instaurer une dose de coercition. Je dis «résigner à», parce que nous n'aurions jamais pensé devoir en arriver là. Ça a d'abord été le passe sanitaire, réservé aux lieux accueillant du public en grand nombre. Puis nous l'avons étendu aux bars, restaurants, et autres endroits du quotidien, chose que je pensais, en sincérité, impensable mais qui s'est révélée indispensable face aux différentes vagues et à leurs cortèges d'hospitalisations de Français pour l'essentiel non vaccinés. À la clé, plus de 12 millions de nos concitoyens vaccinés en plus, soit des milliers de vies épargnées.

Si une large majorité de l'opinion publique nous a suivis dans ces décisions successives, elles ont pu être perçues par d'autres comme une suite de renoncements à nos engagements – le chef de l'État lui-même avait assuré que le vaccin ne serait pas obligatoire, au détriment des libertés individuelles. Des manifestations d'opposants au vaccin et/ou au passe sanitaire ont éclaté

« *Haut, bas, fragile* »

dans la plupart des grandes villes, et le niveau de tension sociétale est monté d'un cran.

Ce mercredi 22 décembre 2021, nous venons de décider la transformation du passe sanitaire en passe vaccinal. Jusqu'ici, les personnes non vaccinées pouvaient accéder aux établissements soumis au contrôle du passe si elles présentaient le résultat d'un test diagnostique négatif récent. Désormais, elles ne pourront plus accéder aux bars, restaurants, cinémas et théâtres. Une forme d'obligation qui, certes, cache son nom mais affiche son objectif.

Notre décision a été facilitée par une meilleure acceptabilité de la part de Français las d'entendre du matin au soir que nos hôpitaux prennent en charge toujours plus de malades non vaccinés, rendant nécessaire la déprogrammation de soins pour d'autres patients défavorisés par le choix personnel d'une petite partie de leurs concitoyens. Nous avons surtout décidé d'amplifier la campagne de rappels de la vaccination, afin de protéger au plus vite un maximum de personnes, à commencer par les plus fragiles. Désormais les rappels se feront dès quatre mois après la dernière injection.

C'est le Premier ministre qui s'est chargé d'annoncer ces décisions nouvelles, seul. La conférence de presse est lapidaire, sans explication de texte, sans révéler nos hésitations à l'heure de rogner encore sur les libertés individuelles. J'ai un doute sur la méthode, mais après tout, qu'aurait-il fallu dire ? À l'allemande, qu'avant la fin de l'hiver tout le monde serait « vacciné, guéri ou mort » ? Impensable dans un pays comme le nôtre, d'autant que le pire n'est pas encore certain.

Par-delà les vagues

Invité lors d'une matinale à la radio, je préfère sensibiliser un peu plus encore les Français à la menace et justifier pourquoi il n'est plus temps de tergiverser, sans aller plus loin pour le moment dans mes explications afin de ne pas créer d'effet de panique à quelques jours de Noël.

J'enchaîne avec une série de questions/réponses pour le média en ligne Brut. Une vingtaine, posées par des jeunes par écran interposé. Croyez-vous qu'elles portent sur le risque Omicron ? Non. Toutes tournent autour de la contrainte vaccinale, des discothèques fermées, de leur ras-le-bol. « Quand allez-vous enfin cesser de nous pourrir la vie ? » vient clôturer ce moment éprouvant, révélateur de la dissociation entre l'envie de souffler d'une partie des Français – symbolisée par ces jeunes internautes – et leur vie quotidienne d'ici quelques jours si le scénario du pire doit se profiler. À les écouter, notre cible n'est pas le virus, c'est le vaccin. En attendant, l'ennemi n'est pas la pandémie, mais ceux qui la gèrent, l'encouragent, provoquant cette colère au sein d'une jeunesse désabusée par deux ans de galère et déjà angoissée par le péril climatique.

*

Tout juste rentré chez moi, bousculé par le décalage grandissant entre ce qu'il convient de faire et ce que beaucoup ne supportent plus, je consulte Telegram, et tombe sur ceci, envoyé par l'un de mes conseillers : « Nous venons de recevoir les premières données anglaises. Le taux d'hospitalisation est le même que celui du variant Delta. » Je lui demande : « Omicron fait donc

« *Haut, bas, fragile* »

autant de dégâts chez les malades que Delta ? »
Réponse : « Ce sont des données très préliminaires, mais oui. Et ce n'est pas une bonne nouvelle. »

Puis, un autre message : « Nous avons modélisé sur la base du rythme de développement anglais les effets d'Omicron en France. On s'attend à un raz-de-marée dès Noël. Soit dans six jours. Prions pour qu'Omicron soit effectivement moins dangereux que Delta. »

Je passe en message privé avec mon équipe Vaccins : « Les amis, désolé de vous emmerder un samedi, mais avec les infos qu'on vient de recevoir, il faut s'attendre à ce que les cas chez les Britanniques flambent dans la semaine, qu'Omicron monte fort chez nous. Qu'on se rende compte qu'on va se cogner une vague comme jamais. Il faut anticiper une ruée sur les vaccins dans notre pays vers Noël. Examiner tous les *scenarii* non encore explorés pour écouler tous nos stocks. Je vous demande d'envisager l'hypothèse consistant à vacciner à la chaîne, dans la rue, partout. Il faut qu'on bosse là-dessus. Si les modèles ne mentent pas, on va avoir beaucoup, beaucoup de morts. »

Une fois ce message envoyé, je transfère à Matignon et à l'Elysée une note laconique et prudente résumant ce que je viens d'apprendre. Mon alerte n'appelle aucune décision dans l'immédiat. La seule qui vaille est de nous préparer à mobiliser tous les efforts de la nation afin de vacciner, encore et toujours. Confiner ? Quand ? Au premier jour des vacances scolaires ? Sur la base de vingt-cinq Anglais hospitalisés ? Le simple fait d'annoncer qu'une loi prochaine transformera le passe sanitaire en passe vaccinal déclenche déjà les passions, alors confiner maintenant n'aurait aucun sens, ne serait ni compris, ni accepté, ni respecté, sans compter qu'avec une telle contagiosité, Omicron passera partout où il le voudra. Gagner une poignée d'heures ou de jours n'y changera rien.

*

Ma conseillère spéciale m'écrit : « Tu tiens le choc ? » Je lui réponds : « Résigné, mais combatif.
— Toi, résigné ? Tu penses à quoi ? »
À nos hôpitaux déjà exsangues après deux ans de lutte contre la pandémie, qui pourraient être submergés en quelques jours, en moins d'une journée peut-être, par des malades que les ambulances peineraient à transporter à temps. En somme, à la possibilité de passer d'une crise sanitaire à un cataclysme humanitaire. Le tri serait la règle, des critères d'admission en réanimation seraient édictés en catastrophe, le choc des images sèmerait la panique. Depuis quelques jours, certains grands noms de la médecine brisent le tabou d'une égalité de soins à accorder, dans le contexte d'un hôpital sous tension, aux non-vaccinés, statistiquement bien plus nombreux à occuper des lits d'hôpitaux. Qu'adviendrait-il de notre société jusqu'ici si résiliente ?

Je repense à ce que l'Inde a traversé au cours de sa troisième vague. Ces charniers à ciel ouvert, ces dépêches morbides annonçant que certaines villes manquaient de bois pour embraser les corps des défunts comme le veut la coutume. Comment imaginer chose pareille en Europe ? Nul besoin de revenir avant guerre : lors de la grande canicule de l'été 2003, qui aura tué des milliers de personnes âgées, les premières alertes ont été

« Haut, bas, fragile »

données par des services de pompes funèbres s'alarmant de manquer de place dans les chambres mortuaires. Et encore plus près de nous : la vague qui a frappé la Guadeloupe et la Martinique il y a trois mois a obligé les équipes médicales à entasser les brancards dans les couloirs des urgences comme après un tremblement de terre.

J'allume la radio. Un éditorialiste interroge un de ces fameux «experts en tout» ayant réponse à tout. J'entends ceci : «Le gouvernement, clairement, panique. La vague Delta est déjà en train de décliner et tout le monde sait qu'Omicron n'est pas si dangereux que cela. Maintenant, on voudrait vacciner les enfants et empêcher les gens non vaccinés d'aller travailler. C'est, une fois encore, du grand n'importe quoi.»

Dans ce climat si tendu, comment communiquer en toute transparence sans passer pour un dangereux Big Brother ? Comment rendre acceptables, si elles s'avèrent rapidement nécessaires, des mesures bien plus dures que certaines, déjà si mal admises ? Il ne reste qu'à vacciner, vacciner, vacciner : voilà d'abord le message qu'il faut faire passer. Ceux qu'on peine à mobiliser aujourd'hui se presseront dans quelques jours. Il faut donc être prêt. Et pour le reste, nous aurons tout tenté afin de convaincre les réfractaires de se faire vacciner quand ils le pouvaient. On aura fait le maximum pour en sauver le maximum.

Quant aux autres ? Aux victimes non vaccinées de cette cinquième vague aux allures de tsunami sanitaire ? Certains parleront de Darwin dans les livres d'histoire. Pas moi. Les inégalités de santé n'ont rien de génétique, et il n'y a aucune fatalité dans ce qui arrive. Pour chacun d'entre nous, rien ou presque n'est écrit à l'avance : sans méconnaître une part de chance, sans méconnaître non plus le poids des conditionnements sociaux, notre attitude face au virus est un acte de liberté. Celle de suivre ou non l'influence d'un gourou du sud de la France. Celle de s'en remettre, plutôt qu'à la communauté scientifique, à des leaders religieux et à leur interprétation des textes (Jésus se serait-il vacciné ? Vous avez quatre heures). Celle de résister envers et contre tout à ce qui présente un visage d'autorité, parce que les injustices du monde et la violence des déclassements apparaissent intolérables. Celle enfin de regarder ailleurs alors que la maison brûle, parce qu'on a trop peur ou parce qu'on ne se sent pas concerné, au point de croire livrer, à travers la lutte pour les discothèques, le combat de toute une génération. Tout cela pourrait devenir dramatique. Une partie de cela était forcément évitable. On aurait pu faire mieux. On pourrait encore. *Vade retro*, résignation !

Je monte le volume et ferme les yeux.
« Laissez-moi loin des causes perdues, des compteurs qui s'affolent… »

26

Ma vie de confiné

13 janvier 2022

« Allô, Deborah ? Dis, je suis embêté, j'ai un peu de fièvre, cette fois...
— OK, je viens te tester. Tu es chez toi ?
— Oui, oui, je t'attends. »
Deborah de Lieme est ma cheffe de cabinet. C'est elle qui prépare les déplacements, gère mon agenda, est en relation avec tous mes interlocuteurs, assure la coordination avec les chefs de cabinet des autres ministres, de Matignon et de l'Élysée. C'est aussi la « maman » de l'équipe, qui reçoit les conseillers quand ils ont un problème, une question, envie de décompresser ou de râler. Elle organise la vie au septième étage, les bureaux, les services supports... Elle s'occupe de la décoration de mon appartement de fonction (je n'en pouvais plus des murs blancs), s'assure que des repas me soient livrés les week-ends où je reste travailler au ministère, planifie mes rares sorties. Elle connaît tout Paris et tout Paris la connaît. Elle est dotée d'un caractère fort, et j'aime à l'appeler l'un de mes deux « dragons » (l'autre étant Ségolène, ma conseillère spéciale), façon Daenerys Targaryen dans la série culte *Game of Thrones*.

Professionnelle jusqu'au bout des ongles, elle se battrait pour moi : il n'y a pas meilleure personne à qui confier sa vie au quotidien.

Cinq minutes après l'appel, Deborah frappe à ma porte, tenant dans sa main une boîte de tests antigéniques. En bonne infirmière du cabinet, elle s'est formée, puis elle a testé tout membre de mon entourage professionnel susceptible d'avoir contracté la Covid.

Je ne le lui dis pas mais juste avant de la contacter, je me suis fait un autotest. Sans doute le centième depuis deux ans... Jusqu'ici je suis passé entre les gouttes, moi qui pourrais pourtant publier un guide touristique des clusters français, qui ai multiplié les visites dans les hôpitaux et les Ehpad sans oublier les centaines de personnes reçues – en respect des gestes barrières – dans mon bureau. L'absence quasi complète de vie sociale et une précaution de chaque instant, par peur d'être dans l'incapacité de travailler normalement, m'ont longtemps évité de tomber malade.

Mais, voici cinq jours, de retour à Grenoble pour le week-end, mon samedi après-midi s'est déroulé avec des amis dont les enfants, je l'ai appris par la suite, présentaient une forme asymptomatique de Covid, sans doute attrapée à l'école. Un peu fatigué depuis trois jours, enrhumé, je me suis testé quotidiennement depuis. Toujours négatif. Or, ce matin, fièvre et toux se sont jointes au reste. J'ai donc renouvelé l'autotest par précaution. Et, cette fois, une seconde petite bande rouge est apparue sur le rectangle en plastique.

Je suis positif à la Covid. L'honnêteté m'oblige à vous avouer que j'hésite alors : faut-il que je l'annonce publiquement ? Je suis symptomatique depuis trois jours, il doit me rester deux à quatre jours au maximum durant lesquels je suis contagieux. Et nous sommes jeudi. Si je respecte scrupuleusement les jours d'isolement qu'il me reste, travaille depuis chez moi, est-il indispensable que j'en fasse état publiquement ?

J'hésite, oui, parce qu'il y a tant de choses à faire, parce que je redoute la réaction des militants anti-vaccins. Ayant eu mes trois doses, je ne voudrais pas que mon exemple serve à ceux qui veulent faire croire que ceux-ci ne protègent pas. Mais je sens bien que c'est idiot de penser cela.

Alors je ne dis pas à Deborah que je me sais positif. Je veux voir sa réaction sur le vif. Si elle considère l'officialisation de mon isolement comme une évidence, je la suivrai ; si elle s'interroge, alors je ferai appel à « Dragon 2 » pour décider.

*

« Tu es positif ! crie-t-elle, sitôt que le précipité rouge colore les deux barres, du test et du contrôle.

— Eh ben, c'est la merde. Qu'est-ce qu'on fait ?

— Comment ça, qu'est-ce qu'on fait ? Tu t'isoles, tu ne sors plus d'ici jusqu'à la semaine prochaine. Je vais avertir Ségo [Dragon 2] afin qu'on prévienne le "Château" et communique. Je m'occupe de mobiliser les équipes pour qu'on t'apporte des repas ce week-end. Je vais aussi t'acheter un thermomètre, un saturomètre, un tensiomètre, et demander à une biologiste de passer te tester, parce qu'il faut mettre le résultat dans Sidep. Tu as besoin de voir un médecin ? Ah, et autre chose, je ne suis pas là ce week-end, ni lundi, je pars en Espagne avec mon mec. Tu vas survivre sans moi?

— Non...

— Comment ça, non?

— Je suis un mec, Deb. Comme tous les mecs, je suis malade donc je vais mourir. Je ne veux pas rester une semaine, seul dans cet appartement lugubre.

— Tu ne vas pas mourir, Olivier, tu es vacciné. Tu en profiteras pour dormir, mater des séries... Tu veux que je t'apporte des livres?

— Ah mais non, hors de question de glander ici une semaine. Et ne donnons pas l'image d'un ministre affaibli. Je sais que je ne risque rien, étant vacciné. J'ai horreur de me sentir malade. Donc je reste à travailler. Mets-moi un maximum de visios, je les ferai depuis mon ordinateur.

— Tu es sûr d'être en état?

— Mais on s'en fout que je sois en état. Je ne suis pas en vacances, point barre!

— Bon, eh bien tu commences ce soir, visio avec Castex, Blanquer et les syndicats enseignants, après leur journée de grève contre les protocoles scolaires qui bougent tout le temps.

— Parfait. Merci. »

*

Une heure plus tard, les vibrations répétées sur mon téléphone m'indiquent que les bandeaux d'alerte ont dû apparaître sur les chaînes info, annonçant que j'ai la Covid. Et pour cause, un communiqué a été diffusé, qui précise que je souffre de symptômes légers. Quelques

Ma vie de confiné

messages de soutien me sont adressés, mais pas autant que je l'imaginais. En ce moment, avec le variant Omicron, tout le monde a la Covid et on sait que je suis vacciné. Faisons de cet épisode un non-événement.

En tout cas, pas de danger que mon équipe me ménage. Mon agenda se remplit, en à peine une heure, de dizaines de visioconférences pour les jours à venir. Outre un entretien avec des enseignants, de 19 à 22 heures ce soir, que je traverserai avec 40° de fièvre, un comité de liaison avec les associations d'élus demain matin, une visio avec les centres de vaccination, une autre avec les syndicats et ordres professionnels, puis les médecins anesthésistes, les associations de lutte contre la pauvreté, etc., je ne vais pas chômer. Un journaliste propose une interview en direct par téléphone depuis mon isolement pour partager mon quotidien de malade. C'est non, j'évite les téléréalités. Le plus dur sera de masquer le fait que je suis quand même assez malade, mais la visio a au moins cela de pratique : on peut couper micro et caméra le temps d'une quinte de toux.

Tout est en place pour que mon rythme de vie soit le moins bousculé possible. Plus que les symptômes de la Covid, je crains que ma mise au repos forcé n'engendre une sorte d'effondrement. Depuis mon arrivée au ministère, je me suis rarement senti épuisé au travail. Sans doute parce que le stress permanent est un bon stimulant. À quelques exceptions près.

Je me souviens qu'en avril 2020, en pleine première vague, je n'étais pas passé loin de la catastrophe. Tout allait trop vite, je manquais tellement de temps que j'en arrivais à perdre le fil entre ce que j'avais rêvé et ce que j'avais vécu. Plus aucune séparation entre semaines et week-ends, au point qu'un matin, en sortant de mon appartement de fonction pour rejoindre mon bureau, je m'étais étonné de ne trouver personne dans les couloirs... avant de me rappeler que nous étions dimanche. J'avais mis aussi presque toute la journée avant de prendre conscience que nous étions passés à l'heure d'été durant la nuit. Bref, j'étais déphasé.

La scène en question se déroule à l'Élysée. Nous venons de sortir d'un Conseil de défense destiné à prolonger la durée du confinement. Je dispose de quelques minutes avant d'enchaîner avec un Conseil des ministres. Je mets à profit cet instant pour m'aérer dans le vaste parc et prendre la lumière du printemps. Confiné dans un ministère sans espace extérieur, privé de toute sortie, je n'avais pas vu les beaux jours arriver. Pourtant, c'est une sensation désagréable qui monte en moi, avec fortes nausées, vertiges, signes d'anxiété. Je m'assois sur les marches du perron. Je me sens d'un coup comme terrassé, écrasé, incapable de me lever. Un huissier vient me chercher : « Monsieur le ministre, le président arrive, le Conseil va bientôt commencer. » La seule évocation d'une nouvelle réunion accroît la nausée.

Un *burn-out*? Cela y ressemble. Sauf que c'est exclu, impossible, impensable. Je prends encore quelques minutes pour voir le vent agiter les feuilles naissantes sur les arbres, écouter le chant de quelques oiseaux, avant de me lever et d'aller, symboliquement, poser mes pieds sur l'herbe à la lisière du parc. « Tiens bon. Tu peux le faire. » Ensuite j'assiste, tel un zombie, au Conseil des ministres, puis, rentré au ministère, saisis mon smartphone, télécharge une application de méditation, m'allonge un quart d'heure. «Vous sentez l'air froid entrer par vos narines et l'air chaud en sortir, vous vous laissez aller, juste comme ça, sans jugement ni commentaire...» Ça marche.

En tout cas, ça m'a aidé. Ce jour-là je ne suis pas passé loin de la sortie de route. Après cet épisode, j'ai fait plus attention à mon hygiène de vie. Pas davantage de repos, impossible, mais des temps de méditation, et des séances de boxe, pour relâcher la pression, en général juste après les conférences de presse du jeudi.

Disant cela, je ne veux pas donner le sentiment de me distinguer de mes concitoyens. Les contraintes liées à la Covid ont touché tout le monde, et mes conditions de vie et de confort font de moi un privilégié. Je n'ai pas vécu le quotidien d'une famille enfermée dans un petit appartement. Ou l'enfer d'un couple qui se déchire entre quatre murs. J'ai toujours pu me déplacer, pour le travail certes, mais quand même. J'ai néanmoins souffert de l'éloignement de mes enfants. Terrible. En mars 2020, lorsque je les ai appelés pour les prévenir qu'on ne se verrait pas avant quelques semaines, je ne pensais pas que ce serait si long. J'aurais pu sauter dans un train pour les retrouver l'espace d'un week-end, mais je n'avais pas vraiment de week-end à cette période, et je ne voulais pas prendre le risque d'une polémique, pris en photo dans un wagon, sans motif professionnel.

Je n'ai fait aucune entorse à ce confinement strict et mes sorties privées, même hors période de confinement, quand j'en avais alors le droit, on été rares au cours du printemps 2020. Une fois, j'ai traversé en voiture une France en plein déconfinement, pour une visite surprise de quelques heures à mes enfants. Jamais je n'oublierai l'expression de joyeuse stupeur sur leur visage quand ils m'ont aperçu à travers la porte vitrée de la maison de leur mère. Une autre fois, en mai, j'ai accepté l'invitation d'Édouard Philippe à rester déjeuner avec lui et sa famille, à Matignon. Il faisait un temps superbe, le printemps explosait dans toute sa splendeur, des fleurs partout. Un moment suspendu, un déjeuner dehors dans la joie comme on les aime tant en France. Je le revois, ayant congédié les cuisiniers, retrousser les manches de sa chemise blanche et manipuler les braises dans un brasero avant d'y faire griller une pièce de bœuf. Une scène de barbecue d'apparence banale – exceptés le lieu et l'hôte – mais qui, après des semaines de confinement dépourvues de la moindre source de joie, m'avait littéralement transporté.

J'ai également pu (avec attestation en bonne et due forme), masqué, casquette vissée sur le crâne, en tenue décontractée pour ne pas attirer l'attention, aller faire quelques courses, voir la vie au-dehors sans la compagnie des officiers de sécurité.

À part cela, mon existence a ressemblé à s'y méprendre à celle de ministre au quotidien. Quant aux Français, c'est un fait : ils ont tenu bon pendant des semaines. Cette capacité de résilience, ce courage dont nous avons fait preuve, individuellement et en tant que peuple, cela nous appartient. Nos hôpitaux n'auraient jamais tenu sans cela. J'en tire de la fierté, j'espère que vous aussi, qui lisez ces mots.

Ma vie de confiné

Dès lors, ma période d'isolement pour cause de contamination, en cette fin 2021, avait une saveur particulière. Et je l'ai vécue dans un état d'esprit étrange. Elle a pris fin au bout d'une semaine, au cours de laquelle j'ai poussé la recherche de normalité jusqu'à revêtir chaque jour un costume cravate, rasé de près. Pour conjurer le sort, pour ne jamais m'effondrer.

27

La conférence de presque

Février 2022

J'ai fait ce rêve absurde. Un nouveau variant vient d'être identifié dans le Nevada, aux États-Unis. À l'origine, un cluster apparu à la suite d'une rencontre internationale de MMA, ce sport de combat un peu extrême qui consiste à manier la lutte, la boxe, et divers arts martiaux jusqu'à asphyxier votre adversaire d'une clé de bras, à moins de le mettre KO d'un high kick. Plus de 10 000 spectateurs réunis dans une salle gigantesque, hurlant, suant, pariant sur le colosse de leur choix, avant de finir cette belle soirée dans les divers casinos et hôtels de Las Vegas.

Plus de 5 000 contaminations recensées dans les soixante-douze heures qui suivent, une vraie bombe virale à fragmentation, avec éparpillement aux quatre coins du continent nord-américain. Ce qui détonne, c'est que l'identification du cluster ne se fait pas sur la base classique d'un afflux de malades poussés vers les laboratoires par des symptômes caractéristiques. Non, les premiers cas sont recensés lors d'opérations de dépistage de routine ou encore lors de la réalisation de tests courants visant à donner accès à un passe sanitaire. Tous chez des patients asymptomatiques.

Très vite, le séquençage des PCR d'une dizaine de ces cas révèle l'existence d'un nouveau variant. Tous les participants à l'événement sont contactés sur la base du cahier des inscriptions et invités à se faire tester sans délai. Cinq mille Américains apprennent alors, sur la base d'un PCR, qu'ils ont contracté ce variant, sans qu'aucun d'eux soit malade.

Sitôt la déclaration par l'OMS de ce nouveau variant appelé Sigma comme variant d'intérêt, les frontières terrestres et aériennes avec les États-Unis sont fermées. Déjà, l'Europe se prépare à voir déferler une nouvelle vague, peut-être plus puissante que les précédentes. Ce n'est qu'après une période d'observation de dix jours que la donne change radicalement. Les scientifiques sont formels. Sigma présente des mutations caractéristiques d'Omicron, rehaussées de deux délétions supplémentaires dans le génome viral. L'une, sur la protéine S, la clé d'entrée du virus dans les cellules humaines, le rend redoutablement plus contagieux. L'autre affecte une partie du génome soupçonnée d'altérer la virulence du virus. Un variant extrêmement contagieux mais ne provoquant aucun symptôme. Et dans les faits, malgré des centaines de milliers de contaminations chaque jour, aucun impact hospitalier, à de très rares exceptions.

En France comme dans le reste de l'Europe, la polémique fait rage. Faut-il ou non prendre le risque de laisser Sigma se frayer un chemin vers nous, faut-il le laisser nous infecter massivement, et ainsi obtenir une forme d'immunité naturelle contre le coronavirus ? L'OMS précipite notre décision en appelant les pays du monde

La conférence de presque

à rouvrir leurs frontières avec l'Amérique du Nord, considérant, selon les mots de son directeur général, que Sigma est une bénédiction pour l'humanité, une chance à saisir sans tarder, avant qu'un éventuel autre variant, dangereux celui-ci, n'apparaisse et déclenche une nouvelle vague meurtrière.

Dans mon rêve, je suis maintenant avec le Premier ministre, dans la salle de l'hôtel de Matignon où nous donnons la plupart des conférences de presse. Je ne dirais pas que nous sommes pleins d'entrain, plutôt que nous avons conscience de l'anormalité de cet exercice et que c'est tout de même enthousiasmant. Habitués à appeler à freiner le virus, nous nous apprêtons à faire exactement l'inverse. L'excitation est palpable chez les journalistes. Depuis l'annonce d'un Conseil de défense consacré à Sigma, tout le monde se perd en conjectures. La plupart des experts de plateau s'en donnent à cœur joie, appelant à lever sans délai toutes les mesures de restriction, considérant la pandémie comme étant bientôt derrière nous. D'autres, plus alarmistes comme à l'accoutumée, appellent à se donner plus de temps avant de relâcher notre vigilance. Attendre pour être sûrs que ce variant-là ne cache pas une puissance nuisible différée de quelques semaines. La veille, lors d'un débat télévisé, un homme en blouse blanche a expliqué à un animateur qui l'interrogeait que Sigma était selon lui un virus à retardement, capable de provoquer des symptômes tardifs, d'altérer le fonctionnement des reins et du foie des malades des années plus tard. Je me suis demandé sur quelle base scientifique il pouvait affirmer une chose pareille, avant de penser que la journée du lendemain allait en surprendre plus d'un.

De fait, le Premier ministre ouvre la conférence de presse par ces mots : « Mesdames, messieurs, mes chers concitoyens, ça y est, nous y sommes enfin. Dame nature nous envoie cette fois le moyen de régler le désordre qu'elle a elle-même apporté il y a plus de deux ans. Le moyen de vivre vraiment et pour de bon avec le virus. D'oublier les vaccins, les traitements, les réanimations saturées, les contraintes qui pèsent depuis trop longtemps sur notre quotidien. Ce moyen, il porte un nom, Sigma. »
Et de dérouler les mesures adoptées en conséquence ce matin en Conseil de défense. « Nous devons faciliter la circulation de Sigma. Nous sommes dans une course contre la montre pour acquérir une immunité de masse, une immunité totale, une immunité définitive. Ainsi, à compter de demain minuit, le port du masque sera interdit à l'extérieur comme à l'intérieur, sauf pour les personnes disposant d'un certificat médical attestant de la nécessité pour elles de porter un masque pour d'autres motifs que la Covid. Les chaises devront être retirées des bars et des restaurants pour une durée minimale de trois semaines. Par dérogation au droit commun, les préfets seront habilités à autoriser l'ouverture des lieux de consommation
au-delà de 2 heures du matin. Les discothèques seront rouvertes, les prix des consommations, divisés par deux jusqu'à nouvel ordre, avec le soutien du gouvernement. Je vous encourage à vous rassembler les plus nombreux possible sur votre lieu de travail, à votre domicile ou dans tout établissement fermé. Les embrassades, accolades et

serrages de main doivent reprendre. En revanche, continuez de vous laver les mains régulièrement, par mesure d'hygiène. Les ARS seront chargées d'assurer un suivi épidémiologique pour vérifier que le virus circule bien, à bon rythme et sur tout le territoire national. Dès demain, les centres de vaccination sont amenés à fermer. Faites-vous tester régulièrement, et si vous demeurez négatif, faites appel à votre entourage pour être en contact avec une personne contaminée. En complément, je passe la parole au ministre des Solidarités et de la Santé qui va vous expliquer comment nous comptons tenir un fichier de personnes contagieuses qui sera mis à jour quotidiennement sur le site internet du gouvernement. Je vous invite à vous y référer pour maximiser vos chances de contracter Sigma sans délai.»

Il m'invite d'un mouvement de bras à prendre la suite. Le reste est assez vague, je me rappelle avoir présenté quelques données tarabiscotées, qui perdent peu à peu leur sens, comme un songe qui touche à sa fin.

*

J'ouvre les yeux, saisis mon téléphone. J'ai dormi dix minutes au plus, une petite sieste salvatrice. Je ris de mon rêve et décide de l'écrire pour ne pas l'oublier. On dit les rêves révélateurs d'une forme de réalité. C'est à l'évidence le cas ici.

La première réalité, c'est l'absurdité, au moins apparente, de certaines des décisions que nous avons eu à prendre et annoncer, en deux ans de crise. L'attestation qui disparaît au bout de quelques jours car inapplicable, l'interdiction de manger et boire dans les trains, décidée trop vite et sur laquelle nous devrons revenir en quarante-huit heures.

Essuyant tant de plâtres tout au long de cette période, nous avons commis des erreurs, c'est sûr. Chaque décision comporte une part d'externalités qu'on ne peut anticiper. Lors du premier confinement, il était possible de sortir pour «promener son chien». Nous avons vu remonter en cellule de crise d'innombrables questions, comme celle d'un habitant de Deauville demandant une dérogation pour promener son cheval sur la plage. Lorsque nous avons de nouveau autorisé les voyages scolaires, nous sommes entrés dans un niveau de détails inimaginable : «Les enfants peuvent-ils dormir dans des lits superposés?» La réponse obtenue de la part du Haut Conseil de santé publique me fait encore sourire : «Oui, mais tête-bêche.» Et celle-ci, lors de la réouverture des terrasses des bars et restaurants : «Les tables en extérieur doivent être séparées physiquement, par des panneaux de Plexiglas ou des bacs à fleurs.» Des bacs à fleurs... Au fond, ce qui apparaît surréaliste, ce ne sont pas tant les réponses données que la situation sanitaire et son cortège de problèmes inédits à résoudre. J'ai conscience que les Français ont pu être déboussolés par ces vagues d'annonces, d'adaptations, de revirements parfois. «Les stations de montagne sont ouvertes, les remontées mécaniques sont fermées.» On peut y voir une décision absurde, car comment imaginer qu'on puisse se contaminer en extérieur, seul sur son téléski? En réalité, ce n'est pas la pratique des sports d'hiver qui était visée, mais le brassage et la concentration de

La conférence de presque

milliers de personnes dans des chalets et petits centres-villes de montagne.

Nous avons voulu atténuer le côté loufoque des mesures par un effort de pédagogie, et au fond, les Français ont été cléments avec nous, conscients de la complexité des mécanismes en action. On nous a moqués, nous nous sommes parfois moqués de nous-mêmes, quoi de plus humain en pareille situation ? On apprend en marchant.

La seconde réalité, c'est celle d'un variant devenu moins dangereux. Omicron est passé, la vague a bien été d'une ampleur inédite, plus de 500 000 contaminations un jour donné en France, du jamais-vu. Nous ne nous étions pas trompés. En revanche, mes craintes d'un débordement des hôpitaux ont été rapidement atténuées. Ce variant Omicron, plus contagieux que tous ceux que nous avions connus, est aussi et surtout moins dangereux. Proportionnellement au nombre de malades, la charge sanitaire a pu être contenue. Certes, nous avons dépassé les 4 000 patients en réanimation au plus fort de la vague, mais nous avons fait face. Avec l'un des variants précédents, et si nous n'avions pas atteint une couverture vaccinale si forte, le bilan aurait été beaucoup plus lourd.

Surtout, la fin de la vague Omicron ne s'est pas accompagnée de l'émergence d'un nouveau variant plus dangereux. Certes Omicron a muté, faisant émerger le concept de sous-variant (BA-1, BA-2, puis BA-4, BA-5), c'est-à-dire que son matériel génétique a connu des mutations de faible ampleur, tout juste assez pour le rendre plus contagieux encore que son aïeul, mais ni plus dangereux, ni plus résistant aux vaccins.

Ainsi une sixième vague a-t-elle suivi de près la cinquième, en avril 2022, mais avec une ampleur contenue, de brève durée, sans commune mesure avec les vagues précédentes. Pour la première fois depuis longtemps, on entrevoit alors la maîtrise possible de la pandémie sous sa forme actuelle. Les mesures de freinage passent de l'obligation à la recommandation parce que les Français, las des contraintes, à l'image de leurs voisins européens, ont acquis tous les codes. Les masques sont retirés lorsque la circulation virale est faible, remis lorsque la période est au rebond épidémique. Ainsi en va-t-il des tests antigéniques et PCR, qui atteignent plusieurs millions par semaine au pic des vagues, tandis que les laboratoires retrouvent le calme du quotidien à chaque creux. En effet, le choix de rendre les mesures de freinage facultatives divise nos compatriotes, certains y voyant une décision démagogique, tandis que se profilent les échéances électorales présidentielle et législatives. Mais il n'en est rien. C'est bien la large couverture vaccinale de la population, rehaussée par une seconde dose de rappel recommandée pour les plus fragiles, la faible dangerosité de la famille virale Omicron, et la forte réactivité de la population, qui guident ce choix. L'heure est à l'apaisement. Le passe vaccinal a laissé des traces. Il est temps de souffler.

Épilogue

Conclure un livre qui témoigne de la gestion d'une crise sanitaire alors qu'elle n'est pas terminée est un exercice délicat. À vrai dire, j'ai fait face à cette difficulté tout au long de l'écriture : le faible recul par rapport à des événements à peine passés, l'évanescence du présent, l'incertitude de l'avenir. Une incertitude qui prend, en ce mois d'août 2022, alors que la guerre est en Europe, une dimension tragique.

J'ai pris le parti de rester au plus près des faits et de la façon dont je les ai vécus, de sorte que, même avec la distance qui nous sépare, même avec le temps et le champ infini des possibles qu'offre l'histoire, il vous reste au moins, entre les mains, la force d'un témoignage singulier et sincère sur un moment si particulier de notre destin commun.

À l'heure où j'écris ces lignes, les raisons d'espérer sont là. Au moins pour quelques mois, nous devrions remiser nos masques et notre passe, cet arsenal patiemment bâti et prêt à être mobilisé à nouveau si le besoin réapparaissait. C'est-à-dire, si un nouveau variant devait se faire jour dans quelque endroit de la planète, et s'il devait faire courir le risque d'une nouvelle vague à notre pays. Vous en savez désormais, cher lecteur, plus que moi à ce sujet, ici et maintenant.

Les scientifiques auxquels j'ai parlé ces derniers jours sont, comme d'habitude, et on peut le comprendre, divisés. Les plus optimistes considèrent le variant Omicron, parce que moins dangereux, comme une voie de sortie pour les coronavirus saisonniers. Des coronavirus, il en a existé par le passé, il en apparaîtra d'autres. Ils ne disparaissent jamais vraiment mais se font plus discrets au fil des mutations, ne provoquant pour finir que les symptômes mineurs d'un rhume. Tôt ou tard, il en ira de même de la Covid-19. Les plus pessimistes jugent inéluctable une nouvelle vague l'hiver prochain, peut-être avant, et avec elle le retour des gestes barrières, des mesures de freinage, ainsi qu'un nouveau rappel de vaccin, que les laboratoires développent et produisent déjà, pour le rendre plus efficace contre les dernières souches en circulation.

Je ne donne raison ni aux uns ni aux autres. Comme toujours, à la posture du prophète, je préfère celle du responsable politique, qui anticipe et se tient prêt. Il est indispensable que nous soyons en capacité de faire face à toute éventualité, en renforçant nos dispositifs de prévention, de réponse, et de réparation.

Nous avons appris en deux ans. Énormément. Nous avons conduit avec succès la plus grande campagne de vaccination de notre histoire. Développé des filières diagnostiques parmi les plus efficientes au monde. Défriché puis consolidé des routes logistiques jusqu'alors inexplorées. Investi massivement dans nos industries de santé, pour retrouver une souveraineté qui nous aura

Épilogue

tant manqué, pour produire à nouveau en France des masques, des médicaments d'intérêt thérapeutique majeur. Boosté la recherche et le développement en santé, afin que demain, les grandes découvertes thérapeutiques soient aussi françaises.

La tragédie est là, avec son cortège de blessures individuelles, familiales et sociales. Et c'est dans la souffrance que la pandémie, plaçant la santé au premier rang des attentes des Français, a été un accélérateur de nombreuses transformations. Je crois que nous avons su être au rendez-vous de cette aspiration au changement. Avec le Ségur de la santé, nous avons amorcé la construction et la rénovation de 3 000 hôpitaux et Ehpad, et augmenté les salaires de 2 millions de soignants dans des proportions inédites, soit un effort de la nation de 10 milliards d'euros par an. Nous avons multiplié par 100 les téléconsultations, et créé avec « Mon espace santé », un véritable carnet de santé électronique. De nouveaux droits ont été ouverts à tous les Français, comme le reste à charge zéro pour les lunettes, les soins dentaires et les audioprothèses, ou encore la gratuité de la contraception jusqu'à 25 ans. Un nouvel horizon s'est ouvert du côté de la santé mentale, puisque les consultations chez un psychologue peuvent désormais être remboursées. C'est un premier pas à consolider. Les capacités de formation des soignants, dont nous manquons tant, ont été multipliées, tout comme les opportunités d'évolution dans les compétences et les métiers, ouvrant la voie à plus de coopération entre les différentes professions de santé, traditionnellement cloisonnées.

La plupart de ces transformations nécessitent du temps. Le retour d'expérience de la gestion de crise, avant même que nous puissions définitivement crier victoire contre le virus, est déjà riche d'enseignements. Cependant, ces leçons devront nous conduire, le moment venu, à poursuivre et amplifier une évolution profonde du paysage sanitaire. Ces changements-là doivent se penser dès aujourd'hui, pour être rendus pleinement opérationnels sitôt la phase la plus aiguë de la crise derrière nous. On ne peut certes pas demander à celles et ceux qui sont mobilisés en temps réel de bouleverser dans le même mouvement leur organisation. Mais on ne devra pas tarder, sitôt qu'une fenêtre de tir apparaîtra.

Pour contribuer à cette réflexion qui s'ouvre, je voudrais, avant de vous quitter, partager constats et convictions.

*

HAS, ANSM, DGS, DGOS, DGCS, HCSP, ARS, Cosv, CS, SPF... une nuée de sigles qui traduit la complexité et la densité des agences et structures françaises dans le champ de la santé. La plupart sont nationales, seules les agences régionales de santé (ARS) sont territoriales, sortes de préfectures sanitaires. L'Agence nationale de sécurité du médicament (ANSM) et Santé publique France sont placées sous la responsabilité directe du ministère, *via* la Direction générale de la santé (DGS). D'autres sont autonomes, indépendantes du pouvoir politique, sans rôle opérationnel, mais de conseil et orientation des politiques publiques. C'est le cas de la Haute Autorité de santé (HAS) et du Haut Conseil de santé publique (HCSP). Je vous ai perdu ? Et pourtant, ce n'est pas terminé. Dans le cadre de la crise sanitaire,

Épilogue

nous avons créé de toutes pièces d'autres instances indépendantes, pour guider nos choix. Le Conseil scientifique (CS), en vue d'une évaluation des besoins et de l'impact des mesures de freinage, et le Conseil d'orientation de la stratégie vaccinale (Cosv), consacré à la vaccination. Pourquoi faire simple quand on peut faire compliqué? Pas si sûr. J'endosse la paternité du CS, car j'ai très tôt souhaité que ceux qui évalueraient la situation sanitaire ne soient pas les mêmes que ceux qui seraient chargés de conduire la politique de réponse à la crise.

En outre, si toute décision revient *in fine* aux responsables politiques élus démocratiquement, il est fondamental qu'elle soit étayée par des analyses conduites en toute indépendance, en toute impartialité. Fallait-il maintenir le premier tour des élections municipales en mars 2020, alors que commençait la première vague de Covid-19? Si le CS s'était prononcé pour un report, nous l'aurions suivi. Et lorsque la HAS a recommandé de vacciner en priorité les personnes âgées en Ehpad, nous l'avons suivie. À l'inverse, il est arrivé que nous ne suivions pas toutes les recommandations des autorités indépendantes, avec une conscience aiguë du poids de ces choix sur nos épaules. La décision de ne pas adopter la proposition d'un nouveau confinement en janvier 2021, pour ne s'y résoudre qu'au mois de mars, fait partie de ces moments emblématiques de la crise sanitaire. On a parlé de pari, on a compté les morts de ces quelques semaines d'attente avant le nouveau bouclage, et je le comprends. Une voix en moi se posera toujours la question du meilleur choix en de telles circonstances. Mais je soutiens que cela n'était pas un pari.

Cette résolution relevait d'une lecture à 360 degrés de l'impact économique, social, culturel, sociétal d'un nouveau confinement radical. Un confinement suggéré avec prudence par les experts, car intervenant en plus dans un contexte d'incertitude majeure sur l'évolution de la vague. Les Français, dans leur majorité, ont compris cette décision, que nous nous sommes efforcés de prendre en toute transparence. Ce qui est fondamental, c'est en effet d'expliquer et de justifier les choix, quels qu'ils soient. La succession des conférences de presse, avec leurs multiples diaporamas, s'est inscrite dans ce contexte.

Cela étant posé, est-il possible demain de simplifier ce paysage peu lisible et source de dysfonctionnements ? Je le pense. En premier lieu, c'est à la Haute Autorité de santé qu'il doit revenir d'organiser et de piloter, en indépendance, toute instance scientifique temporaire ayant pour fonction de conseiller aux décisions. Plus de conseil *ad hoc* : la HAS se verrait dotée d'une capacité d'étendre son périmètre de compétences quand il le faudrait. Le choix des experts devrait d'ailleurs lui revenir, pour assurer leur autonomie, et non aux politiques. La même HAS gagnerait à devenir l'interlocuteur scientifique privilégié de la Direction générale de la santé, chargée de moduler ses propres recommandations en tenant compte des avis qui lui reviennent. Et le politique décide.

Je plaide ensuite pour un virage à 180 degrés du fonctionnement relationnel entre agences nationales et régionales. Pendant la crise, les agences régionales de santé ont été chargées d'appliquer le plus strictement possible les consignes nationales. Elles ont pu crouler sous les

Épilogue

directives et les priorités, minant leurs capacités à innover et à s'adapter aux réalités territoriales. C'est l'inverse que nous devons penser. Les administrations centrales deviennent les fonctions support des agences territoriales, en appui des besoins qu'elles expriment et font remonter. Ce n'est absolument pas dans la tradition française. Et alors ?

Les agences régionales doivent être confortées dans leurs missions de proximité. La réforme des grandes régions a trop éloigné les grands centres de décision des territoires de vie. Un même directeur d'ARS ne peut décliner la même politique au même moment à Aurillac et Annecy, toutes deux en région Auvergne-Rhône-Alpes, mais distantes de 450 kilomètres. Nous avons renforcé les cellules départementales des ARS, mais pas suffisamment encore pour mener une politique de santé en contact étroit avec des bassins de vie aux particularités différentes. Dans le même esprit, de solides capacités de coopération sont à établir entre ces cellules départementales des ARS et les collectivités territoriales (départements, mairies, communautés de communes…). Les uns et les autres doivent se connaître, se parler, se fixer des objectifs et des stratégies communes, par-delà les clivages politiques, et pas seulement en temps de crise. Cette approche en réseaux territoriaux de la santé, intégrant également les établissements de soin et l'ensemble des communautés locales de soignants, c'est l'une des clés de la transformation que j'appelle de mes vœux.

Des renforts, il en a fallu aussi pour permettre aux ARS de poursuivre leurs missions du quotidien, en sus de la gestion de crise qui a surmobilisé les agents sur tous les fronts. Il eût été impensable de renoncer à traiter la qualité de l'eau de consommation, ou à ne plus sensibiliser les Français à l'importance du dépistage du cancer. En revanche, en période de crise, nous devons être capables de différer ce qui n'est pas essentiel. Exemple parmi d'autres, j'ai dû à plusieurs reprises plaider auprès de la Cour des comptes pour que les inspections non indispensables des administrations soient suspendues. Cela doit devenir un réflexe en pareilles circonstances. Chaque agence devrait donc penser un cadre dérogatoire rendant facultative une part de leurs missions et devoirs, quand la situation l'impose. Cela s'anticipe.

Je crois aux ARS, en leur capacité à être les bons acteurs. L'enjeu n'est pas de les fusionner avec les préfectures, contrairement à la demande de nombreux élus. Ce serait prendre le risque de déclasser une partie des priorités des ARS, comme la santé environnementale, ou les politiques de solidarité. Alors qu'il est fondamental de les développer dans les années à venir, que pèseraient-elles face aux missions inhérentes aux préfets, telles que la sécurité publique ou le développement économique ?

*

En amont des opérateurs que sont les agences, c'est l'organisation même de l'appareil d'État qui doit être repensée lorsqu'une crise d'ampleur survient. Nul besoin de vous convaincre que les enjeux logistiques ont été au cœur des difficultés que nous avons rencontrées. Ce n'est pas une compétence première du ministère de la Santé que de gérer l'approvisionnement en produits essentiels et leur acheminement dans chaque recoin du pays.

Épilogue

La logistique fait appel à de la coordination interministérielle : transports, armées, intérieur, industrie notamment. Or, c'est le ministère dont j'avais la charge qui s'est vu déléguer l'ensemble de ces missions. Il est facile de critiquer les difficultés rencontrées par SPF, quand elle n'a pas été pensée pour cela. Ce qui est valable pour la pandémie le serait pour des crises de toute autre nature. L'incendie de l'usine Lubrizol, à Rouen en 2019, et la gestion du risque de pollution qui a suivi, en est une illustration.

Il n'est pas étonnant, dans ces conditions, de faire appel aux compétences partout où elles se trouvent : dans le secteur public, dans l'armée, la gendarmerie, la réserve sanitaire, dans l'expertise de bénévoles venus prêter main-forte, et dans le secteur privé. Je fais là allusion à la polémique «innocemment» apparue dans la dernière ligne droite de la campagne présidentielle, reprochant au gouvernement de s'être appuyé sur des agences de conseil. En temps de crise, on prend toute l'aide nécessaire. Alors quoi, les acteurs mêmes qui accompagnent et accélèrent la campagne de vaccination en Allemagne ou en Angleterre ne pourraient le faire en France ? C'est absurde. Quand on veut tuer son chien, on dit qu'il a la rage ? Quand on veut instruire le procès d'un État tout à la fois gargantuesque et inapte, on critique dans le même temps une administration supposément pléthorique et le recours, quand il le faut, avec modération, à des appuis temporaires venus du privé.

Hors période de crise, le recours aux sociétés de conseil mérite d'être mieux régulé. Nous ne devons pas nous exempter d'une réflexion plus générale sur celui-ci lorsqu'il se substitue massivement aux recrutements dans les administrations. Le risque est alors double : celui de trop perdre en compétences internes, et celui de ne plus maîtriser les coûts, tirés vers le haut par une concentration du secteur au profit de quelques majors. C'est un vrai sujet, d'autant que les liens entre dirigeants de ces majors et hauts fonctionnaires sont très forts, quand ce ne sont pas les mêmes personnes qui pantouflent. Il y aurait beaucoup à faire pour limiter le recours à ces méga-contrats (en précisant les besoins et en découpant les prestations en morceaux), et pour ouvrir les marchés à la créativité d'une myriade d'agences, petites et moyennes.

Un récent rapport de commission d'enquête sénatoriale propose de créer un secrétariat d'État permanent s'occupant de la prévention et de la prise en charge des situations de crise. Faut-il suivre cette recommandation ? Le sujet mérite instruction. Ses missions seraient nombreuses, à commencer par la formation des intervenants, la prévention des catastrophes, l'entretien des expertises acquises, l'organisation opérationnelle de la riposte dans les territoires, facilitant la mobilisation de tous les acteurs, quel que soit leur ministère de tutelle, prenant alors la main sur les préfets et les ARS pour ce qui a trait à des aspects opérationnels. À noter que de telles missions supposeraient un fonctionnement profondément décentralisé, peu habituel dans les sphères ministérielles.

En réalité, je ne crois pas à cette proposition. Ce serait le meilleur moyen de déresponsabiliser les acteurs « experts » des situations en question, tout en technocratisant à l'extrême la gestion d'une crise, en perdant un temps fou à élaborer des protocoles, process et autres outils de reporting déconnectés. Les spécialistes du

Épilogue

domaine passeraient leur temps à dire que le secrétariat d'État n'y comprend rien ; ce dernier répliquerait en accusant les acteurs « experts » de n'y rien entendre en logistique. C'est dans une meilleure articulation entre services centraux et déconcentrés qu'il faut investir, ainsi que dans une meilleure animation des acteurs territoriaux opérationnels.

Enfin, permettez-moi de profiter de ces quelques lignes dédiées à l'administration française, qu'elle soit d'État, territoriale ou hospitalière, pour dire mon admiration aux agents publics qui, dans l'anonymat de leurs bureaux, quand ce n'était chez eux ou chez elles en télétravail, ont littéralement tenu la baraque. Au regard de leur dévouement au bien commun, les critiques portées à l'encontre des fonctionnaires, comme les appels à sabrer leurs effectifs, me paraissent plus que jamais indécentes. Ils contribuent à saper la légitimité de la fonction publique, notamment de la santé, là où, au contraire, on devrait célébrer le sens de l'engagement, magnifique, qu'elle sous-tend. À chaque instant, j'ai été fier d'être à la barre du ministère, le leur.

*

En aval des agences, il y a les hussards blancs de la République, les professionnels de santé. Eux ont su adopter une organisation de crise en un temps record, avec une capacité d'adaptation au contexte qui force le respect. Dans un pays souffrant d'une organisation sanitaire trop centrée autour de l'hôpital, ils ont mis sur pied des cellules territoriales permettant aux acteurs du soin de la ville et de l'hôpital, du sanitaire et du médico-social, de communiquer comme ils ne l'avaient jamais fait auparavant. Ils ont ainsi organisé des filières de soins spécifiques, se sont réparti les priorités en tenant compte des capacités et missions de chacun. La logique en silos a explosé pour laisser place à un sens de la coopération et du réseau que j'évoquais plus haut comme étant l'une des clés de la transformation du secteur. Lors de mes nombreux déplacements dans les hôpitaux, j'ai entendu partout le même constat : « Pendant la crise, il n'y avait plus de conflit entre directeurs et médecins, plus de malentendu entre les priorités du moment, plus cette pression médico-économique installée brutalement par la tarification à l'activité. Nous allions tous dans la même direction, partagions tous la même et unique préoccupation : comment nous organiser pour sauver le plus de vies possible. Nous avions retrouvé le sens de nos métiers. Nous ne voulons pas revenir en arrière. »

Il ne faudra jamais perdre cet acquis. C'est fort du constat qu'ils ont su s'organiser par eux-mêmes que le Ségur de la santé a renforcé leur autonomie. Nous avions déjà amorcé une profonde transformation des modes de financement des hôpitaux. La crise nous pousse à accélérer, en donnant plus d'autonomie aux hôpitaux, dès lors que les décisions prises localement sont concertées avec la communauté sanitaire, et qu'elles convergent vers une simplification massive de tout ce qui, aujourd'hui encore, peut démotiver, démobiliser, dérouter les soignants. Ce qui a été fait, et par là démontré, est précieux. Je le répète : il s'agit sans doute des bases de la plus grande transformation de notre système de santé depuis des décennies. Rien ne doit freiner ce mouvement.

Épilogue

*

Reste la question des citoyennes et des citoyens eux-mêmes, à commencer par les personnes malades. Vingt ans après l'adoption de la loi Kouchner sur les droits de ces dernières, je fais le constat que la démocratie sanitaire aura été le parent pauvre des politiques publiques pendant la crise. Nous n'étions pas prêts, ni dans la culture de nos organisations, ni dans les moyens dont nous disposions, à offrir aux usagers la possibilité de participer activement à la conception et à la mise en œuvre des filières et parcours de soins, par et pour eux-mêmes. Les contacts ont été réguliers avec les associations de malades, mais nous ne nous sommes pas suffisamment appuyés sur elles et eux, nous n'avons pas suffisamment respecté leurs choix. J'en prends toute ma part. Je pense notamment aux règles strictes encadrant les droits de visite dans les hôpitaux et les Ehpad. Nous avons voulu redresser le tir, inventer quelque chose à la faveur de la campagne vaccinale, en créant un comité citoyen *ad hoc* placé auprès du Conseil économique social et environnemental. Trop tard, trop loin du terrain. Nous n'avons pas trouvé le moyen de le rendre opérationnel, les avis étaient en général rendus après la bataille, et cela reste à mes yeux un échec, qui invite à repenser la place des représentants des usagers en temps de crise, et plus largement celle des citoyens dans l'élaboration des politiques sanitaires.

Eux aussi, vous aussi, nous tous, en tant qu'habitants de nos territoires, devrons pouvoir faire partie de ces réseaux territoriaux de la santé que j'appelle de mes vœux. Cela suppose de faire évoluer mentalités et modalités de travail dans les institutions publiques, de l'État comme des collectivités. Je crois que nous n'avons plus le choix : la complexité des défis du monde contemporain nous y oblige, comme l'exigence des peuples à contribuer à leur propre destinée, aux côtés de leurs responsables politiques et de leurs élus.

*

À propos des élus, j'ai justement relaté par le menu les relations complexes, parfois houleuses, entretenues avec beaucoup d'entre eux, locaux comme nationaux. En temps de crise sanitaire, la santé revêt tous les atours d'une mission régalienne, et c'est bien l'État qui, en définitive, est en première ligne. Ce qui ne veut pas dire qu'il ne faut pas impliquer les élus, au contraire. Là aussi, la crise nous a fait progresser sur les chemins de la coopération.

Localement, les maires ont été globalement proactifs, notamment lorsqu'il a fallu déployer près de 2 000 centres de vaccination, mettant à disposition locaux, équipes municipales, matériel en tout genre. Je l'ai dit : retenant les leçons de la crise, les collectivités doivent s'impliquer plus fortement en santé publique. Les principaux gains d'espérance de vie dans notre histoire contemporaine ont relevé des politiques hygiénistes, souvent mises en œuvre par et dans les cités, tels le tout à l'égout, les fontaines d'eau potable, l'aération des villes fortifiées, l'élargissement des rues, qui ont réduit la transmission des maladies infectieuses. La santé publique doit redevenir une compétence partagée avec les collectivités. Pas un plan de déplacement urbain, pas

Épilogue

un projet d'urbanisme ne doit être décidé sans y inclure un volet sanitaire.

Au Parlement, ma vie de ministre n'a pas été un long fleuve tranquille. J'ai consacré plus de 500 heures dans les deux chambres aux seuls textes de loi relatifs à la crise sanitaire. Un débat démocratique plus vivant que chez la plupart de nos voisins. J'ai pu enrager, parfois, de perdre un temps précieux dans des joutes oratoires peu suivies par les Français, et prolongées jusqu'au milieu de nuits déjà trop courtes. Mais je l'écris ici : de nombreux parlementaires, issus des rangs de la majorité pour l'essentiel (quoique pas exclusivement), ont enrichi, amélioré nos textes de loi, pour le mieux. Sentinelles vigilantes du respect des libertés individuelles et collectives, ils ont montré une maîtrise complète des enjeux de la crise et des moyens pour y répondre. Il est arrivé que la seule évocation des débats à venir à l'Assemblée nationale nous fasse renoncer *a priori* à certaines mesures de freinage, que les députés de la majorité présidentielle auraient certainement jugées disproportionnées, comme le contrôle du respect de l'isolement des malades. Dans une France marquée par des tensions sociales croissantes, clivée par les tenants d'un complotisme surfant sur le rejet de la vaccination, certains députés ont subi des pressions, des agressions verbales et physiques inadmissibles, sans céder jamais une once de terrain à la peur. Je leur dis ma solidarité et mon respect.

Côté opposition, le constat est plus amer. On pourra m'objecter que je prêche pour ma paroisse ou que je manque de recul. Il n'empêche, la volonté de mettre le gouvernement en difficulté a pris parfois l'apparence d'une méthodique obstruction parlementaire, incarnée par des milliers d'amendements visant à détricoter une à une les mesures de freinage de la pandémie. Quitte à, lors de rares votes emportés à l'arraché, nous faire perdre du temps, et des moyens. Je pense à ces deux semaines de délai imposées par les procédures parlementaires au moment de transformer le passe sanitaire en passe vaccinal, fin 2021. Ou encore, à l'interdiction de conserver les données de dépistage au-delà de quelques mois, votée contre notre avis. Ainsi, quand il a fallu que les Français attestent d'une contamination ancienne, au moment de la mise en place du passe sanitaire, les archives avaient été écrasées, et ces Français se sont retournés contre... le gouvernement.

S'il fallait réformer le fonctionnement du Parlement en temps de crise, je plaiderais pour l'instauration d'un mécanisme de modification législative *a posteriori*, lui donnant le pouvoir de corriger l'action de l'exécutif « au fil de l'eau », assorti d'un renforcement des missions de contrôle et d'évaluation. Je m'explique. À chaque déclaration d'état d'urgence, ou au moment d'instaurer de nouvelles mesures de freinage, le gouvernement dispose de deux leviers. Le premier est un simple arrêté du ministre, justifié par une urgence exceptionnelle, sans validation requise par le Parlement, mais fragile juridiquement. Nous y avons eu recours au début de la crise, mais y avons vite renoncé au profit du décret. Le décret est, lui, valable au plus tard un mois, et doit donner lieu dans l'intervalle à un projet de loi à faire valider par les deux chambres du Parlement. L'état d'urgence confère au gouvernement des pouvoirs exceptionnels, dont les contours sont précisés par la loi, et pour une durée

Épilogue

déterminée par avance. Dans ce cadre spécifique et limité dans le temps, nous pourrions renverser la charge de la preuve : le gouvernement prendrait les mesures qui s'imposent, sans délai, et le Parlement aurait la possibilité, à tout moment, d'en atténuer ou d'en stopper l'application. Je reprends mon exemple de la transformation du passe sanitaire en passe vaccinal. Le gouvernement serait habilité à le faire au plus vite. En contrepartie, le Parlement pourrait se saisir de la question, amender le dispositif ou s'y opposer.

*

Je n'oublie pas le volet européen. Si la santé reste une prérogative des États membres, la crise a rendu évident le besoin d'une coordination européenne renforcée. Ce qui a été fait en matière d'accès aux vaccins doit être possible pour d'autres produits de santé, *via* des politiques d'achats groupés. L'Europe vient dans cet objectif de se doter d'une nouvelle agence, Hera (pour Health Emergency Preparedness and Response Authority), afin de prévenir rapidement les situations d'urgence sanitaire, les détecter et y réagir. Jusqu'à produire et distribuer des médicaments, des vaccins et d'autres contre-mesures médicales, telles que des gants et des masques, qui ont souvent fait défaut lors de la première phase de la lutte contre la pandémie de coronavirus.

Par ailleurs, à la suite de la pandémie, l'Europe fait entrer la santé dans l'ère du *one health* (une seule santé), pour penser de manière combinée la santé humaine, animale et environnementale. Un exemple appliqué est la lutte contre l'antibiorésistance, véritable pandémie silencieuse, responsable de dizaines de milliers de morts chaque année dans notre pays. Cette lutte fait appel à l'action conjuguée des sciences fondamentales, médicales et vétérinaires.

D'un pays à l'autre de l'Union, nous partageons la même monnaie mais enregistrons des écarts d'espérance de vie de plusieurs années, et une mortalité infantile allant d'un à quatre. Je suis convaincu que l'Union de la santé franchira d'autres étapes dans les années à venir. Déjà, la dynamique est là. Lors de mes premiers conseils européens, nous, ministres de la Santé, nous excusions presque de nous réunir, tant ce sujet semblait devoir relever de la souveraineté des États. Après deux ans, à l'épreuve d'un virus qui ne connaît pas les frontières, nous avons considérablement renforcé nos ambitions, jusqu'à plaider pour que les objectifs en santé publique soient du même niveau d'importance que les objectifs économiques ou régaliens. Je prends un exemple. Entre 2017 et 2019, en tant que député, j'ai progressivement introduit le Nutriscore, outil d'évaluation nutritionnelle, dans le droit français. Or, son véritable impact se fera sentir le jour où l'ensemble de nos partenaires l'appliqueront à leur tour. Aujourd'hui, s'il progresse à l'échelle européenne, il reste à généraliser. Sa légitimation dans le droit de l'Union se heurte à l'opposition de certains États membres, officiellement au nom de la liberté du commerce, officieusement pour protéger les industriels des produits gras, sucrés et ultra-transformés, qui représentent pour certains voisins une manne financière importante. Les ministres de la Santé doivent se battre, ensemble, pour faire avancer cette cause. Je crois à

Épilogue

l'Europe qui protège, l'Europe qui agit dans le quotidien des citoyens. C'est à ce prix qu'elle saura se faire aimer.

*

Avant de conclure, je voudrais dire à nos concitoyens que rien ni personne n'aura su convaincre de se protéger par la vaccination : nous n'avons rien lâché, comme vous, nous avons tout essayé, fidèles à nos convictions, fondées sur les données dont nous disposions. Le temps passera, qui permettra de cicatriser les plaies. Je n'ai jamais souhaité opposer les Français entre eux, seulement appelé à la responsabilité pour se protéger soi-même, et les autres. C'est un rendez-vous manqué. Renouons ensemble le dialogue, dans un esprit de respect et de convivialité, pour qu'il n'y en ait pas d'autre.

Quant à mes derniers mots, je voudrais les dédier aux victimes de la Covid-19. Toutes les victimes, et celles qui restent à venir.

Aux familles des personnes brutalement emportées par le virus. Je m'associe à votre peine, je compatis à la douleur d'une perte dont on se demande encore des années après comment elle a pu être possible.

Aux malades qui tentent toujours aujourd'hui de récupérer après avoir développé une forme grave de la maladie, après une hospitalisation en réanimation et qui conservent une insuffisance respiratoire devenue chronique. J'admire profondément le courage qui est le vôtre dans le combat que vous menez et je vous souhaite de tout cœur ces progrès du quotidien qui conduisent, sinon à la guérison, au moins à une qualité de vie retrouvée.

Aux malades qui conservent des symptômes des mois après une forme symptomatique, qu'on appelle les Covid longs. Nous n'avons pas encore toutes les réponses pour expliquer le mal qui vous prive d'une vie normale. J'ai croisé sur ma route de nombreuses personnes dans cette situation, qui cherchent à recouvrer un odorat perdu, un souffle qui leur manque, à chasser cette fatigue chronique que rien ne vient renverser. Nous avons mis et mettrons encore beaucoup de financements sur la recherche, sur les moyens diagnostiques, sur les parcours de soins. La puissance publique ne vous abandonnera pas.

Aux personnes malades de tout autre chose que de la Covid et qui ont vu leurs soins reportés, au détriment parfois de leur propre santé. Cet effort, ce sacrifice parfois qui vous a été imposé, a permis de sauver des vies, nombreuses. Nous avons pris un virage historique pour nos hôpitaux, afin que jamais il ne soit nécessaire de reproduire de tels plans de déprogrammation.

Aux personnes immunodéprimées, qu'aucun vaccin ne parvient à protéger de l'infection. La France a été le premier pays au monde à rendre disponibles des traitements réduisant les risques de développer une forme grave. C'est sans doute peu de chose pour vous, qui continuez à vivre avec une vigilance incarnée par le masque que vous portez encore en toutes circonstances. Pour vous aussi, la recherche et la santé publique restent mobilisées.

Épilogue

En attendant l'heure des bilans et des inventaires, je conserve l'image d'un pays qui aura tenu, dans l'unité, avec courage, face à un microscopique ennemi. Lors de la visite d'un service de rééducation post-réanimation du CHU de Nice, j'engageai la conversation avec un patient. L'interrogeant, en médecin, sur ses sensations et ses attentes, il me fit cette réponse qui résonne et résonnera longtemps à mes oreilles : « Chaque instant je me suis battu pour survivre, désormais je lutte pour revivre. Mais dans mes efforts douloureux du quotidien, je prends conscience de la chance inouïe que j'ai de vivre dans mon pays, entouré de gens compétents et bienveillants. Gageons que cette fichue pandémie nous aura ouvert les yeux, en tout cas je veux vivre pour voir ce qu'il en ressortira de bon. » À cet instant, par ses mots justes et son regard de défi où perçait la joie de vivre et de résister, il était pour moi le visage de notre humanité.

Post-scriptum : D'une campagne à l'autre

Printemps-Été 2022

Mars 2022

« À compter de ce vendredi 18 mars 2022, vos ministres sont priés de ne plus faire d'annonce dans le cadre de leurs fonctions. Les déplacements officiels sont limités aux situations d'urgence, qui doivent être validées en amont par le secrétariat général du gouvernement. »
Nous sommes à trois semaines du premier tour de l'élection présidentielle et entrons, comme l'indique ce mémo envoyé par Matignon aux cabinets ministériels, dans la période de réserve. Pour quelques semaines, je reste néanmoins ministre des Solidarités et de la Santé. De manière à ne pas porter atteinte à la sincérité du scrutin en tirant avantage de nos fonctions, il nous est « juste » demandé d'être discrets en tout. Sur le front du Covid, cela ne pose pas de grosses difficultés. La cinquième vague est redescendue. D'autres feront leur apparition, mais, si le Parlement tient bon, tout est en place pour y faire face. Les équipes de la Direction

générale de la santé comme celles de tous les services publics, partout en France, sont prêtes et mobilisées.

Du point de vue sanitaire en général, c'est plus compliqué. De nombreux soignants, épuisés après deux ans de pandémie, passent un cap que beaucoup n'osaient pas franchir à l'acmé des tensions : partir, souffler, se reconvertir. L'impact sur l'hôpital, à commencer par les urgences, se devine. Bientôt, de premiers gros centres hospitaliers seront amenés à réguler les admissions dans les services d'urgence. L'activité y est devenue trop forte, conséquente du manque de médecins libéraux, elle-même conséquente de ce *numerus clausus* qui pendant quarante ans aura limité de façon inconsidérée la formation des médecins dans notre pays. Les astres sont mal alignés, c'est l'offre générale de soins qui s'en voit fragilisée. Ministre, j'ai tenté de toutes mes forces d'inverser la tendance. Le *numerus clausus* est un mauvais souvenir. Les offres de formation en soins infirmiers ou aides-soignants ont été augmentées comme jamais. Il faut patienter encore un an, en raison de la durée incompressible de la formation initiale des soignants, pour que les renforts commencent à arriver en masse. Nous avons aussi dynamisé l'apprentissage, mobilisé des moyens financiers, en sus du Ségur de la santé, pour mieux valoriser les heures supplémentaires. Il nous faut donc tenir.

Je mobilise toutes mes équipes pour travailler avec chaque hôpital en difficulté. Nous multiplions les appels, les réunions avec les corps administratifs, les soignants. Période de réserve oblige, il m'est interdit de montrer cet effort de mobilisation, de communiquer. C'est rageant. Dans l'opinion, l'inquiétude monte. Ôtez la communication à l'action publique, elle perd de sa puissance.

Avril 2022

Tous les interstices dans mon agenda sont désormais occupés par le combat politique. Faire campagne. Pour la présidentielle, d'abord. En équipe. Se déplacer, partout. Dans l'Yonne, à Nice, Lyon, en Vendée, en Loire Atlantique, en Île-de-France. Les porte-à-porte succèdent aux meetings, qui succèdent aux débats télévisés.

J'aime faire campagne. Pour « faire de la politique », il faut aimer le contact, aimer ses semblables. Dans ces moments-là, aimer les femmes et les hommes de son pays donne des ailes. On se démultiplie, on interpelle, on accepte le débat, on écoute, on convainc, du moins on essaye, à toutes forces. Sur le terrain, le contact est bon. Les phrases que j'entends le plus ? « On ne doit pas vous le dire souvent, mais vous avez fait du bon boulot », « Ce n'était pas facile et personne n'aurait aimé être à votre place ». Je suis rassuré, mais je crains que les préoccupations liées à la pandémie ne soient qu'une façade.

Les premiers temps, en effet, beaucoup de questions tournent autour du Covid, au point de ne pas réussir à parler de notre projet pour la France. « Est-ce que vous pensez que je dois faire la quatrième dose ? », « Pourquoi supprimer l'obligation du port de masque dans les transports en commun… c'est politique ? », « Allez-vous réintégrer les soignants suspendus ? » Et puis, les semaines passant, courant avril, ces questions se raréfient. On commence à m'interpeller sur le pouvoir d'achat, la sécurité, la réforme des retraites, l'hôpital. Les grands sujets de société reprennent le dessus. Dans l'équipe, la prudence et le sérieux sont de mise.

Mai 2022

Emmanuel Macron a été réélu président de la République le 24 avril. Une première sous la Ve République, sans période de cohabitation. L'heure est à la constitution d'un nouveau gouvernement. Élisabeth Borne est la nouvelle Première ministre. Je la connais bien, nous avons été ministres ensemble et avons porté de nombreux dossiers tous les deux, notamment des mesures en faveur des jeunes éloignés de l'emploi, avec ma casquette de ministre des Solidarités. Sa tâche s'annonce rude, à l'heure où les différents partis de gauche parviennent à s'aligner derrière le patron de la France insoumise, et tandis que le Rassemblement national espère surfer sur le bon score de sa candidate au second tour de l'élection présidentielle. Il est question d'un vaste renouvellement de l'effectif gouvernemental, de faire entrer de nouveaux visages pour mieux marquer une rupture entre les deux quinquennats. Je souhaite rester au sein de l'exécutif. J'ai pour moi un bilan jugé globalement positif dans l'opinion, et une solide notoriété. Mais c'est aussi mon handicap : cette notoriété est marquée au fer rouge du Covid.

Tourner la page du quinquennat, pour une partie de l'entourage du Président, c'est aussi tourner celle de la pandémie, du passe vaccinal, des confinements, des conférences de presse hebdomadaires qui ont angoissé autant que rassuré les Français. Une pique d'un conseiller de l'Élysée, relayée dans la presse, me tourne dans la tête : « Véran, c'est Peter Falk. Un bon acteur, identifié, mais c'est l'acteur d'un seul rôle, Colombo.» La taupe n'a jamais entendu parler de John Cassavetes, mais passons.

Je décide de prendre le taureau par les cornes. J'écris à Emmanuel Macron pour demander de me conserver dans le gouvernement, pour ne pas rester le «ministre du Covid». Je n'ai que quarante ans, et une détermination intacte à servir mon pays. Si j'ai longtemps souhaité demeurer à la Santé, ces dernières semaines – de campagne – m'ont donné envie d'un nouveau poste, plus politique. Le couperet tombe. Je quitte la Santé, mais deviens ministre délégué aux Relations avec le parlement et à la vie démocratique. Une relégation, écriront les éditorialistes. Un rouage politique essentiel, me défendrai-je. Un moyen, aussi, d'opérer cette mutation que j'espère, de ministre médecin en ministre tout court. La vie est longue.

Juin 2022

Les semaines qui suivent, je les alterne entre mon nouveau ministère et de nombreux déplacements de campagne, cette fois pour les législatives. Je sillonne les circonscriptions de candidats en difficulté, mais aussi et surtout celle où je me présente à nouveau, la première de l'Isère. Je l'emporte. C'est une grande joie. Et nous obtenons une majorité au parlement, quoique celle-ci ne soit que relative : nous ne disposons pas de suffisamment de sièges de députés pour gouverner seuls.

Un nouveau remaniement gouvernemental intervient. Il faut remplacer les ministres battus aux législatives et compléter notre dispositif. Un nouveau remaniement pour moi également. Je quitte déjà le ministère délégué aux Relations avec le parlement pour devenir ministre délégué au Renouveau démocratique et porte-parole du gouvernement. Comme si, dans un contexte politique aussi délicat, ma notoriété était redevenue un atout. Ma mission sera de parler, au nom du gouvernement, à soixante-sept millions de Français. Mais elle sera aussi de les écouter, de les associer, de penser de nouvelles voies d'engagement, de nouvelles formules démocratiques, au plus près des espoirs et des intelligences de nos compatriotes, de nouveaux moyens pour nourrir ces liens indispensables entre les Français, tout comme la confiance avec celles et ceux qu'ils ont choisi, sans grand enthousiasme la plupart du temps, pour les représenter.

Juillet 2022

Parler d'un contexte politique délicat est un euphémisme. Partout, jusque dans les crèches, les crises grondent. Et en face, dans l'arène politique, je vois, vous voyez, nous voyons tous la tentation de la surenchère, des postures. Comme s'il fallait miser sur l'échec des autres avant de défendre ses idées et l'intérêt de la nation. Taper fort. Faire mal.

À mon poste, je suis au cœur de la mêlée. Heureusement, j'ai pour moi de n'avoir, deux ans durant, pas eu d'autre choix que de me fier à la boussole des professionnels de santé : d'abord ne pas nuire, ensuite tout faire pour soigner. Mes convictions sont intactes : le combat pour les droits et les libertés, la justice sociale, l'esprit de fraternité. Je compte bien y être fidèle dans les années qui viennent.

Post-scriptum : *D'une campagne à l'autre*

Finalement, ce livre pourrait bien être plus politique qu'il n'avait vocation à l'être. Ce récit de deux ans de pandémie, en vous faisant partager le quotidien qui fut le mien, s'inscrit dans ma volonté de donner à voir et à saisir ce que la politique veut dire pour moi : agir, décider, expliquer, corriger. Composer avec le réel, sans jamais renoncer.

Remerciements

Un grand merci pour l'aide précieuse apportée par Matthieu, Alexandre et Thierry.

Des pièces d'or pour mes deux dragons, Ségo et Débo.

Une reconnaissance éternelle à mon cabinet : Jérôme, Raymond, Clément, Marie, Thomas, Marie, Laëtitia, Greg, Antoine, Xavier, Philippe, Anne-Claire, Ludo, Édouard, Margaux, Gaspard, Virginie, Xavier, Béné, Arnaud, Seb, Lies, Yanis, Thibaut, Dimitri, Clotilde, et tous les autres.

Sans l'amitié, point de salut dans l'épreuve. Camille, Isaaaa, Mat, Cam, Tom, Kams, Estelle, Guillaume, Steph, Anne, Benoît et tous les fidèles.

Respect et admiration pour tous les agents publics, en centrale comme en territoriale, les soignants, hospitaliers et libéraux, dans le sanitaire et le médico-social, les associations. Et tous ceux qui auront tenu. Vous êtes les visages de l'héroïsme.

Merci enfin à toutes celles et tous ceux qui nous auront portés, par une parole, un geste, une attention.

Table

Prologue 11

1. Le jour où j'ai basculé 15
2. À l'ombre d'un grand chêne 27
3. Enfin ministre 41
4. Les quartiers du ministre 49
5. On rentre dans le dur 55
6. Le début de la fin 65
7. Dans les sous-sols de l'Élysée 75
8. Com de crise et crise de com 85
9. Fermer tout ce qui peut l'être 99
10. Et le silence se fit 109
11. La sirène du Vieux-Port 117
12. On tombe les masques 133
13. Un long dimanche de vapotage 145
14. Le diamètre du Coton-Tige 153
15. À la guerre comme à la guerre 165
16. Un été en vague douce 173
17. «Véran enculé!» 187
18. Cinquante nuances de rouge 197

19. Marseille écarlate de colère 205
20. « Bonjour, c'est la police » 213
21. Du grave dans les aigus 227
22. Allemagne 18 000 – France 1 237
23. Le pire reste à venir 257
24. La cinquième vague 271
25. « Haut, bas, fragile » 275
26. Ma vie de confiné 285
27. La conférence de presque 295

Épilogue 303
Post-scriptum : D'une campagne à l'autre 325
Remerciements 333

La photocomposition de cet ouvrage
a été réalisée par
GRAPHIC HAINAUT
76, rue de Nancy
59100 Roubaix

Ce livre existe grâce au travail de toute une équipe.

Communication : Caroline Babulle, Sandrine Perrier-Replein, Typhaine Maison, Inès Paulin, Adélaïde Yvert.

Coordination administrative : Martine Rivierre.

Studio : Pascaline Bressan, Barbara Cassouto-Lhenry, Joël Renaudat.

Fabrication : Muriel Le Ménez, Céline Ducournau, Bernadette Cristini, Sophia Paroussoglou, Isabelle Goulhot.

Commercial, relation libraires et marketing : Laetitia Beauvillain, Perrine Therond, Ombeline Ermeneux, Élise Iwasinta, Morgane Rissel, Arthur Rossi, Aurélie Scart.

Cessions de droits : Isabelle Votier, Benita Edzard, Lucile Besse, Sonia Guerreiro, Costanza Corri.

Gestion : Sophie Veisseyre, Chloé Hocquet, Isabelle Déxès, Camille Douin.

Services auteurs : Viviane Ouadenni, Jean-François Rechtman, Catherine Reimbold.

Ressources humaines : Mylène Bourreau.

Juridique : Laëtitia Doré, Anaïs Rebouh, Valérie Robe, Lucie Bergeras, Julia Crosnier.

Avec le soutien des équipes d'Interforum et d'Editis qui participent à la création, la diffusion et la distribution de ce livre.

L'éditeur de cet ouvrage s'engage dans une démarche de certification FSC® qui contribue à la préservation des forêts pour les générations futures.

Pour en savoir plus :
www.editis.com/engagement-rse/

Imprimé en France par CPI
en août 2022

N° d'édition : 63880/01 – N° d'impression : 3049413